中学教材中的人物故事

主编·李生滨

大连理工大学出版社
DALIAN UNIVERSITY OF TECHNOLOGY PRESS

图书在版编目 (CIP) 数据

中学教材中的人物故事 / 李生滨主编 . 一大连：
大连理工大学出版社 , 2013.3
ISBN 978-7-5611-7689-4

Ⅰ . ①中… Ⅱ . ①李… Ⅲ . ①人物－生平事迹－世界
－青年读物 ②人物－生平事迹－世界－少年读物 Ⅳ .
① K811-49

中国版本图书馆 CIP 数据核字 (2013) 第 042542 号

大连理工大学出版社出版

地址：大连市软件园路 80 号 邮政编码：116023
发行：0411-84708842 邮购：0411-84703636 传真：0411-84701466
E-mail:dutp@dutp.cn URL:http://www.dutp.cn
大连金华光彩色印刷有限公司印刷 大连理工大学出版社发行

| 幅面尺寸 :160mm×235mm | 印张: 18 | 字数: 260 千字 |
| 2013 年 3 月第 1 版 | | 2013 年 3 月第 1 次印刷 |

责任编辑：刘晓妍 责任校对：志欣
封面设计：于丽娜

ISBN 978-7-5611-7689-4 定 价: 28.00 元

FOREWORD

序

  人物是中学生理解、掌握教材知识的一条重要线索。这是因为我们所学习的知识本身是具有传承性的，是前人通过继承、集成、创新、发现而得来的，与知识的发现者或发明者个人的特点及他们所处时代的特点有着千丝万缕的联系。了解教材中涉及的人物的生平事迹、重要经历、性格特点以及他们所处的时代背景，对于同学们更加深入、更加全面、更加形象地理解教材的知识和重点、把握知识的体系和结构、拓展知识的深度和广度，有着事半功倍、画龙点睛的作用。当同学们比较全面地了解了一个人物之后，是不是感觉阅读语文教材中关于他的故事时，就像这些故事就发生在自己的身边一样？学习数学教材、科学教材中他提出的定理和规律时，就像当面聆听他给我们讲解这些知识的来龙去脉一样？欣赏音乐教材中他创作的作品时，就像面对面地跟他的心灵在对话？……

  同学们在阅读这些人物的生平事迹时，有没有注意到这样一个问题：在每个人物所处的时代有着千千万万的人，为什么最终发现知识、取得成功、名垂史册的人物会是他？找到这个问题的答案实际上比我们在教材上所要学习掌握的具体知识更加具有价值。这就要求我们走入教材中的人物的精神世界，探寻他们成功背后的秘密，并把他们的秘密进行比较和分析，找到对我们自己最有价值和借鉴意义的启示。顺着这样的思路探索下去，你会发现：这些人物的成功固然有着他们所处时代背景等外在的、偶然性的因素，但更重要的是他们有着强烈的进取精神，有着对所研究的对象的浓厚兴趣，有着百折不挠的惊人勇气，有着几年、十几年甚至几十年如一日的不懈努力……真正找到了这些成功的秘密，同学们就会找到让自己成为一个真正有益于社会、有益于人民的人所必需的精神支撑。从这个意义上讲，了解教材中的人物、探寻其成功背后的精神力量、促进自身思想的成熟和完善，本身就是对中小学生进行生动、鲜活的德育教育的一个重要途径。

正是基于以上两个方面的考虑，我们组织研训教师、骨干教师，搜集了目前中学各学科教材中涉及的中外学者、名人生平事迹和故事，集结成《中学教材中的人物故事》一书。希望它能够成为老师们开展课堂教学和德育教育的得力助手，更能够成为同学们拓展课堂学习、延伸阅读领域、加深知识理解、启迪自己心灵的重要平台。

祝同学们在《中学教材中的人物故事》的陪伴下，健康快乐地成长！

李生槐

2012 年 5 月

CONTENTS

目 录

Part 1

语 文

01 第一位踏上月球的宇航员——阿姆斯特朗

整理：王海军　吕韶伟

尼尔·阿姆斯特朗出生于美国俄亥俄州的一个小城。从小就对飞行非常着迷，15岁开始学习飞行课程，由于学习成绩优异，16岁时，他就取得了实习飞行员的执照。

1947年，阿姆斯特朗高中毕业后，进入普渡大学学习。两年后，他应征入伍，正式成为美国海军的飞行员。在这以后的十几年中，阿姆斯特朗驾驶过200多架各式飞机。期间，他还在工作之余顺利完成了南加州大学的研究生课程，取得了航空工程硕士学位。

32岁时，阿姆斯特朗被美国宇航局选中，成为美国第二批宇航员。1966年3月16日，阿姆斯特朗作为飞船指令长，和斯科特一起驾驶"双子星8号"飞船与太空中的一颗卫星对接。

1969年7月16日，阿姆斯特朗、奥尔德林和科林斯驾驶"阿波罗11号"飞船开始了人类首次征服月球的壮举。7月21日，他们到达了月球"静海"的预定着陆点，正要准备着陆，突然发现飞船下方是一个足球场大小的陨石坑，里面布满了大大小小的石头，如果强行着陆，他们的登月舱很可能会被这些石头撞得粉碎，而继续往前飞的话所剩燃料又不多了。阿姆斯特朗的应急能力再一次得到了

人物档案

姓　　名：尼尔·阿姆斯特朗
生　　日：1930.8.5
国　　籍：美国
身　　份：宇航员
重大成就：第一位踏上月球的宇航员

发挥，他马上采取紧急措施，把飞船改为手动驾驶，继续飞行了约20秒后，在6公里以外找到了一块较为平坦的地方。由于高度紧张，此时他的心跳已由每分钟77次上升到了每分钟156次。

登月舱安全地在月球表面着陆了。阿姆斯特朗立即向地面指挥中心报告："休斯敦，我们在月球'静海'报告，鹰已着陆！"经过几小时的准备工作后，阿姆斯特朗第一个走出登月舱，用脚上特制的大号胶鞋在月球表面留下了人类的第一个足迹。

此后，阿姆斯特朗和奥尔德林开始了紧张的工作，在月球表面安放了一些科学仪器，包括宇宙射线计数器、测震仪、激光反射器等。他们拍摄照片，采集月球上的土壤和岩石标本。在月球表面停留了三个多小时后，他们返回了登月舱。7月25日，他们三人成功地返回地球，完成了人类第一次征服月球的壮举。

1971年，阿姆斯特朗从美国宇航局退休，到辛辛那提大学任航空工程教授。1981年，他从辛辛那提大学退休，到航空计算机技术公司任总裁。1993年，这位"太空雄鹰"被有关部门选中，进入了美国宇航员名人殿堂。

为纪念他的成就，他登陆地点附近的一座月球环形山被命名为"阿姆斯特朗"。

直击成功 阿姆斯特朗是人类航天史上当之无愧的英雄。我们在看到他头上光环的同时，也不应该忘记他在训练时承受的痛苦，不能忘记他曾面对的挑战和压力。正是因为他高度的责任感和坚持不懈、勇担重任的优秀品质，使阿姆斯特朗完成了人类赋予他的使命。

第一位踏上月球的宇航员——阿姆斯特朗

02 从容淡定的一代名相——谢安

整理：王海军 王海辉

谢安，字安石，号东山，东晋政治家、军事家。世称谢太傅、谢安石、谢相、谢公。

谢安是中国历史上的一个传奇人物，他隐逸三十年，出仕三十年。

在谢安隐逸山林期间，有一次，他和孙绰等人相约泛舟海上，不料途中起了风浪，一时间波涛汹涌，浪卷云翻。同伴都大惊失色，想要马上返回，只有谢安一个人游兴正浓，吟咏诗文，若无其事。船夫看到他神色安闲，心情愉悦，便继续向远方划去。不一会儿，风急浪猛，小船像一枚树叶在惊涛骇浪间翻转的时候，其他人惊恐万状，谢安却从容地说："如果都这样乱成一团，我们就回不去了。"大家这才平静下来，船才得以平安驶回。从这件事上，大家看出他的心胸和胆量足以镇安朝野。

公元 383 年，中国历史进入了分裂割据的南北朝时期。前秦皇帝苻坚踌躇满志，率领着号称百万的大军南下，志在吞灭东晋，统一天下。军情危急，东晋都城建康一片震恐，谢安依然镇定

人物档案

姓　　名：谢安
生卒年：320 ~ 385
籍　　贯：陈郡阳夏（今河南省太康）
身　　份：东晋政治家、军事家
重大成就：指挥淝水之战取得胜利

自若，以征讨大都督的身份负责军事，并派谢石、谢玄、谢琰和桓伊等人率兵8万前去抵御。谢玄心中忐忑，临行前向谢安询问对策，谢安只回答了一句："我已经安排好了。"便绝口不谈战事。

当晋军在淝水之战中大败前秦的捷报送到时，谢安正与张玄下棋。他看了一眼，便随手放在一边，继续下棋，就好像什么也没有看到一般。张玄的棋艺本来远在谢安之上，但此时兵临晋境，他沉不住气，结果却输给了谢安。张玄忍不住问："前方战事怎么样啊？"谢安从容地说："孩子们已经打败了敌人。"直到下完棋送走客人后，谢安抑制不住心头的喜悦，返回自己内室的时候，竟忘了迈门槛，把木屐底部的屐齿都撞断了。这就是历史上著名的淝水之战，东晋以8万士卒一举打败了前秦80多万大军。而运筹帷幄，指挥打赢这场胜仗的人便是东晋宰相谢安。

淝水之战的烟火还没有完全散尽，谢安却因功名极盛遭到陷害，举家离开京城，准备返回他的会稽乐土。可惜愿望没实现就身患重病，66岁病逝。

直击成功　　谢安是一位当之无愧的政治家和军事家。隐逸时，从不卑躬屈膝，不违背自己的准则却能拒权臣；当政时，处处以大局为重，从不结党营私而能扶社稷；功成名就之际，不恋权位，急流勇退。这一切不得不归功于其处事公允明断，性情闲雅温和，为人从容淡定，尤其是他泰山崩于前而色不变的气概，历来为人们所传颂。

03 "两弹"元勋——邓稼先

■■ 整理：王海军　吕韶伟

邓稼先 1924 年 6 月出生于安徽省怀宁县一个书香世家。17 岁考入西南联合大学物理系，抗日战争胜利时，在昆明参加了中国共产党的外围组织"民青"，投身于争取民主、反对国民党独裁统治的斗争。翌年，他回到北平，受聘担任了北京大学物理系助教，并在学生运动中担任了北京大学教职工联合会主席。

抱着学更多的本领以建设祖国之志，他于 1947 年通过了赴美研究生考试，于翌年秋进入美国普渡大学学习。由于他学习成绩突出，不足两年便修满学分，并通过博士论文答辩。此时他只有 26 岁，人称"娃娃博士"。

1950 年 8 月，邓稼先在美国获得博士学位九天后，毅然放弃了美国优越的生活和工作条件，回到了一穷二白的祖国。同年 10 月，邓稼先来到中国科学院近代物理研究所任助理研究员。

1958 年秋，邓稼先调到新筹建的核武器研究所任理论部主任，投身于原子弹的研制工作。

1959 年后，苏联毁约停

人物档案

姓　　名：邓稼先
生卒日：1924.6.25 ~ 1986.7.29
籍　　贯：安徽省怀宁县
身　　份：核物理学家
重大成就："两弹"元勋

止援助，我国又逢三年困难时期，在既无图纸又无资料的艰苦条件下，我国开始了自己的核武器研究。邓稼先组织理论队伍对原子弹的物理过程进行了大量的模拟计算和分析，用的是几台电子管计算机和手摇计算机，先后共进行了九次试验，就这样迈开了中国自力更生研制核武器的第一步。

邓稼先不仅在科研院所里费尽心血，还经常亲自到飞沙走石的戈壁试验场。他冒着酷暑严寒，在试验场度过了整整8年，15次在现场领导核试验，掌握了大量的第一手材料。1964年10月，中国成功爆炸的第一颗原子弹，就是由他签字确定的设计方案。他还率领研究人员在试验后迅速进入爆炸现场采样，以证实效果。他又和于敏等人开始了对氢弹的研究，并于原子弹爆炸后的两年零八个月后试验成功，制成了氢弹。

一次航投试验时出现降落伞事故，原子弹坠地被摔裂，邓稼先深知危险，却一个人抢上前去把摔破的原子弹碎片拿在手里仔细检查。身为医学教授的妻子知道他"抱"了摔裂的原子弹，在邓稼先回北京时强拉他去检查。结果发现他的尿液中带有放射性物质，肝脏被损，骨髓里也侵入了放射性物质，但邓稼先仍坚持回核试验基地。在步履艰难时，他坚持要自己去装雷管，并首次以院长的权威向周围的人下命令："你们还年轻，你们不能去！"

邓稼先是中国知识分子的优秀代表，为了祖国的强盛，为了国防科研事业的发展，他甘当无名英雄，默默无闻地奋斗了数十年。

"两弹"元勋——邓稼先

直击成功

邓稼先顶住重重压力，为核试验呕心沥血，如果没有时刻以大局为重的观念和坚忍不拔的精神，是绝对不可能打破西方的核封锁，实现中国自力更生研制核武器这一伟大突破的。他甘于奉献，一丝不苟，为了祖国强盛，他甘当无名英雄，哪里有危险就留在哪里，实在无愧于"两弹"元勋的光荣称号。

04 中华民族爱国的楷模——闻一多

整理：王海军　吕韶伟

闻一多，原名闻家骅，中国现代伟大的爱国主义者，坚定的民主战士，中国民主同盟早期的领导人，中国共产党的挚友，学者，新月派代表诗人，作品主要收录在《闻一多全集》中。毛泽东在《别了，司徒雷登》一文中曾经说："许多曾经是自由主义者或民主个人主义者的人们，在美国帝国主义者及其走狗国民党反动派面前站起来了。闻一多拍案而起，横眉怒对国民党的手枪，宁可倒下去，不愿屈服。"高度赞扬了他的爱国主义精神。

闻一多于1912年考入北京清华学校，1922年赴美国芝加哥美术学院学习。1932年秋，闻一多回到清华大学，任中文系教授。1937年抗战开始，他在昆明西南联大任教。

1946年7月11日，著名爱国民主运动的领袖李公朴被国民党特务暗杀了，又传闻第二个暗杀的对象是闻一多。闻一多本来正准备随联大北上，闻讯后执意留在昆明处理李公朴的后事，他的夫人高贞与其他人一再劝

人物档案

姓　名：闻一多
生卒日：1899.11.24 ~ 1946.7.15
籍　贯：湖北省蕲水县（今湖北省黄冈市浠水县）
身　份：爱国主义者、民主战士、诗人
重大成就：开创了格律体的新诗流派，积极投身于反对国民党政权的独裁统治、争取人民民主斗争的洪流。

阻，他却毅然于7月15日上午出席并主持了在云南大学致公堂召开的李公朴先生的追悼会，并发表了演讲。在他演讲结束后由学生护送到《民主周刊》社，与民盟云南支部书记楚图南主持召开记者招待会。闻一多的儿子闻立鹤前来接父亲回家，然而在回家的路上，闻一多被国民党特务暗杀。这次演讲就成了他的"最后一次演讲"。

闻一多用一种即兴的方式演讲，演讲完全口语化。他强调言论自由，因为真正的演讲是言论自由的表现，"大家都有一支笔，有一张嘴，有什么理由拿出来讲啊！有事实拿出来说啊！"用这种方式来谴责国民党反动派集团是非常有力量的。

他针对听众，强调昆明这个地方，从一开场的"在昆明出现了历史上最卑劣最无耻的事情！"到后来的"李先生在昆明被暗杀是李先生留给昆明的光荣！也是昆明人的光荣！去年'一二·一'昆明青年学生为了反对内战，遭受屠杀，那算是青年的一代献出了他们最宝贵的生命！现在李先生为了争取民主和平而遭受了反动派的暗杀……这两桩事发生在昆明，这算是昆明无限的光荣！"到最后的"历史赋予昆明的任务是争取民主和平，我们昆明的青年必须完成这一任务！"

闻一多的演讲慷慨激昂，演讲结尾的那句话——"我们不怕死，我们有牺牲的精神！我们随时像李先生一样，前脚跨出大门，后脚就不准备再跨进大门！"表现出一种视死如归的精神。这次伟大的演讲是用生命来完成的。

中华民族爱国的楷模——闻一多

直击成功 闻一多先生的一生是战斗的一生。这既与其锲而不舍、力争上游的进取精神密切相连，又与其信仰坚定、不畏牺牲的崇高品质密不可分。"最后一次演讲"字里行间都浸透着闻一多先生强烈的爱国之情、浓浓的赤子之心！

05 精益求精的批判现实主义作家——福楼拜

整理：王海军　王海辉

福楼拜是 19 世纪中叶法国重要的批判现实主义作家，其作品反映了 1848~1871 年间法国的时代风貌，揭露了丑恶鄙俗的资产阶级社会。他的"客观而无动于衷"的创作理论和精雕细刻的艺术风格，在法国文学史上独树一帜。

一次，福楼拜的朋友来看望他，门虚掩着，敲了几次门都没人答应，仔细一听，里面仿佛有抽泣声。这位朋友以为发生了什么不幸，推开门，闯进工作室，只见福楼拜伏在案前痛哭流涕，连朋友进来也没察觉。朋友走上前去，拍着他的肩膀问："什么事使你哭得这样伤心？"福楼拜悲痛万分地说："包法利夫人死了！"他的朋友不解，问他："哪一个包法利夫人？"福楼拜指着桌上几寸厚的书稿说："就是我的《包法利夫人》中的包法利夫人呀！"朋友这才明白，原来他在为自己小说中女主人公的死而伤心。因而劝他说："你既然不愿让她死去，就写她活过来嘛！"福楼拜无可奈何地说："写到这里，生活的逻辑让她非死不可，没有办法呀！"从这里可以看出福楼拜对他作品中人物的深厚情感和对现实主义创作的忠诚。

人物档案

姓　　名：福楼拜
生卒日：1821.12.17 ~ 1880.5.8
国　　籍：法国
身　　份：作家
重大成就：有长篇小说《包法利夫人》、剧本《竞选人》和短篇小说集《三故事》等

莫泊桑是19世纪后期法国批判现实主义作家，也是世界文学史上的短篇小说巨匠。他在文学上的成就与初学写作时福楼拜的悉心指导是分不开的。

一天，莫泊桑带着自己写的文章去请福楼拜指导。他坦诚地说："老师，我已经读了很多书，为什么写出来的文章总感到不生动呢？""这个问题很简单，是你的功夫还不到家。"福楼拜直截了当地回答。"那怎样才能使功夫到家呢？"莫泊桑急切地问。"这就要肯吃苦，勤练习。你家门前不是天天都有马车经过吗？你就站在门口，把每天看到的情况都详详细细地记录下来，而且要长期记下去。"

第二天，莫泊桑真的站在家门口看了一整天大街上来来往往的马车，可是一无所获。他又连续看了两天，可还是没有发现什么。万般无奈，莫泊桑只得再次来到老师家。他一进门就说："我按照您的教导，看了几天马车，没看出什么特殊的东西，那么单调，没有什么好写的。""不，不不！怎么能说没有什么东西好写呢？那富丽堂皇的马车，跟装饰简陋的马车是一样的走法吗？烈日炎炎下的马车是怎样走的？狂风暴雨中的马车是怎样走的？车上坡时，马怎样用力？车下坡时，赶车人怎样吆喝？他的表情是什么样的？这些你都能写得清楚吗？"福楼拜滔滔不绝地说着，一个接一个的问题，都在莫泊桑的脑海中打下了深深的烙印。从此，莫泊桑天天站在大门口，全神贯注地观察过往的马车，从中获得了丰富的材料，写了一些作品。于是，他再一次去请福楼拜指导。福楼拜认真地看了几篇，脸上露出了微笑，说："这些作品表明你有了进步。但青年人贵在坚持，才气就是坚持写作的结果。"

精益求精的批判现实主义作家——福楼拜

直击成功

只有遵循客观规律，才有可能塑造出真实可信的人物。而塑造这些典型人物，就得"肯吃苦，勤练习"。福楼拜十分重视观察的准确、材料的翔实、文字的筛选，这是他艺术形象亘古常新的法宝之一。

06 汉末三国名将——吕蒙

整理：王海军　吕韶伟

吕蒙，字子明，吕蒙的姐夫邓当是孙策的部将，吕蒙年仅十五六岁即随军出征。邓当死后，吕蒙代领其众，随孙权征战各地。与刘表部将黄祖作战时，吕蒙为先锋，阵斩陈就，受任横野中郎将，赐钱千万。在赤壁之战中，吕蒙与周瑜、程普击败曹军，围曹仁于南郡，曹仁败走，进据南郡，晋位偏将军，任浔阳县令。

吕蒙初不习文，孙权开导他说："你如今身居要职，掌管国事，应当多读书，使自己不断进步。"吕蒙推托说："在军营中常常苦于事务繁多，恐怕不容许我再读书了。"孙权耐心地指出："我难道要你们去钻研经书做博士吗？只不过叫你们多浏览一些书，了解历史、增加见识罢了。"吕蒙从此开始学习，专心勤奋。

鲁肃继周瑜掌管吴军后，上任途中路过吕蒙驻地，吕蒙摆酒款待他。鲁肃还以老眼光看人，觉得吕蒙有勇无谋，但在酒宴上两人纵论天下事时，吕蒙不乏真知灼见，使鲁肃很是震惊。酒宴过后，鲁肃感叹道："我一向认为老弟只有武略，时至今日，

人物档案

姓　　名：吕蒙
生卒年：178～220
籍　　贯：汝南富陂（今安徽阜南东南）
身　　份：汉末吴国名将、军事家
重大成就：辅佐孙权成就大业

老弟学识出众，确非吴下阿蒙了。"吕蒙道："士别三日，即更刮目相待。老兄今日既继任统帅，才识不如周公瑾(周瑜)，又与关羽为邻，确实很难。关羽其人虽已年老却好学不倦，性格耿直有英雄之气，但却颇为自负，老兄既与之相邻，应当有好的计策对付他。"他为鲁肃筹划了三个方案，鲁肃非常感激地接受了。

吕蒙不但踏实、勤学，而且对人真诚。他与成当、宋定、徐顾三人的军营离得很近，后三人去世，其子弟年幼，不能任事，孙权想把他们的部队都合并给吕蒙，吕蒙坚决推辞。他给孙权上书，指出徐顾等三人勤于职事，忠于国家，子弟虽然年纪小，但不能废黜，连续上书三次，孙权才听从他的意见。吕蒙又为三将的子弟请老师，精心辅导。从这件事，可以看出吕蒙对他人是何等尽心尽力。

吕蒙带兵军纪严明，而且非常爱护百姓。吕蒙手下有一个汝南籍的军士，相传是吕蒙的堂弟，拿了民家一斗笠来覆盖官府的铠甲。吕蒙认为，铠甲虽是公家器物，但擅取民家斗笠还是犯了军令，挥泪将他斩首。于是军中震栗，以致路不拾遗。吕蒙还派人早晚慰问年长之人，关心他们的生活，补给不足。若有人生病，就送去医药，有人饥寒，就送去粮食和衣服。关羽府库中的财宝，吕蒙一毫不取，全部封存。

吕蒙以身作则，清廉一生。他将所得的金银财宝和各种赏赐都交到府库中收藏，并命令主管人员，待其死后，把这些全部还给朝廷。他还留下遗言，丧事务求俭约，不得奢侈。孙权知后，愈益悲伤。

汉末三国名将——吕蒙

直击成功 吕蒙早年果敢有胆，后来折节读书，识见精博，渐能克己让人，有国士之风。他有勇有谋，务求俭约，勤奋刻苦，又能宽宏大量，听取他人意见，任人唯贤，知人善用。吕蒙不是出身书香门第，也不是名将之后，可他却凭借自己的勤奋和努力，成就了功业。

07 最伟大的南极探险家——斯科特

整理：王海军　吕韶伟

斯科特是英国皇家海军军官，之前他既不是探险家，也不是航海家，而是一位研究鱼雷的军事专家。1901 年 8 月，他受命率领探险队乘"发现号"远航，深入到南极圈内的罗斯海，并在麦克默多海峡中罗斯岛的一个山谷里越冬，从而适应了南极的恶劣环境，为他后来正式向南极点进军打下了基础。

斯科特攀登南极点的行动虽比挪威探险家阿蒙森早了约两个月，但他却是在阿蒙森摘取攀登南极点桂冠的第 34 天，才到达南极点。他的经历及影响与阿蒙森相比有着天壤之别。虽然他到达南极点的时间比阿蒙森晚，但却是世界公认的最伟大的南极探险家。

1910 年 6 月，斯科特乘坐"特拉·诺瓦号"启程。途中，他听说挪威人罗阿尔德·阿蒙森也率领另外一支探险队向南极点进发。两支队伍展开了激烈角逐，都想争取"国家荣誉"。1911 年 11 月 1 日，斯科特的一队人马离开自己的宿营基地，前往南极，暴风雪使旅行十分艰难。因此，1912 年 1 月 3 日，斯科特决定只带 4 名同伴前行。1 月 16 日，斯科特一行人迎着暴

人物档案

姓　名：罗伯特·福尔肯·斯科特
生卒日：1868.6.6 ～ 1912.3.29
国　籍：英国
身　份：海军上校
重大成就：世界公认的最伟大的南极探险家

风雪，忍着饥饿和冻伤的折磨，以惊人的毅力终于登临南极点。正当他们要欢庆胜利的时候，发现挪威国旗已经在那里飘扬，他们比挪威人晚到了一个多月。阿蒙森还在这里留下一封信，等待着这个不相识的第二名的到来，他相信这个第二名一定会随他之后到达这里，所以想请他把这封信带给挪威的哈康国王。斯科特接受了这项任务，他要忠实地去履行这一最冷酷无情的职责：在世人面前为另一个人完成的业绩作证，而这一事业却是他自己所热烈追求的。他们深感失望地踏上了归途，途中，埃文斯因精神失常死去，奥茨因患严重的冻伤，不愿连累别人，在刺骨的寒风中死去。剩下的3个人不得不扎营，以躲避恶劣的天气。但恶劣天气没有结束的迹象，终于在3月29日这一天，斯科特等3人都死在离他们的宿营基地几千米处。

过了不到一年，后方搜索队在斯科特蒙难处找到了保存在睡袋中的3具完好的尸体，并就地掩埋，墓上矗立着用滑雪杖做的十字架。

斯科特他们历经艰辛，艰苦跋涉，却没有将采集到的重达17千克的植物化石和矿物标本丢弃，为后来的南极地质学研究作出了重大贡献。他们探险的日记、照片都成了南极科学研究的宝贵史料，至今仍完好地保存着。为了让人们永远地纪念他们，美国把1957年建在南极点的科学考察站命名为"阿蒙森斯科特站"。

早在最后一次南极远征之前，斯科特就已经是英国的民族英雄。他在1902~1904年间首次进行南极探险，相关游记《发现之旅》曾是英国最畅销的书。而他最后一次南极探险的悲壮故事更是激励了一代又一代英国人。

直击成功

斯科特不畏艰险，敢于挑战，顽强果敢，正直无私。南极的风霜雨雪遮盖不住他身上闪耀的为了祖国荣誉不惜献身的伟大精神。斯科特领导的英国探险队以其勇敢的精神和悲壮的业绩，在南极探险史上留下了光辉的一页。斯科特不是第一个到达南极点的人，但他却是最伟大的南极探险家。

最伟大的南极探险家——斯科特

08 伟大的母亲——冯顺弟

整理：苑秀丽 滕飞

冯顺弟，胡适的母亲，19岁时成为比她大三十岁的胡适父亲胡铁花的续弦。

冯顺弟尽管是农民出身，不识文断字，但对唯一的儿子胡适悉心教育，一心想把孩子培养成一个乡贤。

胡适3岁前，母亲即让他认方块字，学了约有一千字。回到安徽家乡时，母亲看胡适读书心切，就让他在其四叔开的私塾里念书。因为个子太小，还要人把他从念书的高凳上抱上抱下。胡适从小就对读书感兴趣，母亲对他也格外照顾。别的小孩学费只有两元，而胡适的母亲渴望他读书，所以在学费方面对先生特别优厚，第一年就送六元，以后每年递增，最后一年加到二十元。母亲嘱托先生要为他"讲书"，每读一字，须讲一字的意思，每读一句，须讲一句的意思，这使胡适在学习上比一般的孩子更扎实。9岁时的他就能看《水浒传》了。他不但能把大量的小说看进去，还能把小说讲出来，经常给周围的本家姐妹们说书，这种方法使他更了解了古文的文理。

姓　　名：冯顺弟
生卒年：1873 ~ 1918
籍　　贯：安徽省绩溪县
身　　份：胡适的母亲
重大成就：培养出了优秀儿子胡适

母亲冯顺弟知道邻居宋焕家中有一部《图书集成》是儿子一直求之未得的，当她得知此书减价到八十元时，便借钱为儿子买下。为了资助胡适读书，她甚至不惜变卖自己的首饰。

冯顺弟对胡适既是慈母兼严父，又是"恩师"兼"严师"。她从不溺爱独子。胡适说："她从来不在别人面前骂我一句，打我一下。我做错了事，她只对我望一眼，我看见了她严厉的目光，就吓住了。犯的事小，她等第二天早晨我睡醒时才教训我。犯的事大，她就等到晚上人静时，关了房门，先责备我，然后行罚。"冯顺弟这种既严厉又保护其自尊心的教育方式，使胡适从小就懂得正经做人，爱惜名誉，这为他日后的不断上进奠定了基础。

胡适在美国留学七年间，与母亲只能保持书信来往。他母亲在病重时也不让人告诉儿子，以免他中断学业。

胡适没有辜负母亲的期望，1917 年 7 月，他从美国学成回国，被北京大学校长蔡元培聘为教授。然而，第二年 11 月，为胡适劳碌一生的母亲在家乡不幸病逝。悲痛欲绝的胡适与刚完婚不到一年的妻子江冬秀回家奔丧，写下《先母行述》："生未能养，病未能侍，毕世勤劳未能丝毫分任，生死永诀亦未能一面。平生惨痛，何以如此！"

直击成功　　胡适的母亲冯顺弟是一位成功的母亲。她对胡适既是慈母又兼严父，既是"恩师"又兼"严师"。正是在母亲的严格管教下，胡适才严格自律，成就了辉煌的人生。正因有这样伟大的母亲，才培养出了这样优秀的胡适。

09 现实主义的天才艺术家——列夫·托尔斯泰

整理：王海军　滕飞

列夫·托尔斯泰出身贵族，1851年在高加索从军，1856年底以中尉军衔退役。次年年初到法国、瑞士、意大利和德国游历。这次游历扩大了他文学艺术的视野，增加了他对俄国社会现实的清醒认识。

对于19世纪50至60年代之间的农奴制改革以及革命形势，托尔斯泰的思想是极其矛盾的。他同情农民，厌恶农奴制，却认为根据"历史的正义"，土地应归地主所有，同时为地主面临的是要性命还是要土地的问题而深深忧虑。他看到了沙皇所实行的自上而下的"改革"的虚伪性质，却又反对以革命方式消灭农奴制，幻想寻找自己的道路。

革命形势逐渐转入低潮，他也逐渐克服了思想上的危机。他脱离社交，安居庄园，购置产业，过着俭朴、宁静、和睦而幸福的生活。从1863年起，他用了6年时间写成巨著《战争与和平》。

托尔斯泰心灵的宁静与

人物档案

姓　名：列夫·尼古拉耶维奇·托尔斯泰

生卒日：1828.9.9 ~ 1910.11.20

国　籍：俄国

身　份：小说家、思想家

重大成就：著有长篇小说《安娜·卡列尼娜》、《战争与和平》、《复活》等

 和谐并没有保持多久。从19世纪70年代初起，他开始了新的探索时期，19世纪70至80年代之间，由于受新的革命形势和全国性大饥荒的强烈影响，他的世界观发生激变，弃绝本阶级，转到宗法制农民的立场上。

从此，托尔斯泰厌弃自己及周围的贵族生活，不时从事体力劳动，自己耕地、缝鞋，为农民盖房子，摒绝奢侈，持斋吃素。从19世纪90年代中期开始，托尔斯泰增强了对社会现实的批判态度，他同情革命者，也曾对革命的到来表示欢迎。在革命失败后，他反对沙皇政府残酷杀害革命者，并写出《我不能沉默》一文。

托尔斯泰在世界观骤变后，于1882年和1884年曾一度想离家出走。在他生前的最后几年，他意识到农民的觉醒，但却因自己同他们的思想情绪有距离而不免悲观失望；对自己的地主庄园式生活感到不符合信念和不安。最后，他于1910年11月10日从亚斯纳亚·波利亚纳秘密出走，在途中患肺炎，20日在阿斯塔波沃车站逝世。

托尔斯泰被称为具有"最清醒的现实主义"的"天才艺术家"，而且他的作品描写了俄国革命时期人民的顽强抗争，因此被称为"俄国十月革命的镜子"。列宁曾称赞他创作了"世界文学中第一流的作品"。

直击成功 　　列夫·托尔斯泰以自己一生的辛勤创作，登上了当时欧洲批判现实主义文学的高峰。他还以自己有力的笔触和卓越的艺术技巧创作了"世界文学中第一流的作品"，因此被称为具有"最清醒的现实主义"的"天才艺术家"。

Part 1 语文

现实主义的天才艺术家——列夫·托尔斯泰

10 照亮别人的蜡烛——安妮·沙利文

整理：王海军　滕飞

安妮·沙莉文出生于美国马萨诸塞州西部的一个小村庄。安妮有着坎坷不幸的童年，双眼几乎完全失明，在盲校期间，经两次手术，视力终于恢复到较好状态。1886年，她从柏金斯盲人学校以优异成绩毕业。

同年8月底，她接到了柏金斯盲人学校校长安那诺斯先生的来信，问她是否愿意做凯勒先生的又聋又哑又盲的小女儿海伦的家庭教师。这改变了安妮也改变了海伦的命运。1887年3月3日，安妮在长途颠簸后，见到了这个比自己小14岁的海伦·凯勒。安妮对海伦行为的反应很敏锐，她在给家人的信里说："我必须解决的问题是，既要规范和控制她的行为，又不能伤害她的心灵。"两周以后，第一个奇迹发生了。安妮将海伦带到家庭住所附近的一个小木屋里，以便两人可以单独生活在一起。海伦在离开她的家人的第一天，差不多全天都在踢打和号叫，到了晚上，安妮让她睡觉，她也不听。第二天早上，海伦非但没吵闹，而且很平和，两周后，她变成了一个温柔的孩子。这时安妮工作起来很开心，海伦学得

人物档案

姓　　名：安妮·沙利文
生 卒 日：1866.4.14 ~ 1936.10.19
国　　籍：美国
身　　份：海伦·凯勒的家庭教师
重大成就：海伦是安妮的骄傲，也是世界文学史上的奇迹，而安妮就是一个创造奇迹的人

很快，安妮能够引导开发海伦的智力了。

安妮到达的一个月后，她们出去散步，一件重要的事情发生了。她们听到有人在用手泵抽水，安妮把海伦带到水井房，自己压水，让水流从海伦的一只手上一遍又一遍地流过，在海伦的另一只手上一遍又一遍地写"water"（水）。反复让海伦体验"水"，海伦恍然大悟，完全明白了老师的意思。

水唤醒了海伦的灵魂，给了她光明、希望、快乐和自由。这一天她学会了30个字，到4月底认识了100多个字，到了5月中旬学会了将近400个字。海伦还学会了书写，到10月份，海伦可以用盲文给柏金斯盲人学校的孩子们写信了。安妮陪伴着海伦走过了50年，她用自己的关怀和爱心排除了海伦学习道路上的一个又一个障碍。其间，安妮与哈佛大学年轻讲师约翰·阿贝特·梅西成婚，但因为安妮全身心地投入海伦的生活，梅西最终离开了安妮。

1916年底，安妮老师病倒了。她和助手托马斯·波丽第一次离开海伦，去波多黎各疗养。但即使在疗养期间，她也频繁地给海伦写信。这也是她和海伦相遇后，有生之年的唯一一次"离开"。 1936年10月19日，安妮永远地离开了海伦。

安妮这支照亮了别人的蜡烛，由于用眼过度，最后导致失明；她默默无闻地隐身背后，从不抱怨。有记者要写关于她的文章，她不屑一顾地回答："我的生活是我自己的私事，不必大家费心。"这种甘为人梯的精神，是何等的伟大呀！海伦是安妮一生第一个学生，也是唯一一个学生，在她身上倾注了安妮大半生的精力。没有安妮的关怀，海伦不可能取得巨大的成功。海伦是安妮的骄傲，也是世界文学史上的奇迹，而安妮就是一个创造奇迹的人。

直击成功

海伦功成名就，扬名世界。安妮·沙利文用她的爱和不懈的精神给海伦带来了光明和信心，并和她一起创造了一个自强不息的世界奇迹。她默默无闻地隐身背后，从不抱怨。这种甘为人梯的精神，是何等的令人敬仰！

照亮别人的蜡烛——安妮·沙利文

11 战国时代伟大的政治家和诗人——屈原

■ 整理：王海军　滕飞

屈原，战国时期楚国人。屈原是中国历史上最伟大的浪漫主义诗人之一，也是我国已知最早的著名诗人和伟大的政治家。他创立了"楚辞"这种文体，也开创了"香草美人"的诗歌传统。《离骚》、《九章》、《九歌》、《天问》是屈原的代表作，其中《离骚》是我国最长的抒情诗。后世所见的屈原作品皆出自于西汉刘向辑集的《楚辞》。

屈原生活的时期，正是中国即将实现大统一的前夕。屈原因出身贵族，又明于治乱，娴于辞令，故而早年深受楚怀王的宠信，位为左徒，朝廷一切政策、文告，皆出自其手。

屈原为实现楚国的统一大业，对内积极辅佐怀王变法图强，对外坚决主张联齐抗秦，使楚国一度出现了国富兵强、威震诸侯的局面。但是由于屈原在内政外交上与楚国腐朽贵族集团发生了尖锐的矛盾，后来遭到群臣的诬陷和楚怀王的疏远。据《史记·屈原贾生列传》记载，上官大夫靳尚出于妒忌，趁屈原为楚怀王拟订宪令之时，在楚怀王面前诬陷屈原，楚怀王于

姓　　名：屈原
生卒年：公元前 340 ～公元前 278
籍　　贯：楚国丹阳 (今湖北秭归)
身　　份：政治家、诗人
重大成就：促成楚齐联盟，创立"楚辞"文体

是"怒而疏屈平"。屈原被免去左徒之职后，转任三闾大夫，掌管王族昭、屈、景三姓事务，负责宗庙祭祀和贵族子弟的教育。

楚怀王十六年（前313年），张仪由秦至楚，以重金收买靳尚、子南、郑袖等人充当内奸，同时以"献商於之地六百里"诱骗楚怀王，致使齐楚断交。楚怀王受骗后恼羞成怒，两度向秦出兵，均遭惨败。于是屈原奉命出使齐国重修齐楚旧好。此间张仪又一次由秦至楚，进行瓦解"齐楚联盟"的活动，使齐楚联盟未能成功。怀王二十四年（前305年），秦楚订立"黄棘之盟"，楚国彻底投入了秦国的怀抱。屈原亦被逐出郢都，到了汉北。

楚怀王三十年，屈原回到郢都。同年，秦约楚怀王武关相会，屈原力劝不可，但楚怀王的小儿子子兰却力主楚怀王入秦，楚怀王亦不听屈原等人劝告，结果会盟之日即被秦扣留，三年后客死异国。

在楚怀王被扣后，顷襄王接位，子兰任令尹（相当于宰相），楚秦邦交一度断绝。由于屈原反对他们的可耻立场，并指斥子兰应对怀王的屈辱而死负有责任，子兰指使上官大夫在顷襄王面前造谣诋毁屈原，导致屈原再次被流放到沅、湘一带。

在屈原多年流亡的同时，楚国的形势越来越危急。到顷襄王二十一年，秦将白起攻破楚都郢（今湖北江陵）。次年，秦军又进一步深入。屈原眼看自己一度兴旺的国家已经无望，也曾认真地考虑过出走他国，但最终还是不能离开故土，在悲愤交加之中，自沉于汨罗江，殉了自己的理想。

1953年是屈原逝世2230周年，世界和平理事会通过决议确定屈原为当年纪念的世界四位文化名人之一。

战国时代伟大的政治家和诗人——屈原

直击成功　屈原是战国时代伟大的诗人和政治家。他热爱祖国和人民，衷心地希望楚国能强盛起来。现代诗人、文艺评论家何其芳说，《诗经》中有许多优秀、动人的作品，然而，像屈原这样用他的理想、遭遇、痛苦、热情以至整个生命在他的作品里打上了异常鲜明的个性烙印的，却还没有。

12 大清帝国的重臣——李鸿章

整理：王海军　张丽

李鸿章，安徽合肥人，中国晚清军政重臣，淮军创始人和统帅，洋务运动的主要倡导者之一。

李鸿章于1862年3月10日随首批淮军抵达上海，后来被任命署理江苏巡抚，次年2月又兼署通商大臣，从此隆隆直上，开始了他在晚清政治舞台上纵横捭阖的四十年。

李鸿章受任之初，形势极为严峻。当时上海是全国最大的通商口岸和江南财富集中之地，淮军抵达时，正值太平军第二次大举进攻，能否守住上海并谋得发展，是摆在李鸿章面前的最大考验。

客观上讲，无论是日吞琉球，还是法占越南，李鸿章都深切意识到，列强的威胁来自海上。因此，李鸿章于19世纪70年代起就已经提出"海防论"，积极倡议建立近代化海军。同治十三年（1874年），李鸿章在海防大筹议中上奏，系统地提出以定购铁甲舰，组建北、东、南三洋舰队的设想，并辅以沿海陆防，形成了中国近代海防战略。中法战后，鉴于福建船政水师覆败，清政府决定"大治水师"，于光绪十一年（1885年）成立海军衙门，

人物档案

姓　名：**李鸿章**
生卒日：**1823.2.15 ～ 1901.11.7**
籍　贯：**安徽合肥东乡（今瑶海区）**
身　份：**政治家、军事家**
重大成就：**著有《李文忠公全集》，被视为大清帝国唯一有能力可与世界列强一争长短之人**

醇亲王总理海军事务，李鸿章利用这个机会，建设北洋水师。

成军后的北洋水师，拥有舰艇 25 艘，官兵 4 千余人，在当时是亚洲最强大的海上力量。与此同时，李鸿章加紧旅顺、大沽、威海等海军基地的建设，以加强海防。

李鸿章牢记恩师的教诲，"以练兵学战为性命根本，吏治洋务皆置后图"。而由上海官绅组建的"中外会防局"，一心指望外国雇佣军抵御太平军，对洋人百般献媚，却对淮军不以为然，"皆笑指为丐"。面对这种情况，李鸿章激励将士说，"军贵能战，待吾破敌慑之"。不久，淮军独立进行了虹桥、北新泾和四江口三次恶战，李鸿章亲临前线指挥，成功守住了上海，顿时让中外人士对淮军刮目相看。

李鸿章从 19 世纪 70 年代起，进一步扩大洋务事业，标榜"自强"进而"求富"，主要以"官督商办"的形式创办了一系列民用企业。同时，又着手筹办北洋海防，以外购为主，自造为辅，于光绪十四年（1888年）建成北洋海军。为培养"自强"、"求富"所需的人才，还创办了各类新式学堂，并派人赴欧美留学。所有这些洋务事业，对近代中国社会的发展都产生了深远的影响。

李鸿章代表清政府与外国签订了《马关条约》、《辛丑条约》等 30 余个不平等条约，一次次宣告了旧中国外交的惨败。从《辛丑条约》签订时开始，总理衙门改为外交部，"班列六部之首"，在李鸿章的经验教训里，中国近代外交开始酝酿着一次艰难启程。

直击成功　　李鸿章生逢大清国最黑暗、最动荡的年代，他的每一次"出场"无不是在国家存亡危急之时，大清国要他承担的无不是"人情所最难堪"之事。因此，国人在对他咒骂痛斥之时，他确实不可"不深自反也"，确实不可"放弃国民之责任"。他自我反省和对国民负责的精神让我们感动，他的大度与豪放之情延续至今。

大清帝国的重臣——李鸿章

13 不以物喜，不以己悲的贤臣——滕子京

整理：苑秀丽　张丽

滕子京，北宋人。与范仲淹同举进士，两人一见如故，说身世，谈抱负，聊得十分投机。范仲淹举进士后，携滕子京来青阳长山和九华山游玩。滕子京爱青阳、九华山的山水秀美，恋契友范仲淹情深，曾有言"爱彼九华书契"终归于青阳。

重修岳阳楼的这一年是公元1045年。三年前，滕子京在西北的甘肃泾州当知州，那是个边关阻隔、动乱无常的荒凉之地。9月，西夏大举攻宋，滕子京镇守城池，可是手中兵卒无几。之后，他不惜动用公款犒劳边关将士，祭奠英烈，抚恤遗属。事隔一年，便有人弹劾滕子京滥用公款，于是，"泾州过用公款案"闹得沸沸扬扬。幸得欧阳修、范仲淹从中解释，方未处刑，仅被贬官。于是就有了"庆历四年春，滕子京谪守巴陵郡"。

滕子京是背着沉重的十字架来到巴陵岳阳的。

岳阳这地方怎么就成了贬官们的钟爱之地？是洞庭山水抚慰了落魄的人生，还是人生的苦难打磨了岳阳的灵魂？这一拨拨朝廷的弃

人物档案

姓　　名：滕子京
生卒年：990～1047
籍　　贯：河南洛阳
身　　份：政治家、文学家
重大成就：重修岳阳楼

儿，将热泪抛洒在岳阳楼头的时候，巴陵的山捧着它，洞庭的湖波含着它，分明就铸成了岳阳城头一块块苦涩的砖石，从屈夫子一直垒砌到今天。

那么，滕子京为岳阳留下了什么呢？他留下了一座岳阳楼。

那古楼上写着"不以物喜"。他是不以物喜的。他在岳阳的三年，承前制，重修岳阳楼；崇教化，兴建岳州学宫；治水患，拟筑偃虹堤。三年治政，成就三件大事，此君足矣！滕子京是完全有资本以物为喜的，他却不能喜，"负大才，为众所嫉"，他如何喜得！

古楼上还写着"不以己悲"。他又何尝以己悲之？一个负罪的贬官，仕途的失意，人生的坎坷，要消沉当可消沉，论哀怨亦可悲之。而这位滕公却"居庙堂之高则忧其民；处江湖之远则忧其君"。他是不喜不悲，不艾不怨，上任一年便"政通人和，百废具兴"，于政治是如此的投入，于黎民是如此的体恤！此种襟怀，问谁领会得来！当岳阳楼重修落成之日，滕子京也只是"痛饮一场，凭栏大恸十数声而已"，可见其忍辱负重仍然勤于政绩的惨淡心境。男儿有泪不轻弹，这"凭栏大恸十数声"是何等的悲怆，何等的壮烈！

因范仲淹的名篇《岳阳楼记》，滕子京获得了宋仁宗的好感，庆历六年秋调他到有小汴京之称的徽州任知府。庆历七年（1047 年）又调任苏州知府，上任不久便卒于苏州，时年 58 岁。

直击成功　　没有滕子京，就没有岳阳楼的重新耸立，没有《岳阳楼记》的千古流传。面对人生的坎坷，他能"不以物喜，不以己悲"。范仲淹是"先忧后乐"精神的宣扬者，滕子京何尝不是这精神的践行者？滕子京的这种忍辱负重、勤于政绩的精神着实值得我们学习。

不以物喜，不以己悲的贤臣——滕子京

14 史诗般的英雄——成吉思汗

整理：苑秀丽　刁淑艳

成吉思汗，名铁木真，于公元1162年生于漠北斡难河上游的蒙古孛儿只斤——乞颜部的一个贵族家庭。父亲是乞颜部落的首领，铁木真9岁时，父亲喝了仇人下过毒的酒，回家后不久就死去。部众们也众叛亲离、各奔东西，铁木真和母亲及三个弟弟过上了饥寒交迫的日子。

铁木真长大后，决心替父报仇，不料又遭蔑儿乞部落的袭击，妻子被掳走。挫折使铁木真日渐成熟起来，他开始运用谋略实现自己的计划。他首先向父亲的兄弟蒙古克列部首领脱里汗求援，把妻子的嫁妆黑貂裘献给他，接着又取得朋友扎木合的支持，击败了蔑儿乞部落，夺回了妻子，获得了大量牲畜等战利品。铁木真初战告捷，声名大震，一些有识之士开始向他靠拢过来，他的力量便逐渐壮大起来。

在长期的部落纷争中，铁木真不仅学会了谋略，还日渐谙熟兵法。据说，铁木真每次发出集合队伍的号令后，便端坐毡帐中，闭目数算，当计数到一定数目时，突然睁开双目，军队刚好集合完毕。铁木真能运筹帷幄，决胜于千里之外，也能身先

人物档案

姓　名：铁木真
生卒日：1162.5.31 ~ 1227.8.15
籍　贯：现蒙古国肯特省
身　份：军事家、政治家
重大成就：统一蒙古各部落

士卒、冲锋陷阵。他的军队纪律严明，战术灵活，他的铁骑部队冲锋时，如同草原上势不可挡的风暴，令敌人闻风丧胆。就是这样，他先后打垮了抓过他的蒙古泰赤乌部，消灭了毒死他父亲的塔塔尔部，联合脱里汗打败了扎木合，紧接着又消灭了脱里汗，最后战胜了当时蒙古高原最强大的部落乃蛮，从而统一了蒙古高原各部落。公元1206年，在斡难河畔，蒙古各部首领召开了忽里勒台大会，一致推举44岁的铁木真为全蒙古的大汗，尊号成吉思汗。

蒙古帝国建立以后，成吉思汗致力于帝国的巩固和扩张，在政治、军事、法律、文字等方面都有历史性的建树。特别是军事征战方面，更显示了他的天赋，在历时7年的西征中，他一度率军冲破了中亚、南欧各国的疆界，使罗马教廷及整个欧洲一片惊慌，同时，也在一定程度上促进了东西方的文化交流。

西方史学家格鲁塞评价成吉思汗的这次西征时说："将环绕禁院的墙垣吹倒，并将树木连根拔起，却将鲜花的种子从一个花园传播到另一个花园。"成吉思汗以其军事家的雄才大略，为后来的继承者结束自唐"安史之乱"以来形成的割据分裂局面，建立统一的大元王朝，并为蒙古民族自立于世界民族之林奠定了坚实的基础。元朝建立后，元世祖忽必烈追尊成吉思汗为元太祖。

史诗般的英雄——成吉思汗

直击成功　　成吉思汗小时候的挫折注定了他的性格，也让他在心中加深了复仇的决心。多年的努力使他用兵如神，政法军文无不精通，这些让他不仅仅成为一个史诗般的英雄，更使他成为一代帝王！

15 勤学善思的先贤——孔子

整理：苑秀丽　刁淑艳

孔子是春秋末期的思想家、政治家、教育家，也是儒家学派的创始人。

《三字经》上说："昔仲尼，师项橐，古圣贤，尚勤学。"孔子除了拜七岁的项橐为师，还拜了很多位老师，他勤于学习、喜欢思考的故事，被后世传为佳话。

孔子一心想向老子学习，于是便带着颜回、子路等几个弟子到了洛阳。他们等了好几天，终于见到了老子。一早，老子便把孔子师徒几人引入大堂，待入座之后，孔子便迫不及待地表明来意：我久慕先生威名，这次带愚徒几人特来拜谒。请问先生近来修道进展如何？

孔子几人正准备洗耳恭听，不想老子却大笑道："你们看我这些牙齿如何？"孔子师徒莫名其妙地看了看老子的牙齿，早已参差不全了。于是，他们摇了摇头，谁也不明白老子的意图。这时候，老子伸出自己的舌头问："那么，我这舌头呢？"孔子师徒又仔细看了看老子的舌头，这时孔子眼前灵光乍现，微笑着答道："先生学识渊博，果然名不虚传！"

人物档案

姓　名：孔子
生卒日：公元前 551.9.28～公元
　　　　前 479.4.11
籍　贯：山东曲阜
身　份：思想家、教育家
重大成就：编纂《春秋》，修订"五经"

老子这时说："想必先生已经清楚我修道几成了吧？"孔子会心地点了点头说："如醍醐灌顶，方才大悟呀！"午后，师徒几人便辞别老子，起身返回鲁国。途中，孔子如获至宝，弟子子路却疑云重重，不得释然。

在孔子的启发下，颜回道："我们这次不枉此行，老子传授了我们别处学不来的大智慧。他张开嘴让我们看他牙齿，意在告诉我们：牙齿虽硬，但是上下碰磨久了，也难免残缺不全；他又让我们看他舌头，意思是说：舌头虽软，但能以柔克刚，所以至今完整无缺。"孔子听后拂须大笑不止，子路听后这才恍然大悟。

孔子不仅是位大教育家，还是一位音乐家，既会唱歌，又会弹琴作曲。在音乐方面，他仍善于学习，勤于思考。孔子曾跟师襄学琴，一天师襄交给他一首曲子，让他自己练习，他足足练了十来天，仍然没有停下来的意思，师襄忍不住了，说："你可以换个曲子练练了。"孔子答道："我虽然已熟悉它的曲调，但还没有摸到它的规律。"过了一段时间，师襄又说："你已摸到它的规律了，可以换个曲子练了。"不料孔子又回答："我还没有领悟到它的音乐形象哩。"如此又过了一段时间，师襄发现孔子神情庄重，四体通泰，好似变了样。这次不待师襄发问，孔子就先说道："我已经体会到音乐形象了，黑黝黝的，个子高高的，目光深远，似有王者气概，此人非文王莫属也。"师襄听罢，大吃一惊，因为此曲正好名为《文王操》，而他事先并未对孔子讲过。

精诚所至，金石为开。孔子勤学善思，是世界上公认的教育家和思想家，被后人视为"万世师表"，被联合国教科文组织评为"世界十大文化名人"，并名列首位。

直击成功　　孔子，圣人也！孔子为何被称为圣人，是因为他没有缺点吗？不是，是因为孔子能见贤思齐，虚怀若谷，勤于学习，善于思考。人们说：孔子乃国之师也！同时也是学之师，他勤学善思，终成"文圣"。

16 不断探索的科学家——爱因斯坦

整理：苑秀丽 刁淑艳

爱因斯坦出生于德国东部的乌尔姆，犹太血统。爱因斯坦在上学之前，父亲给了他一个罗盘，罗盘的指针总是指着南北极，这使小爱因斯坦着迷和研究了很久，直到成年，他都还记得这件事。另一次经历给他的印象也很深刻。在上学几年后，他领到一本欧几里得几何学课本，书中论证得出的无可置疑的许多公理，使他产生了强烈的好奇心，以至于无法按照课程进度学习，而是一口气就将它学完。

爱因斯坦在少年时代，就把自己想象成一个追赶光线的人，他关于光线的想法引出了狭义相对论。他又设想：假如吊索断了，一架升降机坠入深谷，里面的乘客会有什么感觉，这个想法导出了广义相对论。科学理论的发展，不是拆了旧房盖新房，它像登山一样，创立一个新理论，就像登上一座高峰。爱因斯坦在登上狭义相对论和广义相对论的高峰以后，没有满足，也没有停顿，而是环顾四周上下，看到宇宙间无比壮丽的景色，他拍拍身上的尘土，又准备攀登新的高峰。统一

人物档案

姓　　名：爱因斯坦
生卒日：1879.3.14 ～ 1955.4.18
国　　籍：美国
身　　份：物理学家、思想家及哲学家
重大成就：提出"相对论"

场论是相对论的第三阶段，他希望把引力场和电磁场统一起来，而且希望这个统一的场能够解释量子力学所不能解释的问题。

爱因斯坦最反对这样的科学家：他们拿起一块木板，寻找最薄的部位，在容易钻孔的地方，钻上许多孔。他把自己的钻头，对准统一场论这块木板上最厚的地方，希望把电磁力和引力统一起来，给物质结构一种统一的解释。他也知道，统一场论不会在自己手里完成。可是他认为，在科学道路上，每一条都应该走一走，发现一条走不通的道路，也是对科学的一大贡献。科学史上只写某人某人取得成功，在成功者之前的探索道路上，发现此路不通的失败者统统不写，这是很不公平的。那种证明此路不通的吃力不讨好的工作，就让我来做吧。他给比利时王太后伊丽莎白的信里是这样写的：留给我的事情是——毫不怜惜自己，研究最困难的科学问题。那个工作迷人的魔力，将持续到我停止呼吸。

爱因斯坦是这样写的，也是这样做的。他在神圣的好奇心的驱使下，又勇敢地深入探索宇宙。他探索了几十年，直到他在生命弥留之际，在医院的病榻旁还放着一叠统一场论的未完成稿，准备翌晨醒来再继续演算。爱因斯坦对统一场论的探索，正是他一生追求真理的那种毫不气馁的热情和坚强性格的写照。

不断探索的科学家——爱因斯坦

直击成功　人们常说爱因斯坦是天才。但天才不是天生的，"天才是百分之九十九的汗水加上百分之一的灵感"。正因为爱因斯坦无比勤奋，勇于创新，不断探索，才在科学史上作出了划时代的贡献。正像德国剧作家莱辛说的：对真理的追求比对真理的占有更为可贵，爱因斯坦在勤奋的工作中，在追求真理的探索中，度过了一生。他有限的生命已经结束，但是，人们在心里建起了纪念他的殿堂。

17 超凡脱俗的隐逸者——陶渊明

整理：苑秀丽　刁淑艳

　　陶渊明是东晋后期的诗人、文学家，他的曾祖父是赫赫有名的东晋大司马、开国功臣，祖父和父亲也都做过太守。到了东晋末期，朝政日益腐败，官场黑暗。陶渊明生性淡泊，在家境贫困、入不敷出的情况下仍然坚持读书作诗。他关心百姓疾苦，有着"猛志逸四海，骞翮思远翥"的志向，怀着"大济苍生"的愿望，出任江州祭酒。由于看不惯官场上的恶劣作风，不久就辞官还乡了，随后州里又召他做主簿，他也辞谢了。

　　后来，他陆续任过一些官职，但由于淡泊功名，为官清正，不愿与腐败官场同流合污，过着时隐时仕的生活。陶渊明最后一次做官，是义熙元年（405年）。那一年，已过"不惑之年"（四十一岁）的陶渊明在朋友的劝说下，再次出任彭泽县令。到任八十一天，浔阳郡派遣督邮来检查公务，浔阳郡的督邮刘云，以凶狠贪婪闻名远近，每年两次以巡视为名向辖县索要贿赂，每次都是满载而归，否则就栽赃陷害。县吏说："当束带迎之。"就是应当穿戴整齐、备好礼品、恭恭敬敬地去迎接督邮。陶渊明叹道："我岂能为五斗米向乡里小儿折腰。"
意思是我怎能为了县令的五斗米的薪俸，就低声下气地去向这些小人
献殷勤。说完，挂冠而去，辞职归乡。此后，他一面读书为文，一面
躬耕陇亩。陶渊明的妻子翟氏，与他志同道合，安贫守节，"夫耕于前，
妻锄于后"，朋友来访，无论贵贱，只要家中有酒，必与之同饮。尽
管生活贫困，但他始终不愿再为官受禄。宋文帝元嘉元年（424年），
江州刺史檀道济亲自到他家中拜访，他对江州刺史送来的米和肉坚拒
不受。

　　他的一生，充满了对人生真谛的渴望与追求。他的诗歌如《饮酒》、
《杂诗》等，质朴无华，清丽自然，寓绚于素，韵味隽永，或者咏史
抒怀关心时局，或者充满"性本爱丘山"的生活志趣。他的辞赋如《归
去来兮辞》，表达了不与世俗同流合污的决心。他的散文如《桃花源
记》、《五柳先生传》等，表现了返璞归真、高远脱俗的意境，对美
好未来充满了向往。后人有"一语天然万古新，豪华落尽见真淳"之
誉。他那不为"五斗米折腰"的气节，更是勉励后人以天下苍生为重，
以节义贞操为重，折腰时心已愧，不趋炎附势，保持善良纯真的本性，
不为名利浮华所改变。

直击成功　　陶渊明原本可以过上荣华富贵
的生活，至少可以衣食无忧，但那要
以人格和气节为代价，于是他选择了
艰苦、宁静而自由的田园生活。有失必有得，
陶渊明获得了心灵的自由，获得了人格的尊严，
写出了具有独特风格并流传百世的诗文，为后
人留下了宝贵的文学财富和弥足珍贵的精神财
富。得失之间，彰显出陶渊明避世退隐的高洁
品格以及超凡脱俗的高雅志趣。

18 选择诚信的革命导师——列宁

整理：苑秀丽　刁淑艳

列宁是马克思、恩格斯创立的无产阶级学说及其事业的继承者。他创建了俄国布尔什维克党，领导了俄国十月革命，并缔造了世界上第一个社会主义国家——苏联。他是世界无产阶级及其他劳动人民的领袖和导师，殖民地半殖民地被压迫民族的朋友，而讲求诚信的品质则是他成功的根基。

列宁从小性格开朗，活泼好动，经常弄坏家里的东西。八岁那年，有一次母亲带着他到姑妈家中做客。活泼好动的小列宁一不留神，把姑妈家的一只花瓶打碎了。但是，谁也没有看见。后来，姑妈问孩子们："是谁打碎了花瓶？"其他孩子都说："不是我。"而小列宁因为在姑妈家里害怕，怕说出实话会遭到姑妈的责备，所以他也跟着大家大声地回答："不——是——我！"然而，母亲看他的表情，已经猜到花瓶是淘气的小列宁打碎的，因为这孩子特别淘气，在家里经常发生类似的事情。但是，小列宁

人物
档案

姓　名：弗拉基米尔·伊里奇·乌里扬诺夫·列宁
生卒日：1870.4.22 ～ 1924.1.21
国　籍：苏联
身　份：革命家、政治家、理论家
重大成就：建立布尔什维克党、建立世界上第一个社会主义国家

向来都主动承认错误，从未撒过谎。小列宁的妈妈认为，重要的不是责备他，而是教育儿子犯错误后要勇于承认，做一个诚实的好孩子。于是她装出相信儿子的样子，在三个月内一直没有提起这件事，而是给儿子讲各种各样的诚实守信的故事，等待着儿子的良心深处萌发出对自己行为的羞愧感。从那以后，列宁的妈妈明显地感觉到，儿子不如以前活泼了，似乎是良心正在折磨着他。

有一天，在小列宁临睡前，妈妈又像往常一样一边抚摸着他的头，一边给他讲故事。不料小列宁突然失声大哭起来，痛苦地告诉妈妈："我欺骗了姑妈，我说花瓶不是我打碎的，其实是我干的。"听了孩子羞愧难受的述说，妈妈耐心地安慰他说："给姑妈写封信，向她承认错误，姑妈一定会原谅你的。"于是，小列宁马上起床，在妈妈的帮助下，给姑妈写信承认了错误。几天后，小列宁收到了姑妈的回信，在信中，她不但表示原谅小列宁，还称赞小列宁是个诚实的好孩子。小列宁得到原谅后，十分高兴，又像以前一样过着快乐的日子，他还悄悄地对妈妈说："做诚实的人真好，不用受良心的谴责。"妈妈看着儿子会心地笑了。列宁正是在花瓶事件中学会了诚信。

直击成功　　选择诚实，因为它比荣誉更具有时效性。荣誉是短暂的，它只是人生旅途上一处美丽的风景，但诚实是培植靓丽风景的种子，将诚实的种子撒满大地，你的人生将会美丽到天长地久。列宁是伟大的无产阶级政治家、军事家，他领导俄国十月革命，建立了世界上第一个社会主义国家。列宁的成功离不开他的诸多优秀品质。

19 忠孝双全的天才谋士——徐庶

整理：苑秀丽　刁淑艳

徐庶少年时像侠客般狂放，中平末年（188年），他替人鸣不平，因杀人被官府追捕，经营救脱险。从此他弃刀剑，遍寻名师，经过刻苦学习，学业大进，很快就在学问方面有了很深的造诣。

汉献帝建安六年（201年），在中原地区战败的刘备来投靠刘表，徐庶通过观察，发现刘备胸怀大志，才略过人，并能够善待部属，素有威望。于是就前往新野拜见刘备。刘备喜不自胜，非常器重徐庶的才干和人品，当即把他留在营中并委以重任，让他参与整顿军事，训练士卒。

建安九年（204年），刘备乘曹操出兵河北攻邺城之机，出兵掠地，北至叶县附近。留守许昌的曹魏大将夏侯惇带于禁、李典等出兵抵御。因刘表拒绝出兵相助，刘备兵弱将少难挡曹军。在这危急关头，徐庶建议放火烧寨，佯装退兵，然后派关羽、张飞、赵云等领兵埋伏以待曹军追兵。夏侯惇不知其中有诈，不顾李典的劝阻，同于禁率轻骑追击刘备。刘备埋伏的军队同时发起进攻，将曹军团团围困，曹军伤亡惨重。刘备反败为胜，有惊无险，这才从容收兵，返回新野。

徐庶卓越的军事才能，

人物档案

姓　　名：徐庶
生卒年：168～约232
籍　　贯：颍川阳翟（今河南禹州）
身　　份：右中郎将　御史中丞
重大成就：在刘备麾下"火烧新野"大败曹军

令刘备大喜过望，盛赞他有王佐之才。徐庶极力谦让，称自己的才学远远无法同诸葛亮相比，向刘备推荐了诸葛亮并建议刘备亲自前往相请。刘备为图霸业，求才若渴，他不惜降尊纡贵，三顾茅庐。虔诚之心终于感动了诸葛亮，他接受了刘备的邀请，于建安十二年（207年）出山辅佐刘备，从而奠定了三国鼎立的格局。

汉献帝建安十三年（208年），曹操率大军南征荆州。这时刘表已亡，他的儿子刘琮不战而降。刘备率军民二十多万人南撤。在曹军追击到当阳长坂坡时，刘备寡不敌众，大败而逃。徐庶的母亲也不幸被曹军掳获，曹操派人伪造其母书信召其去许都，徐庶得知此讯，痛不欲生，含泪向刘备辞行。他用手指着自己的胸口说："本打算与将军共图王霸大业，耿耿此心，唯天可表。不幸老母被掳，方寸已乱，即使我留在将军身边也无济于事，请将军允许我辞别，北上侍养老母！"刘备虽然舍不得让徐庶离开自己，但他知道徐庶是出了名的孝子，不忍看其母子分离，更怕万一徐母被害，自己会落下离人骨肉的罪名，只好同徐庶挥泪而别。

徐庶北上归曹以后，心中仍十分依恋故主刘备和好友诸葛亮。尽管他有出众的谋略和才华，但不愿为曹操出谋划策，与刘备、诸葛亮为敌。因此，徐庶在曹魏历时数十年，却从未在政治军事上有所作为。这就是人们常说的"徐庶进曹营，一言不发"。魏文帝黄初年间（220~226年），徐庶官至右中郎将，御史中丞。魏明帝太和三年（229年），诸葛亮三出祁山，北伐中原。他听到徐庶归曹入魏后的经历，不禁为自己好友的一生而叹息不已。

徐庶一生，虽然命运多舛，最终没有做出什么惊天动地的大业，但他忠直坦诚、孝敬亲尊、力荐英才的人格品德将永传后世。

忠孝双全的天才谋士——徐庶

直击成功　为了年迈的母亲，徐庶辞别刘备孤身前往魏国；为了相见恨晚的君主，徐庶可以做到"进曹营一言不发"。他的孝道为我们所动容，他的忠义为我们所敬佩。若不是他的忠孝双全，怎么能在谋士如雨的三国里留下了辉煌的一页？只有拥有高尚的品格，才能在成功的彼岸观赏绚烂的风景。

20 有知人之明的宰相——管仲

整理：苑秀丽　刁淑艳

管仲是春秋时期齐国的国相，他以自己出色的才干，辅佐齐桓公"九合诸侯，一匡天下"，称雄于乱世。

周襄王七年（公元前645年），为齐桓公创立霸业呕心沥血的管仲患了重病，齐桓公去探望他，询问他谁可以继任相位。管仲说："国君应该是最了解臣下的。"齐桓公欲任鲍叔牙，管仲诚恳地说："鲍叔牙是君子，但他善恶过于分明，见人之一恶，终身不忘，这样是不可以为政的。"齐桓公问："易牙怎样？"管仲说："易牙为了满足国君的要求不惜烹了自己的儿子以讨好国君，没有人性，不宜为相。"齐桓公又问："开方如何？"管仲答道："卫公子开方舍弃了做千乘之国太子的机会，屈奉于国君15年，父亲去世都不回去奔丧，如此无情无义，没有父子情谊的人，如何能真心忠于国君？况且千乘之封地是人梦寐以求的，他放弃千乘之封地，俯就于国君，他心中所求的必定过于千乘之封。国君应疏远这种人，更不能任

姓　　名：管仲
生卒年：约前723或前716～
　　　　前645
籍　　贯：春秋时期齐国颍上
　　　　（今安徽颍上）
身　　份：军事家、政治家
重大成就：著有《管子》

其为相。"齐桓公又问："易牙、开方都不行，那么竖刁怎样？他宁愿自残身肢来侍奉寡人，这样的人难道还会对我不忠吗？"管仲摇摇头，说："不爱惜自己的身体，是违反人情的，这样的人又怎么能真心忠于您呢？请国君务必疏远这三个人，宠信他们，国家必乱。"

管仲说罢，见齐桓公面露难色，便向他推荐了为人忠厚、不耻下问、居家不忘公事的隰朋，说隰朋可以帮助国君管理国政。遗憾的是，齐桓公并没有听管仲的话。易牙听说齐桓公与管仲的这段对话，便去挑拨鲍叔牙，说管仲阻止齐桓公任命鲍叔牙。鲍叔牙笑道："管仲推荐隰朋，说明他一心为社稷宗庙考虑，不存私心偏爱友人。现在我做司寇，驱逐佞臣，正合我意。如果让我当政，哪里还会有你们容身之处？"易牙讨了个没趣，于是灰溜溜地走了。

不久管仲病逝。齐桓公不听管仲病榻前的忠言，重用了易牙等三人，结果酿成了一场大悲剧。两年后，齐桓公病重。易牙、竖刁见齐桓公已不久于人世，就开始堵塞宫门，假传君命，不许任何人进去。有两个宫女趁人不备，越墙入宫，探望齐桓公；桓公正饿得发慌，索取食物。宫女便把易牙、竖刁作乱，堵塞宫门，无法供应饮食的情况告诉了齐桓公。齐桓公仰天长叹，懊悔地说："如死者有知，我有什么面目去见仲父？"说罢，用衣袖遮住脸，活活饿死了。齐桓公死后，宫中大乱，齐桓公的几个公子为争夺王位各自勾结党羽，互相残杀，致使齐桓公的尸体停放在床上六七十天无人收殓，尸体腐烂生蛆，惨不忍睹。

有知人之明的宰相——管仲

直击成功　　孔子曾称赞管仲："微管仲，吾其被发左衽矣。"（《论语·宪问篇》）

意思是：要是没有管仲，我们都会披散头发，左开衣襟，成为蛮人统治下的老百姓了。这话是有一定道理的。如果没有管仲，齐国又怎会成为春秋一霸？所以，管仲确实是个人才，而他的知人之明也应该给我们带来些许感悟吧。

21 论功行赏的庶民皇帝——刘邦

整理：苑秀丽　刁淑艳

刘邦，汉太祖高皇帝（汉高祖），汉朝开国皇帝，汉民族和汉文化伟大的开拓者之一、我国历史上杰出的政治家、卓越的军事家和楚辞家。

汉高祖五年，刘邦消灭了项羽集团，平定了天下，开始论功行赏。群臣们个个争功，生怕自己得不到奖赏，结果争来争去，功劳大小经过了一年多的时间还没有定下来。在刘邦眼里，认为群臣之中萧何功劳最大，便打算封他为赞侯，赏赐给他的食邑也最多。功臣们知道后都不满，纷纷上书刘邦说："臣等披坚执锐，勇猛作战，多的身经百战，少的也是交锋数十个回合，攻城略地，功劳大小各不相等。如今，萧何没有汗马功劳，只是舞文弄墨、发表议论，不参加战斗，但是封赏却在我等之上。这是为什么呢？"刘邦就把这些功臣召集在一起，向他们询问："各位爱卿，你们知道打猎吗？"大家都回答说知道。接着，刘邦又问："你们知道猎狗吗？"

姓　名：刘邦

生卒年：公元前 256 ~ 公元前 195

籍　贯：沛郡丰邑中阳里（今江苏丰县）

身　份：军事家、政治家

重大成就：推翻了衰败的秦朝的统治，建立了汉朝

大家又回答说知道。于是，刘邦进一步说："打猎的时候，追捕猎物的是猎狗，而发现野兽踪迹、指出其所在之处的是猎人。如今，你们仅能捕捉到野兽而已，功劳就像猎狗一样。至于萧何，他能够发现野兽的踪迹、指示猎取的目标，功劳如同猎人。况且，诸位只是一人追随我，最多不过与家中两三人，而萧何全宗族几十人追随我打天下，那是功不可没，你们认为萧何应不应该重重地奖赏呢？"这时，群臣才认识到了萧何的功绩，以后再也不敢为此事争辩了。

功臣全部受到封赏，等到排列他们位次的时候，群臣们都不约而同地说："平阳侯曹参，作战时受伤七十多处，攻城拔寨，功劳最大，理应位居第一。"当时，刘邦已经说服了众臣，多封了萧何土地，而至于位次，他没有理由再反驳功臣们，但是，他心里还是希望把萧何排在首位。此时，关内侯鄂君向他进言说："陛下，群臣的议论都错了。曹参虽然有野战的功劳，但这只是一时的事情。陛下与楚军相持了五年，多次失军亡众，军队大量减员。然而，萧何却屡次从关中征发军队，充实前线。这些是万世不朽的功劳啊！如今，即使没有上百个像曹参这样的人，汉室也不会有什么缺失。汉室得到了曹参，未必就要依靠他，怎么可以让一时的功劳凌驾于万世的功劳之上呢？位次的排定，萧何理应第一，曹参第二。"刘邦听了之后，拍案叫好。于是，确定萧何的位次为首，恩赐他可以带剑、穿鞋上殿，上朝的时候可以不必按照常礼小步快走。

事后，刘邦又对众人说："我听说推荐贤人要受上等赏赐。萧何的功劳虽然很高，但是经过鄂君的申辩才得以更加明显，得到百官的认可。"

直击成功

　　使用人才，首先是要信任他，尊重他，同时也应该奖励他，因为奖励是对一个人实实在在的肯定。刘邦可以说是很懂得领导艺术的典范，正是由于他能够信任人才，使用人才，充分地调动他们的积极性，又暗中地加以防范和控制，从而把当时天下的人才，都集结在自己的周围，形成了一个优化组合，这样一来，他夺得天下也是必然的事情。

论功行赏的庶民皇帝——刘邦

22 坚守正直和诚实的总统——林肯

整理：苑秀丽　黄勇

亚伯拉罕·林肯出生在一个农民家庭。小时候，家里很穷，他没机会上学，每天跟着父亲在西部荒原上开垦、劳动。他自己说："我一生中进学校的时候，加在一起总共不到一年。"但林肯勤奋好学，一有机会就向别人请教。他放牛、砍柴、耕地时怀里也总揣着一本书，休息的时候，一边啃着粗硬冰冷的面包，一边津津有味地看书。晚上，他在小油灯下常读书到深夜。

长大后，林肯离开家乡独自一人外出谋生。他什么活儿都干，打过短工，当过水手、店员、乡村邮递员、土地测量员，还干过伐木、劈木头的重体力活儿。不管干什么，他都非常认真，诚实而且守信用。

他十几岁时当过村子里杂货店的店员。有一次，一个顾客多付了几分钱，他为了退这几分钱跑了十几里路。还有一次，他发现少给了顾客二两茶叶，就跑了几里路把茶叶送到那人家中。他诚实、好学、谦虚，每到一处，

人物档案

姓　　名：亚伯拉罕·林肯
生卒日：1809.2.12 ～ 1865.4.14
国　　籍：美国
身　　份：美国第 16 任总统
重大成就：领导了美国南北战争，颁布了《解放黑人奴隶宣言》，被称为"伟大的解放者"

都受到周围人的喜爱。

1834年，25岁的林肯当选为伊利诺斯州议员，开始了他的政治生涯。1836年，他又通过考试当上了律师。

当律师以后，由于他精通法律，口才很好，在当地很有声望。很多人都来找他帮忙打官司。他为当事人辩护有一个条件，就是当事人必须是正义的一方。许多穷人没有能力付给他律师费，但是只要告诉林肯："我是冤枉的，请你帮我讨回公道。"林肯就会免费为他辩护。

一次，一个很有钱的人请林肯为他辩护。林肯听了那个当事人的陈述，发现他是在诬陷好人，于是就说："很抱歉，我不能替您辩护，因为您的行为是非正义的。"那个人说："林肯先生，我就是想请您帮我打这场官司，只要我胜诉，您要多少酬劳都可以。"

林肯严肃地说："只要使用一点点法庭辩护技巧，您的案子很容易胜诉，但是案子本身是不公平的。假如我接了您的案子，当我站在法官面前讲话的时候，我会对自己说：'林肯，你在撒谎。'谎话只有在丢掉良心的时候，才能大声地说出口。我不能丢掉良心，也不可能讲出谎话。所以，请您另请高明，我没有能力为您效劳。"那个人听了，什么也没说，默默地离开了林肯的办公室。

林肯正是凭借着这份正直与诚实一步步走向了成功。

坚守正直和诚实的总统——林肯

直击成功　　一个人生活在社会中，要与形形色色的人打交道。在为人处事、待人接物中什么最重要？诚实是最重要的。诚实是一个人最优秀的品质，它是一个人的立身之本，更是一个人的成事之基。那么何谓诚实？用老百姓的话讲那就是：说老实话，办老实事，做老实人。诚实是一种力量的象征，它显示着一个人的高度自重和内心的安全感与尊严感。林肯之所以能够成功和他的诚实是分不开的。

23 忠义的楷模——关羽

整理：苑秀丽　黄勇

关羽，字云长，河东郡解县常平里人（今山西省运城市常平乡常平村），三国时期蜀国名将。被后来的统治者崇为"武圣"，与号为"文圣"的孔子齐名。

建安五年，曹操与刘备大战，刘备兵败。一人骑马投奔了袁绍，张飞则逃到芒砀山暂住。曹操攻下了徐州，又来攻下邳，关羽保护着刘备的妻子，被曹军包围在一座山头上。张辽上山劝关羽投降曹操，关羽思考再三，答应降曹，但有三个条件：一、只降汉朝，不降曹操；二、用刘备的俸禄养他的二位嫂子；三、一旦知道刘备的下落，便要去寻找他。

曹操对关羽三日一小宴、五日一大宴，又送美女和金银财宝。关羽把财物交嫂嫂暂时收藏。曹操又将吕布的赤兔马送给了关羽，关羽再三拜谢。曹操感到奇怪，问他为什么以前得到东西从不感激，而今天却再三拜谢。关羽说有了这千里马，他便可以早一天找到他的大哥刘备了。

袁绍起兵攻打曹操，曹操率领五万兵马迎战。袁军先锋颜良勇不可当，关羽为感谢曹操的照顾，便杀了袁绍的大将颜良、文丑，曹操大胜。袁绍知道是刘备的二弟杀了颜良、文丑，便叫人绑了刘备。刘备说："曹操故意先让关羽杀二将以激怒

人物档案

姓　名：关羽
生卒年：160 ~ 220
籍　贯：河东郡解县
身　份：蜀国大将
重大成就：助刘备成就蜀汉大业，是忠义的楷模

你，再借你的手来杀我。我马上写信让关羽到河北来投靠你，如何？"袁绍听了非常高兴，便不杀刘备了。关羽见到刘备的书信，便向曹操告辞，曹操故意避而不见。关羽将曹操过去送他的财物和美女全部留下，留给曹操一封书信，护着二位嫂嫂找刘备去了。

关羽保护二位嫂嫂来到东岭关，守将孔秀阻拦关羽过关，便被关羽杀了。洛阳太守韩福又拦阻关羽，韩福用暗箭射中关羽左臂，关羽用口拔掉箭，飞马斩了韩福。关羽到了汜水关，守将卞喜在镇国寺埋伏刀斧手二百人，约定以摔杯为暗号，要杀关羽。关羽大怒便斩了卞喜。关羽到了荥阳，荥阳太守王植是韩福的亲戚，要杀关羽为韩福报仇，暗中准备要放火烧死关羽。王植的手下将王植的阴谋告诉了关羽，关羽急忙上路，王植带兵追来，被关羽杀了。关羽到了黄河口，守将秦琪不放关羽渡河，又被关羽杀了。过了黄河，是袁绍的地盘，在那遇上了孙乾。孙乾告诉关羽，刘备已去了汝南，要关羽与二位夫人到汝南相见。关羽与孙乾重新渡过黄河向汝南出发，曹操部将夏侯爆领兵追到，与关羽展开厮杀。正在此时，张辽赶到传达曹操命令，才让关羽一行人马走了。

走到古城时，占了城的张飞认为关羽投降了曹操，不肯相认，举枪便刺关羽。这时，曹操部将蔡阳杀来，要为外甥秦琪报仇。张飞要关羽在三通鼓后斩了蔡阳，才肯相认。关羽在一通鼓未尽前便斩了蔡阳。张飞这才明白关羽的一路辛苦，便放声大哭，跪在关羽面前谢罪。谁知刘备这时又跑到河北袁绍那儿去了。关羽与孙乾又赶到河北关家庄才见到了刘备，兄弟相见，抱头痛哭。

关羽其人就是这样，在民间传说和三国演义中，是一个忠义和勇猛的化身。

忠义的楷模——关羽

直击成功

有一种情感叫忠诚，它是一个人对另一个人永恒的誓言，它的真谛是心与心的紧紧相依。关羽用生命唱响了忠诚的强音，用他的壮举诠释了忠诚的意义。忠诚是人生成功的灵魂，关羽正是因为对刘备的忠诚，才留下千里走单骑的佳话，成为忠义的化身。如果我们能够像关羽一样忠诚，就会充满自信，泰然面对困难和挫折，圆满完成自己的使命，成为一个对社会有用的人。

24 绝不半途而废的皇帝——刘备

整理：苑秀丽　黄勇

刘备是西汉中山靖王刘胜之后，刘弘之子。早年丧父，母亲以贩履织席为业。15岁时师从于当世大儒卢植，并结识了公孙瓒。刘备平日沉默寡言，常以谦虚恭敬待人，情感很少表露于外，喜欢和豪杰游侠交往。

汉末，黄巾事起，天下大乱，曹操坐据朝廷，孙权拥兵东吴，刘备听徐庶和司马徽说诸葛亮很有学识，又有才能，就和关羽、张飞带着礼物到隆中（今河南南阳城西，一说为湖北襄阳城西南）卧龙岗去请诸葛亮出山辅佐他。恰巧诸葛亮这天出去了，刘备只得失望地回去。不久，刘备又和关羽、张飞冒着大风雪第二次去请。不料诸葛亮又出外闲游了。张飞本不愿意再来，见诸葛亮不在家，就催着要回去。刘备只好留下一封信，表达自己对诸葛亮的敬佩和请他出山帮助自己挽救国家危险局面的意思。过了一段时间，刘备吃了三天素之后，准备再去请诸葛亮。关羽说诸葛亮

人物档案

姓　名：刘备
生卒年：166～223
籍　贯：涿郡涿县（今河北涿州）
身　份：三国时期蜀国皇帝
重大成就：成就蜀汉霸业

也许是徒有虚名，未必有真才实学，不用去了。张飞则主张他一个人去叫，如他不来，就用绳子把他捆来。刘备把张飞责备了一顿，又和他俩第三次去请诸葛亮。当他们到诸葛亮家门前时，已经是中午，诸葛亮正在睡觉。刘备不敢惊动他，一直站到诸葛亮醒来，才坐下谈话。诸葛亮见到刘备有志替国家做事，而且诚恳地请他帮助，就出山全力帮助刘备建立蜀汉王朝。

《三国演义》中把刘备三次亲自请诸葛亮出山这件事，叫做"三顾茅庐"。诸葛亮在著名的《出师表》中，也有"先帝不以臣卑鄙，猥自枉屈，三顾臣于草庐之中"之句。

于是后世人见有人为请他所敬仰的人出来帮助自己做事，而一连几次亲自到那人的家里去的时候，就引用这句话来形容请人的渴望和诚恳的心情。

建安十二年(207年)，诸葛亮27岁时，刘备"三顾茅庐"于南阳隆中，会见诸葛亮，问以统一天下大计，诸葛亮精辟地分析了当时的形势，提出了首先夺取荆州、益州作为根据地，对内改革政治，对外联合孙权，南抚夷越，西和诸戎，等待时机，两路出兵北伐，从而统一全国的战略思想，这次谈话即是著名的《隆中对》。

绝不半途而废的皇帝——刘备

直击成功　　执著是通往成功之路上必须拥有的一种美好品质，执著使人奋发，使人自信，使人成功。坚定自己的信念，勇敢地去开拓，总会到达成功的彼岸。刘备正因为有这种绝不半途而废的精神，才请得卧龙先生出山辅佐共创伟业，他凭着执著的精神成为蜀汉的开国皇帝！

25 善于发现的科学家——阿基米德

■整理：苑秀丽　黄勇

阿基米德出生在古希腊。相传叙拉古赫农王让工匠替他做了一顶纯金的王冠，做好后，国王疑心工匠在金冠中掺了假，一称量这顶金冠确实与当初交给金匠的金子一样重，到底工匠有没有捣鬼呢？既想检验真假，又不能破坏王冠，这个问题不仅难倒了国王，也使诸大臣们面面相觑。后来，国王请阿基米德来检验。最初，阿基米德也是冥思苦想而不得要领。一天，他在洗澡，当他坐进澡盆里时，看到水往外溢，同时感到身体被轻轻托起。他突然悟到可以用测定固体在水中排水量的办法，来确定金冠的比重。他兴奋得跳出澡盆，连衣服都顾不得穿好就跑了出去，大声喊着："尤里卡！尤里卡！"（意思是"我知道了"）

他经过了进一步的实验以后来到王宫，他把王冠和同等重量的纯金放在盛满水的两个盆里，比较两盆溢出

姓　名：阿基米德
生卒年：约公元前 287～公元前 212
国　籍：古希腊
身　份：数学家、物理学家
重大成就：发现了杠杆定律和浮力定律

来的水，发现放王冠的盆里溢出来的水比另一盆多。这就说明王冠的体积比相同重量的纯金的体积大，所以证明了王冠里掺进了其他金属。

这次试验的意义远远大过查出金匠欺骗国王，阿基米德从中发现了浮力定律：物体在液体中所获得的浮力，等于他所排出液体的重量。一直到现代，人们还在利用这个原理计算物体比重和测定船舶载重量等。

当时的欧洲，在工程和日常生活中，经常使用一些简单机械，譬如：螺丝、滑车、齿轮、杠杆等。阿基米德花了许多时间去研究，发现了"杠杆原理"和"力矩"。他自己曾说："给我一个支点和一根足够长的杠杆，我就能撬动整个地球。"

直击成功 　　阿基米德之所以能取得成功，是因为他善于观察日常生活，又能将理论运用到日常生活中，在平常生活中找出科学问题的答案。也正是因为他这种善于观察、发现的科学精神，使他成为全世界对于机械的原理和运用了解最透彻的人。享有"力学之父"的美称。

26 不忘本色的贤臣——百里奚

整理：苑秀丽 黄勇

百里奚是春秋时期楚国人，虽饱读诗书，有栋梁之材，但因出身贫寒而求仕无门，三十岁时因不忍做一世的百姓而离家出外闯世界，立志要干一番惊天动地的事业。

百里奚离开家乡南阳后，先后游历宋国、齐国和周都洛阳，想一展自己的才智，为国为民建功立业，但却因为朝堂里无人而到处碰壁。在齐国，百里奚陷入困境，一度沿街乞讨，但他并不死心，继续自己的求仕生涯。最初，百里奚想辅佐齐国国君，但齐国国君不识其才；百里奚又听说周王喜欢牛，便以养牛作晋见阶梯，当周王任用他时，他的挚友蹇叔看出周王的无能，便劝百里奚离开周王，百里奚才有幸逃脱被诛杀的厄运；后来，百里奚来到虞国，被国君任命为大夫，但虞君昏庸无能、目光短浅，百里奚当大夫没当多久，就成了亡国之臣，甚至沦为奴隶，跌入了人生的最低谷。

公元前655年，秦穆公派公子絷到晋国代自己求婚。晋献公把大女儿许配给秦穆公，还送了一些奴仆作

人物档案

姓　名：百里奚
生卒日：不详
籍　贯：春秋时期楚国
身　份：春秋秦国上卿
重大成就：经历无数艰难险阻，辅佐秦穆公完成了富国强兵的大业

为陪嫁，其中有一个奴仆叫百里奚。在公子絷带着百里奚等回秦国的途中，深感奇耻大辱的百里奚设法逃走，回到故乡楚国宛邑，以帮人养牛为生。

秦穆公和晋献公的大女儿结婚后，发现陪嫁奴仆中少了百里奚，就追问公子絷。公子絷说："一个奴仆逃走了，没什么了不起。"朝中有个从晋国投奔过来的武士叫公孙枝，把百里奚介绍了一番，认为他是个了不起的贤才。秦穆公极其重才，他听说百里奚贤智，想用高价赎回他，又怕楚人不许，就派人对楚国人说："吾媵臣百里奚在焉，请以五羖羊皮赎之。"楚国人根本就没有拿百里奚当回事，就同意将百里奚交还秦国。秦穆公可能想不到，用五张羊皮换得百里奚的这单"生意"，他做得太经济、太划算了！五张羊皮买下了百里奚的全部智慧和忠心，为秦国换来的不只是"并国二十，遂霸西戎"的"伟业"，也不只是春秋五霸的尊荣，更换来了后来秦国的统一大业。

"身价"五张羊皮的百里奚在被赎回时已是七十高龄，在历经人生磨难之后，他终于找到了一展平生抱负的机会，在生命的暮年，创造了耀眼的辉煌。百里奚开始在秦国大展其能。他内修国政，教化天下，恩泽施于民众。作为诸侯国的大臣，百里奚以身作则，劳作不乘车马，暑热不张伞盖，在都城里行走不用车马随从，不用甲兵护卫。他这种平易朴素的品行，不仅为百官树立了榜样，也以实际行动感动了百姓。这对还处在春秋战国时期的百姓来说无疑是一种震撼，他也赢得了后人的赞许和尊敬。

不忘本色的贤臣——百里奚

直击成功　在中国历史上，其实不乏百里奚这样的人才，可大多数人都没有做出如此大的成绩来。可见，一个人的成功与否与自身的能力有关，更与自身的阅历和修养有关。百里奚没有因为自己过去的贫苦而在得志时变本加厉地挥霍，更没有在自己高贵时看不起底层人民。所以，他得到了大众的拥护，最终成为秦国的一代柱石。

27 维护家庭和睦的领袖——舜

整理：苑秀丽　黄勇

舜相传家世甚为寒微，虽然是帝颛顼的后裔，但五世为庶人，处于社会下层。舜的遭遇更为不幸，父亲瞽叟，是个盲人，母亲很早就去世了。瞽叟续娶，继母生弟名叫象。舜生活在"父顽、母嚚、象傲"的家庭环境里，父亲心术不正，继母两面三刀，弟弟桀骜不驯，几个人串通一气，欲置舜于死地而后快；然而舜对父母不失子道，十分孝顺，与弟弟十分友善，多年如一日，没有丝毫懈怠。舜家境清贫，故从事各种体力劳动，经历坎坷。生计艰难，颠沛流离，为养家糊口而到处奔波。

相传舜在20岁的时候，名气就很大了，他是以孝行而闻名的。因为能对虐待、迫害他的父母坚守孝道，故在青年时代即为人所赞扬。过了10年，尧向四岳（四方诸侯之长）征询继任人选，四岳就推荐了舜。尧将两个女儿嫁给舜，以考察他的品行和能力。舜不但使二女与全家和睦相处，而且在各方面都表现出卓越的才干和高尚的人格魅力，"舜耕历山，历山之人皆让畔；渔雷泽，雷泽上人皆让居"，只要是他劳作的地方，便兴起礼让

人物
档案

姓　　名：舜（姚重华）
生卒年：原始公社末期
籍　　贯：河北怀来县或河南虞
身　　份：中国传说中父系氏族社会
　　　　　　后期部落联盟领袖人物
重大成就：提出设官分职

的风尚；"陶河滨，河滨器皆不苦窳"，制作陶器，也能带动周围的人认真做事，精益求精，杜绝粗制滥造的现象。他到了哪里，人们都愿意追随，因而"一年而所居成聚，二年成邑，三年成都"。尧得知这些情况很高兴，赐予舜缔衣、琴、牛羊，还为他修筑了仓房。

舜得到了这些赏赐，瞽叟和象很是眼热，他们又想杀掉舜，霸占这些财物。瞽叟让舜修补仓房的屋顶，却在下面纵火焚烧仓房。舜靠两只斗笠作翼，从房上跳下，幸免于难。后来瞽叟又让舜掘井，井挖得很深了，瞽叟和象却在上面填土，要把井堵上，将舜活埋在里面。幸亏舜事先有所警觉，在井筒旁边挖了一条通道，从通道逃出，躲了一段时间。瞽叟和象以为阴谋得逞，象说这主意是他想出来的，分东西时要琴，还要尧的两个女儿给他做妻子，把牛羊和仓房分给父母。象住进了舜的房子，弹奏舜的琴，舜去见他，象大吃一惊，很不高兴，嘴里却说："我思舜正郁陶！"舜也不放在心上。面对父母的刻薄要求，他尽力满足；面对兄弟的盛气凌人，他恭恭敬敬，而且比以前更加诚恳谨慎。虽然这份亲情没有那么甜蜜，可是舜仍把它放在第一位，用全力呵护这属于他的一点温暖。

直击成功　　守护亲情是一种责任，舜的种种感人行为体现了他懂得如何肩负起自己的责任，因为他对亲情的重视，给了他走向成功的机会，也给了他保持成功的方法。试想一个连亲情都不顾的人，他还会在乎什么？在他的眼里也许只有金钱、权力。但这样的人其结局一定是可悲的。这样看来，维护家庭和睦的领袖——舜，是我们学习的榜样。

28 正派智慧的贤臣——孙叔敖

整理：苑秀丽 黄勇

孙叔敖是春秋时楚国名相。他因义杀两头蛇，为民除害而享誉乡里。楚国令尹虞丘在自己年老时极力推荐品德高尚、学问渊博的孙叔敖代替自己的令尹之职。楚庄王采纳了虞丘的推荐，并用国王乘坐的专车去迎接孙叔敖。

孙叔敖担任令尹后，许多人都来道贺。有一老者穿着一身吊丧的衣服求见。他见到孙叔敖后无一句道贺语言，却讲了三句逆耳之言："身处尊贵而对人骄傲，百姓就不再亲近你；位高责重而滥用权力，君主就会讨厌你；俸禄优厚而不知足，祸患就会降临。"临别时老者反复告诫，地位越高越不能骄傲而脱离群众，孙叔敖连连称是。

孙叔敖来自基层，对民众的心愿有切身体会。他遵照老者的叮嘱，制定"施教导民"的治国安邦方略，那就是不靠政令强行推行，而是依农时、顺民意，由官府带头倡导，让百姓仿效。据史书记载，他在任令尹期间，有几件事就是采取"施教导民"而办成的。

秋冬农闲，官府引导百姓进山砍伐竹木，猎取禽兽；春夏河水上涨，引导百姓用河水运出山里的竹木。楚庄王曾下诏将钱币造大，结果

人物档案

姓　名：孙叔敖
生卒日：不详
籍　贯：春秋时期楚国
身　份：春秋时楚国令尹
重大成就：泽被民生、利及千秋的治水功绩

民众感到携带不便，造钱业主嫌成本提高而纷纷转行，市场管理混乱。孙叔敖顺民意，建议楚庄王恢复原制。楚国当时有一习俗喜欢坐矮车，马高车矮，行车不快，楚庄王想下令改改。孙叔敖表示赞成但他不赞成发布政令，而建议将乡间的门槛提高，让矮车无法通行，并将官府的车辆变成高车，自由通行。不到半年，全国的马车都变成了高车。这些方略的实施，使楚国经济迅猛发展，百姓安居乐业。

孙叔敖在楚国任令尹时，在淮河流域主持修建了一个著名的水利工程——芍陂。芍陂又称安丰塘，实际上是一座大型水库。这座水库的建成，有效地防止了淮河水患，灌溉了大片良田，对楚国的经济发展起到了巨大作用，从而为楚国后来称霸奠定了经济基础。由于孙叔敖辅佐君王治国安邦，立下特殊功劳，楚王几次要赐其封地。他坚信"俸优禄厚而不知足，祸患就会降临"，坚持不受。他临死时告诫儿子：我活着没有接受楚王的封地，死后楚王必定封你城邑，到时，你一定不要接受别人都争着要的城邑，在楚越边界有个叫寝丘的地方，低洼脊薄，城名也不吉利，历来没有人争，你只管要它，能保你衣食无忧且常保不失。

孙叔敖为令尹清正廉洁，不蓄余财，死后几年，儿子穷困潦倒，只好上山以砍柴为生。孙叔敖的好友优孟得知后，上朝时打扮成孙叔敖的样子入朝。楚王一看吃了一惊，细看才知道是优孟，便想让优孟任令尹。优孟说，孙叔敖为国立下奇功，死后儿子以砍柴为生，我的才能远不及孙叔敖。去当令尹，将来儿子恐怕要讨饭吃。一句话提醒了楚王，他立即下令给孙叔敖的儿子重赏封地。孙叔敖的儿子按其父嘱，不要肥缺城邑，只求脊薄寝丘。庄王封寝丘四百户赋税，还夸奖贤者之后有贤风。按楚国规定，功臣的封地经过两代，别人要封时就收回。由于寝丘人皆弃之，孙叔敖的子孙封地一直传了十几代。孙叔敖不以俗念争肥缺而得长利，后人称之为"短智佐君王，长智利子孙"。

直击成功　历朝历代很多人做官时两眼都盯着肥缺之位。然而，如果为官正派、严于律己、清正廉洁，他就堪当重任，为国为民立下功勋，青史流传；如果是为私掌权，则必然会利用职权中饱私囊，为非作歹，给国家和人民带来祸害，遗臭万年。正派人得肥缺人民得福，个人也得福；邪恶人争肥缺人民得祸，个人也得祸。

29 奴隶出身的宰相——傅说

■整理：苑秀丽　黄勇

　　傅说是商王武丁的大宰相，他于公元前 1135 年出生在古虞国太臣村一个卑贱的奴隶家庭。傅说虽生于奴隶之家却天资聪明，勤学好问，对国家大事颇有见解。商代气候温暖，雨水多降，经常水涝成灾，通往中原的运盐道常被洪水冲断，商王朝就从四方征召奴隶筑路防洪以保盐路通畅。傅说被征，在筑路中发明了"版筑"技术，彻底改变了奴隶们的劳动状态，使工效大大提高，他也因此轰动朝野。

　　正以布衣身份云游四方拜访名人的武丁见到这位没名没姓的奴隶，看他气宇轩昂，仪表不凡，通天文知地理，谙人事懂阴阳，问之对答如流，且所讲道理深刻，便认定此人必是大贤。但商代祖规戒律严谨，贵贱等级分明，奴隶平民不能入朝为官，武丁便绞尽脑汁让这个奴隶入朝为相。

人物档案

姓　　名：傅说
生卒年：公元前 1335~1246
籍　　贯：古代虞国（今山西平陆县）
身　　份：政治家、军事家、思想家及建筑学家
重大成就：辅佐殷商武丁治国，形成了有名的"武丁中兴"的盛世，并留下了千古不朽的《说命》三篇

商代人十分相信鬼神，他对文武百官说自己梦见上天赐给他一位贤人来辅佐治理国家，却无人相信，武丁令画师将"梦中圣人"的相貌画出来，朝廷官员无一能对上号，便派大臣郑达天下搜寻。终于在傅岩山上找到这位"梦中圣人"，武丁请教他治国平天下的办法，傅说对答如流，条条切中要害，道理极其深刻。武丁听后，赞赏不已并任命傅说为宰相。

公元前 1427 年，任宰相的傅说不负众望，极尽文韬武略之才华，从整饬朝纲入手，规劝武丁祭祀时减少贡品，从王室开刀，推行新政。他向武丁提出振兴商朝的方略——《傅说三篇》，建议武丁政治上要任人唯贤、不分贵贱，要把贤人全都委以重任；军事上要强化武功训练，装备军事，征服鬼、土、荆四方国家以开拓疆域，并要加强周边防御，巩固王朝领土；经济上要掠夺奴隶和财物，增加国家收入，还要减徭役，轻薄赋，使国家富强起来。傅说去世后，在他曾经从事"版筑"之处建立了"傅说祠"，傅说当时藏身的洞穴被后来的周朝帝王封为"圣人窟"。

据史书载，傅说是我国历史上最早被尊为"圣人"的人，比孔子早 800 年。

直击成功

傅说有渊博的知识才使自己有机会被重用，离开碌碌无为的轨道，走上政治的道路。并利用自己渊博的知识，独特的见解，一次又一次诠释自己的才能，一步又一步迈向成功的顶峰。

30 善于劝谏的良臣——邹忌

■整理：苑秀丽　黄勇

邹忌，战国时期政治家。以鼓琴游说齐威王，被任相国，封于下邳（今江苏邳县西南），称成侯。劝说威王奖励群臣吏民进谏，主张革新政治，修订法律，选拔人才，奖励贤臣，处罚奸吏，并选荐得力大臣坚守四境，从此齐国渐强。

公元前356年，齐桓公死后，由他的儿子齐威王继位。齐威王对朝政大事不闻不问，尤其迷恋弹琴，经常独自在后宫内抚琴自娱。国家日趋衰败，周边国家接连起兵进犯，齐威王仗着国大业大，不予理睬。

一天，邹忌自称是高明的琴师，走进内宫聆听齐威王弹琴。听完后，他连声称赞道："好琴艺呀！好琴艺……"齐威王不等邹忌称赞声落音，连忙问道："我的琴艺好在哪里？"邹忌躬身一拜道："我听那大弦弹出来的声音十分庄重，就像一位名君；我听大王从那小弦弹出来的声音是那么清晰明朗，就像一位贤相；大王运用的指法十分精湛纯熟，弹出来的个个音符都十分和谐动听，该深沉的深沉，该舒展的舒展，既灵活多变，又相互协调，就像一个国家明智的政令一样。听到这悦耳的琴声，怎么不令我叫好

人物档案

姓　名：邹忌
生卒日：不详
籍　贯：战国时齐国人
身　份：战国时期著名政治家
重大成就：齐桓公时就任大臣，威王时为相

呢！"

齐威王说："先生，你的乐理说到了我的心坎里，但是光知道弹琴的道理还不够，必须深知琴音才行，请先生试弹一曲吧。"邹忌于是两手轻轻舞动，只摆出弹琴的架势，并没有真的去弹。齐威王见邹忌如此这般，恼怒地指责道："你为何只摆空架子不去真弹琴呢？难道你想欺君不成？"

邹忌答道："臣以弹琴为生业，当然要悉心研究弹琴的技法。大王以治理国家为要务，怎么可以不好好研究治国的大计呢？这就和我抚琴不弹，摆空架子一样。抚琴不弹，就没有办法使您心情舒畅；您有国家不治理，也就没有办法使百姓心满意足。这个道理大王要三思。"

齐威王一怔，这才意识到邹忌的来意不寻常，连忙问道："先生莫非另有见教？"邹忌躬身再拜道："岂敢！我只知道琴声也是心声。琴不弹则不鸣，国不治则不强。"齐威王道："先生说得对！你以琴谏寡人，使我耳目一新。九年积重难返，我该怎么做才好呢？"邹忌说："大王应该像你每天勤于弹琴那样，当务之急是把国家大事先弹起来。"邹忌指着五根琴弦说："大王可以先从选贤任能、兴利除弊、不近声色、整顿军马、关心百姓五个方面着手，何愁齐国这架大琴不奏出妙曲呢！"

齐威王明白了：这位自称"琴师"的邹忌原本是个治国平天下的能人。于是，他请邹忌做相国，采取上述五大措施，使齐国逐渐强盛起来，被楚、魏、赵、韩、燕五国公推为霸主。于是，贤臣弹琴谏齐王的故事传为美谈。

善于劝谏的良臣——邹忌

直击成功 劝谏是一门艺术。会劝谏的人不仅能把人说服，而且能够使劝方和被劝方和谐相处，关系更加融洽，成为诤友。不会劝谏的人就可能把关系搞僵，甚至招来杀身之祸。历史上有不少能说会道的谏臣，比干、赵盾、伍子胥、屈原、李斯、魏征、邹忌等，但劝谏的结果却不一样。学习邹忌营造良好的氛围，讲究技巧，这对面临现代社会复杂人际关系的现代人，有着更为直接的意义。

Part 2

英 语

01 国际足坛球星——大卫·贝克汉姆

整理：李娟　李薇

贝克汉姆出生在伦敦东区，父亲爱德华是一位厨师，母亲是一位美容师。贝克汉姆的祖父是犹太人，因而受犹太教的影响很深。

7岁时，贝克汉姆加盟了父亲执教的业余球队瑞德维勒沃斯队。在老贝克汉姆的带领下，这支儿童队获得了96场不败的骄人战绩，并赢得了当地的联赛冠军。1988年5月2日，在贝克汉姆13岁生日那天，曼联队的主教练阿莱士·弗格森正式向贝克汉姆提出了签约的邀请，合同期限是6年。

经过几年的磨炼，贝克汉姆进入了曼联的主力阵容中。随着坎通纳的离队，曼联主帅把象征着球队核心的7号球衣交给了贝克汉姆，这标志着一个球队新的核心诞生了。在1997至1998赛季中，贝克汉姆为曼联贡献了11个进球，23次助攻。作为一个中场球员，这个数字在英超已经十分可喜。他的技术特点是射门力量大，传球脚法准确，擅长发角球和任意球，

人物档案

姓　　名：大卫·贝克汉姆
生　　日：1975.5.2
国　　籍：英国
身　　份：足球运动员
重大成就：世界上最有价值的足球运动员之一

进攻和防守技术俱佳。贝克汉姆在世界杯后迅速成长为曼联队的中场主力。他在大禁区线右路斜传成为曼联队得分的主要手段。

1998年，法国世界杯如期而至，贝克汉姆身披英格兰7号球衣出征。在小组赛上，贝克汉姆以自己最擅长的贝氏弧线打进了自己在国家队，也是在世界杯上的第一个入球，他以一记刁钻的弧线球洞穿了哥伦比亚队的大门。在八分之一决赛中，贝克汉姆所在的英格兰队迎来了巴蒂斯图塔领军的阿根廷队。在那场比赛中，欧文凭借一个长途奔袭打入的进球使其一球成名，那个球正是来自贝克汉姆的长传。但是，贝克汉姆因为不冷静，中了西蒙尼的计，吃到了红牌，也终结了自己的第一次世界杯之旅。少一人的英格兰队，在120分钟内与阿根廷踢成了平局。在点球大战中，英格兰最终落败。几天前还是英格兰球迷心中英雄的贝克汉姆，一下子成了全英格兰球迷心中的弃儿与敌人。

毫无疑问，贝克汉姆无论球踢得如何，他永远是英格兰队中最受人关注的球星，不但是因为他出色的定位球和长传能力，更因为他与好莱坞明星别无二致的人气和魅力。

他是世界上最好的足球运动员之一，是英国最受欢迎的人，因为只有一个贝克汉姆。当贝克汉姆跑上前来主罚另一记他标志性的任意球时，整个国家都不由得屏住呼吸。而当他带领全队将士赢得又一场胜利时，举国上下都在齐声高呼："只有一个大卫·贝克汉姆……"

国际足坛球星——大卫·贝克汉姆

直击成功

作为球员，贝克汉姆的才华受到赞赏，尤其以活力和创造性见称。神奇的任意球和精准的长传是他的两件制胜法宝。在每次训练之后，贝克汉姆都要加练五十次任意球射门，贝氏弧线是他辛勤努力的结果。随着年龄的增长，贝克汉姆上场机会越来越少，但是他从不放弃任何一次上场机会，因为他对足球的爱没有任何东西可以替代。

02 国际著名功夫巨星——成龙

整理：李娟 李薇

成龙自幼随父母移居澳洲，小时候就很喜欢看武侠片。7岁时，父亲带着成龙拜京剧武生于占元为师。17岁时，成龙满师结业，是著名的"七小福"之一。1971年，他第一次担任龙虎武师和特技演员。1972年，他进入大地电影公司。1973年，他改名陈元龙，出演《女警察》，并任武术指导；同年，他主演了《广东小老虎》。后来，他一度离港赴澳发展。

1982年，他开始打入好莱坞电影市场。他首次进军国际影坛的作品是《炮弹飞车》，但令成龙真正在国际影坛成名的是1994年拍摄的《红番区》，本片在美国上映时创下高票房纪录。他拍摄的第一部好莱坞电影《尖峰时刻》(香港译：火拼时速 Rush Hour)也获得了极高的票房，还登上了《时代》杂志，奠定了他今日在国际影坛上的地位。

成龙为华人电影立下了汗马功劳，功不可没。他在日本是家喻户晓的人物，美国洛杉矶、旧金山和加利福尼亚州都有"成龙日"，旧金山影展也曾授予他特别杰

姓　名：成龙
生　日：1954.4.7
籍　贯：山东省
身　份：演员、歌手、导演
重大成就：国家一级演员、国际著名功夫影片巨星

出奖。1989年，英国授予他MBE爵士勋章。1990年，法国授予他荣誉骑士勋章，这些都是成龙走向国际获得的重要荣誉和嘉奖。

2007年，在北美上映的《尖峰时刻3》也创下将近1.4亿美元的票房纪录，总计《尖峰时刻》系列三部影片在北美累计票房超过5亿美元，全球累计票房高达8.35亿美元。到目前为止，尚没有其他亚洲演员领衔主演的电影能在国际影坛达到同等业绩。成龙创造了无数的奇迹和神话，就像申宝峰在《成龙》中写道："曾经无名小戏童，如今名就功已成。纵横影坛领风骚，神勇无敌久称雄。" 成龙是第一位进入好莱坞的华人明星。由成龙带领的成家班战功彪炳，曾荣获第4、5、7、8、9、14、21届金像奖最佳动作指导奖以及第31、32、34届金马奖最佳动作指导奖。

成龙从一个默默无名的小戏童一跃成为今日家喻户晓的国际巨星实属不易，他确实吃了太多的苦，受了太多的伤。成龙为华人电影立下了汗马功劳，功不可没。

国际著名功夫巨星——成龙

直击成功　闻名世界的成龙如今已受到世界影迷的推崇，他事业的成功是通过自己的奋斗，一步一个脚印地实现的，他创立了自己独树一帜的演艺风格。作为一名超级动作巨星和献身艺术的斗士，成龙以勇者无惧的精神挑战自身极限，以坚强的血肉之躯成就了自己的传奇。

03 摇滚女王——麦当娜

整理：李娟 李薇

麦当娜·西科尼生活在一个虔诚信仰天主教的家庭，她是家中 8 个孩子中最大的女孩。5 岁时，她的母亲过世，父亲父兼母职扛起家计，对小孩的教养特别严厉，童年的特殊家庭环境为她提供了许多创作的源泉。童年时的麦当娜胆子很大，参加学校的表演，当过拉拉队队长，上过钢琴课，也学习过芭蕾舞，超群的舞技使她赢得了密歇根大学的奖学金。1978年，在大学二年级时，麦当娜中断了学业，只带着仅有的 35 美元前往纽约寻找她的舞蹈梦想。误打误撞的她遇到了伯乐，拿到了她的第一张唱片合约，于是开始了她演艺生涯的第一步。

麦当娜第一首真正的热门歌曲是由 Mark Kmins 担任制作的 *Everybody*，这首歌曲在 R&B 音乐广播引起了强烈反响。1983 年，麦当娜的个人同名专辑 *Madonna* 首次发行，最高名次曾达美国专辑排行榜第八名。1984 年，麦当娜的第二张专辑 *Like A*

> **人物档案**
>
> 姓　名：麦当娜·西科尼
> 生　日：1958.8.16
> 国　籍：美国
> 身　份：歌手
> 重大成就：入选"美国摇滚名人堂"、金球奖最佳女主角，1996年、1997 年奥斯卡最佳电影插曲，1999 年格莱美年度最佳流行专辑

Virgin 发行，其中包括那首著名的《*Material Girl*》。该专辑大获成功，麦当娜从此一举成名，随后开始了她的第一次巡回演出。同名主打歌曲《*Like A Virgin*》在美国排行榜上连续六周蝉联冠军，单曲和专辑的销售量超过了任何一位艺术家。这也是在音乐史上第一次有单词"*virgin*"出现在 Top 40 的名单里。《*Like A Virgin*》在《*Rolling Stone*(滚石)》杂志 2000 年"最伟大的 100 首流行歌曲"评选中排在第 4 位。

自 1984 年第一支冠军曲产生后，除了 1988 年没有发行任何单曲外，她在美国每年至少有一支单曲可以拿到冠军，奠定了她流行歌坛天后的不败地位。1996 年她在歌舞影片《贝隆夫人》中出演了阿根廷国母贝隆夫人，广受好评，这部电影成为她卖座最佳的电影，也为电影添了一首奥斯卡最佳电影主题曲，而她也因出演此片获得了金球奖最佳女主角奖。

2001 年，麦当娜获得全英音乐奖"最佳国际女歌手"的殊荣，这是她九次入围此奖项后首度获奖。而她更以跨越 2008 年夏季至 2009 年夏季的 Sticky & Sweet 世界巡回演唱会（共 85 场，跨越 32 个国家，观众人数达 350 万，4 亿 8 百万美元票房收入）创下了音乐史上艺人单一巡回演唱会的最高票房纪录！

摇滚女王——麦当娜

直击成功

　　麦当娜——这个流行的象征，时尚的符号，已经陪伴了全世界四分之一个世纪。在和命运坚强的抗争中，她深深地影响了流行乐的发展。她成功的原因是多方面的：坚定的信念和杰出的才能，不断追求出类拔萃，光彩四射的舞台形象，使她的支持者和反对者都赞叹不已。而麦当娜认为她成功的前提是不断适应时代潮流的变化。

04 中国航天英雄——杨利伟

整理：史运久　卢文婷

杨利伟出生于辽宁绥中县的一个普通干部家庭，家中书香墨宝的熏染，激发了杨利伟旺盛的求知欲。绥中靠近渤海湾，大海养育了杨利伟，同时也塑造了他刚毅质朴、沉静温雅的性格。儿时每当面对蓝色的大海，他就梦想有一天能像海鸥那样自由自在地在蓝天上飞翔。

1983 年，杨利伟考进了空军第八飞行学院（今空军第五飞行学院）。四年的刻苦学习和训练，他终于成了一名优秀的歼击机飞行员，儿时的梦想成了现实。从此，他尽情地飞翔在蓝天。从华北飞到西北，从西北飞到西南，在祖国的万里蓝天上，处处留下了他矫健的身影……

1996 年初夏，杨利伟参加航天员初选体检并参加近乎苛刻的航天员选拔。1998 年 1 月，他和其他 13 名优秀空军飞行员一起，成为中国第一代航天员。2003 年 7 月，杨利伟经载人航天工程航天员选评委员会评定，具备了独立执行航天飞行的能

人物档案

姓　名：杨利伟
生　日：1965.6.21
籍　贯：辽宁省绥中县
身　份：特级航天员
重大成就：乘长征二号 F 火箭运载的"神舟五号"飞船首次进入太空

力，被授予三级航天员资格。杨利伟全身心地投入了强化训练，飞船模拟器成了杨利伟的"家"。

飞船从发射升空到进入轨道，再调姿返回地球，持续时间几十个小时甚至上百个小时，飞行程序指令上千条，操作动作有100多个。舱内的仪表盘红蓝指示灯密密麻麻，各种线路纵横交错，各种设施密布。要熟悉和掌握它们，并进行各种操作和故障排除，只有靠反复演练。座舱里所有仪表、电门的位置，舱里的每一个设备的名称、颜色、位置、作用他都能一一背下来。在5次正常飞行程序考试中，他取得了2个99分、3个100分的好成绩，专业技术综合考评排名第一。从小就向往飞行、梦想成为空军飞行员的杨利伟参军后驾驶了15年战斗机，飞行了1350个小时。他历经两年多的严格选拔，最终成为一名航天员。2003年10月15日杨利伟搭乘"神舟五号"载人飞船进入太空，正因为对飞船飞行程序和操作程序烂熟于心，在21小时23分钟的飞天之旅中，他的全部操作没有出现一次失误。

杨利伟亲自撰写的《天地九重》由20万字和150幅珍贵图片组成。对于进入太空的所经、所历、所见、所感，杨利伟不遗余力地作了迄今为止最为全面和详尽的描述。从中我们可以读到：他在太空飞行14圈，经历了地球上14个昼夜，看见的太空奇景以及他在太空中遇到的危险与痛苦，经历的惊心动魄的时刻。

中国航天英雄——杨利伟

直击成功 本着对自己职业的热爱和对人类共同事业的追求，愿意为民族、为国家的千年飞天梦想做出努力。而成就这光彩人生的，是他训练中的坚忍执著，飞天时的从容镇定，成功后的理智平和。作为中华飞天第一人，作为中国航天人的杰出代表，他的名字注定要被历史铭记。

05 杂交水稻之父——袁隆平

■ 整理：史运久　卢文婷

袁隆平出生于一个知识分子家庭。

袁隆平的童年、少年时恰逢战乱。中学就读于一所教会学校，重视英语教学是教会学校的特点之一。学校里学习英语的风气很浓厚。读书时他也比较爱思考问题，喜欢探求知识的奥秘。在中学阶段，他就对花草、果木和大自然的蓬勃生机，对春华秋实的自然规律产生了极大的兴趣。父亲希望袁隆平通过上大学升官发财，光宗耀祖。慈善的母亲尊重孩子自己的选择，袁隆平这才有机会跳进"农门"。

1953年他毕业后，被分配到湖南安江农校任教。当时他除了上课教学以外，业余还做一些试验研究，同时经常挤时间看书查资料，当从外文杂志上了解到孟德尔、摩尔根近代遗传学说的新动向时，他就带着"遗传性状的物质基础到底是什么"以及自己多年试验的"无性杂交"所产生的"无性杂种"为什么不能遗传等现实问题，开始从理论与实践的结合上深入地进

人物档案

姓　名：袁隆平
生　日：1930.9.7
籍　贯：江西省
身　份：中国著名的科学家、工程院院士
重大成就：培育两系杂交水稻

行研究。正是孟德尔、摩尔根遗传学说的基本原理，为他后来打开杂交水稻研究的大门起到了关键的启迪作用。

　　袁隆平于 1964 年开始研究杂交水稻。1972 年，他和他的助手攻克一道道难关，率先培育成第一个实用的水稻雄性不育系及其保持系二九南 1 号 A 和 B，并于 1973 年实现"三系"配套，培育成第一个强优组合南优 2 号。这项研究成果，打破了"水稻等自花授粉作物没有杂种优势"的传统观念，大大丰富了作物遗传育种的理论和技术，具有很高的学术价值。

　　1986 年，袁隆平站在更高的起点上，提出了杂交水稻的育种战略，将杂交水稻的育种从选育方法上分为三系法、两系法和一系法三个战略发展阶段。 1987 年，国家"863"计划将两系法杂交水稻研究立为专题，袁隆平挂帅组成了两系法杂交水稻研究协作组开展全国性的协作攻关。历经九年的艰苦攻关，1995 年两系法杂交水稻取得了成功，普遍比同熟期的三系杂交水稻每亩增产 50~100 公斤，且米质一般都较好。两系法杂交水稻的成功，再次体现了以袁隆平为首的我国杂交水稻科技工作者的聪明才智，而我国的杂交水稻研究水平也因此保持在世界领先水平。

　　袁隆平一直从事农业教育及杂交水稻研究。先后获得"国家特等发明奖"、"首届最高科学技术奖"等多项国内奖项和联合国"科学奖"、"沃尔夫奖"、"世界粮食奖"等 11 项国际大奖。

直击成功

　　无止境的探索，以苦为乐，不迷信权威，不迷信书本，不畏艰辛，埋头苦干，不为金钱和名誉所左右，始终将"发展杂交水稻、造福世界人民"作为最大心愿。正是这种缘于对科学的无限热爱和执著，"杂交水稻之父"袁隆平才登上了一个又一个科学高峰。袁隆平达到了很多科学家无法企及的高度，赢得了社会的尊重，成为我们学习的典范。

06 宇宙之父——霍金

整理：史运久　卢文婷

霍金 1942 年出生于英国牛津，他的父亲法兰克是毕业于牛津大学的热带病专家，母亲伊莎贝尔于 19 世纪 30 年代在牛津研究哲学、政治和经济。

霍金毕业于牛津大学和剑桥大学，并获剑桥大学哲学博士学位。霍金之所以在轮椅上坐了 47 年，是因为他在 21 岁时就不幸患上了会使肌肉萎缩的卢伽雷氏症，演讲和问答只能通过语音合成器来完成。1973 年，他研究黑洞附近的量子效应，发现黑洞会像黑体一样发出辐射，其辐射的温度和黑洞质量成反比。黑洞辐射的发现具有极其重大的意义，它将引力、量子力学和统计力学统一在一起。 1974 年以后，他的研究转向量子引力论。1978 年获世界理论物理研究的最高奖——爱因斯坦奖。霍金的成名始于对黑洞的研究成果。他在爱因斯坦之后融合了 20 世纪另一个伟大理论——量子理论，他认为，宇宙是有限的，但无法找到边际，这如同地球表面有限但无法找到边际一样；时间也是有开始的，

人物档案

姓　名：斯蒂芬·威廉·霍金
生　日：1942.1.8
国　籍：英国
身　份：科学思想家、理论物理学家
重大成就：超越了相对论、量子力学、大爆炸等理论而迈入创造宇宙的"几何之舞"，解开了宇宙之谜

大约始于150亿到200亿年前。1980年以后，他的兴趣转向量子宇宙论。1988年获沃尔夫物理学奖。2004年7月，霍金修正了自己原来的"黑洞悖论"观点，认为信息应该守恒。

霍金的生平是非常富有传奇性的，在科学成就上，他是有史以来最杰出的科学家之一，他的贡献是在他被卢伽雷氏症禁锢在轮椅上20年之久的情况下做出的，这是空前的。因为他的贡献对于人类的观念有着深远的影响。上帝对每个人都是很公平的。他虽然有身体上的缺陷，可他的头脑聪明，意志更顽强！在失声之前，他只能用非常微弱的变形的语言交谈，这种语言只有在陪他工作、生活几个月后才能通晓。他不能写字，看书必须依赖于一种翻书页的机器，读文献时必须让人将每一页摊平在一张大办公桌上，然后他驱动轮椅如蚕吃桑叶般地逐页阅读。人们不得不对以这般坚强意志追求终极真理的灵魂从内心产生深深的敬意。

1988年他出版了《时间简史》，至今已出售逾2500万册，成为全球最畅销的科普著作之一。它由霍金在1976~1992年间所写的文章和演讲稿共13篇结集而成。其中讨论了虚时(空)间、由黑(白)洞引起的初始宇宙、维的诞生以及科学家寻求完全统一理论的努力，并对自由意志、生活价值和死亡做出了独到的见解。他被世人誉为"在世的最伟大的科学家"、"另一个爱因斯坦"、"不折不扣的生活强者"、"敢于向命运挑战的人"。

宇宙之父——霍金

直击成功　　宇宙之父是怎样诞生的呢？霍金的成名始于对黑洞的研究成果。他有最聪明的大脑；勇于挑战真理的信念；克服身体缺陷，依靠坚强的意志追求终极真理的灵魂。

07 南非第一位黑人领袖——曼德拉

整理：史运久　卢文婷

曼德拉出生于南非特兰斯凯一个部落酋长家庭。1938年进入黑尔堡学院，后又就读于威特沃特斯兰德大学，获法学学士学位。1952年至1956年在约翰内斯堡当律师。

曼德拉自幼性格刚强，崇敬民族英雄。他是家中的长子，因而被指定为酋长继承人。但他表示："决不愿以酋长身份统治一个受压迫的部族"，而要"以一个战士的名义投身于民族解放事业"。他毅然走上了追求民族解放的道路。1952年先后任非国大执委、德兰士瓦省主席、全国副主席。同年年底，他成功地组织并领导了"蔑视不公正法令运动"，赢得了全体黑人的尊敬。1961年，他领导罢工运动，抗议和抵制白人种族主义者成立的"南非共和国"。1962年8月，曼德拉被捕入狱，当时他年仅43岁，南非政府以"煽动"罪和"非法越境"罪判处他5年监禁。1964年6月，他

人物档案

姓　　名：纳尔逊·罗利赫拉赫拉·曼德拉
生　　日：1918.7.18
国　　籍：南非
身　　份：黑人领袖
重大成就：在领导南非人民争取自由的长期斗争中，在实现新旧南非的和平过渡阶段，以及担任南共体主席期间做出了杰出贡献

又被指控犯有"企图以暴力推翻政府"罪，改判为无期徒刑。在狱中度过的 27 个春秋中，他备受迫害和折磨，但始终未改变反对种族主义，建立一个平等、自由的新南非的坚定信念。

1983 年和 1985 年，曼德拉曾先后荣获联合国教科文组织授予的"西蒙·博利瓦国际奖"和第三世界社会经济研究基金会颁发的"第三世界奖"。1990 年 2 月 11 日，南非当局在国内外舆论的压力下，被迫宣布无条件释放曼德拉。1994 年 5 月，曼德拉成为南非第一位黑人总统。1997 年 12 月，曼德拉辞去非国大主席一职，1999 年 6 月正式离职。曼德拉的主要著作有：《走向自由之路不会平坦》、《斗争就是生活》、《争取世界自由宣言》、《自由路漫漫》。

1991 年，联合国教科文组织授予曼德拉"乌弗埃—博瓦尼争取和平奖"。1993 年 10 月，挪威诺贝尔委员会授予他诺贝尔和平奖，以表彰他为废除南非种族歧视政策所做出的贡献。同年他还与当时的南非总统德克勒克一起被授予美国费城自由勋章。1998 年 9 月，曼德拉访美，获美国"国会金奖"，成为第一个获得美国这一最高奖项的非洲人。2000 年 8 月，他被南部非洲发展共同体授予"卡马"勋章，以表彰他在领导南非人民争取自由的长期斗争中，在实现新旧南非的和平过渡阶段，以及担任南共体主席期间做出的杰出贡献。

2009 年 11 月 10 日，第 64 届联大通过决议，自 2010 年起，将每年 7 月 18 日曼德拉的生日定为"曼德拉国际日"，以表彰他为和平与自由做出的贡献。

直击成功　　曼德拉是怎样成为南非黑人领袖的呢？是因为他为废除南非种族歧视政策所做出的贡献。他曾备受迫害和折磨，但始终未改变反对种族主义，建立一个平等、自由的新南非的坚强信念。

南非第一位黑人领袖——曼德拉

08 伟大的剧作家、诗人——莎士比亚

整理：史运久　卢文婷

莎士比亚是英国文艺复兴时期伟大的剧作家、诗人。

莎士比亚少年时代曾在当地的一所主要教授拉丁文的"文学学校"学习，掌握了写作的基本技巧与较丰富的知识，但因他的父亲破产，未能毕业就走上了独自谋生之路。他当过肉店学徒，也曾在乡村学校教过书，还从事过其他各种职业，这使他增长了许多社会阅历。

20岁后到伦敦，先在剧院当马夫、杂役，后入剧团，做过演员、导演、编剧，并成为剧院股东；1588年前后开始写作，先是改编前人的剧本，不久即开始独立创作。

当时的剧坛为牛津、剑桥背景的"大学才子"们所垄断，一个成名的剧作家曾以轻蔑的语气写文章嘲笑莎士比亚这样一个"粗俗的平民"、"暴发户式的乌鸦"，竟敢同"高尚的天才"一比高低！但莎士比亚最终却赢得了包括大学生团体在内的广大观众的拥护和爱戴。学生们曾在学校业余演出过莎士比亚的一些剧本，如《哈姆雷特》、《错误的喜剧》等。

人物档案

姓　　名：威廉·莎士比亚
生卒日：1564.4.26 ～ 1616.4.26
国　　籍：英国
身　　份：剧作家、诗人
重大成就：英国文艺复兴时期伟大的剧作家、诗人，欧洲文艺复兴时期人文主义文学的集大成者

1597 年他重返家乡购置房产，度过人生最后时光。他虽受过良好的教育，但未上过大学。1598 年大学人士米尔斯已在其《智慧的宝库》中，列举莎士比亚 35 岁以前的剧作，称赞他的喜剧、悲剧都"无与伦比"，能和古代第一流戏剧诗人们并称。

写作的成功，使莎士比亚赢得了骚桑普顿勋爵的眷顾，勋爵成了他的保护人。莎士比亚在 16 世纪 90 年代初曾把他写的两首长诗《维纳斯与阿都尼》、《鲁克丽丝受辱记》献给勋爵，也曾为勋爵写过一些十四行诗。借助勋爵的关系，莎士比亚走进了贵族的文化沙龙，使他对上流社会有了观察和了解，扩大了他的视野，为他日后的创作提供了丰富的源泉。从 1594 年起，他所属的剧团受到王公大臣的庇护，称为"宫内大臣剧团"。1603 年，詹姆士一世继位，他的剧团改称"国王供奉剧团"，他和团中演员被任命为御前侍从，因此，剧团除了经常的巡回演出外，也常常在宫廷中演出，莎士比亚创作的剧本进而蜚声社会各界。

莎士比亚的作品从真实生活出发，深刻地反映了时代风貌和社会本质。他认为，戏剧"仿佛要给自然照一面镜子，给德行看一看自己的面貌，给荒唐看一看自己的姿态，给时代和社会看一看自己的形象和印记"。马克思、恩格斯将莎士比亚推崇为现实主义的经典作家，提出戏剧创作应该更加"莎士比亚化"。

伟大的剧作家、诗人——莎士比亚

直击成功

"在命运的颠沛中，最可以看出人们的气节。"莎士比亚的一生是坎坷的，而他凭借着坚贞不渝的信念，永不屈服的精神，铸就了自己的人生，他用实际行动诠释了什么叫做苦尽甘来。

09 中国近代工程之父——詹天佑

整理：李娟　李薇

詹天佑是中国首位杰出的爱国铁路工程师，负责修建了京张铁路（北京—张家口）等铁路工程，有"中国铁路之父"、"中国近代工程之父"之称。

少年时的詹天佑对机器十分感兴趣，常和邻里孩子一起用泥土制作各种机器模型。有时，他还偷偷地把家里的自鸣钟拆开，摆弄着里面的构件，提出一些连大人也无法解答的问题，村里人都很佩服这个孩子。1872年，年仅12岁的詹天佑作为中国第一批官办留美学生留学美国。有的同学对中国的前途产生悲观情绪，但詹天佑却怀着坚定的信念说："今后，中国也要有火车、轮船。"他带着为祖国富强而发奋学习的信念刻苦学习，成绩在毕业生中名列第一。1881年，在120名回国的留学生中，获得学位的只有两人，詹天佑便是其中的一个。

1890年清政府又修关内外铁路（今京沈铁路），任金达为总工程师。1892年工程进行到滦河大桥，许多国家都想包揽这桩生意，金达

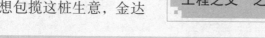

人物档案

姓　名：詹天佑
生卒日：1861.4.26 ~ 1919.4.24
籍　贯：广东南海
身　份：工程师
重大成就：负责修建了京张铁路等，有"中国铁路之父"、"中国近代工程之父"之称

当然以英国人为先，但英国人喀克斯以建不成桥而失败。詹天佑在详细地分析了各国失败的原因后，又对滦河底的地质进行了周密的测量研究之后，决定改变桩址，采用中国传统的方法。他派中国的潜水员潜入河底，配以机器操作，顺利地完成了打桩任务，建成了滦河大桥。这一胜利长了中国人民的志气。

1905年，清政府决定兴建我国第一条铁路——京张铁路。詹天佑担任总办兼总工程师，全权负责京张铁路的修建。这条铁路连许多国外著名的工程师都不敢轻易尝试。詹天佑顶着压力，坚持不任用一个外国工程师，对全线工程提出了"花钱少，质量好，完工快"三项要求。京张铁路经过工人们几年的奋斗，终于在1909年9月全线通车。原计划六年完成，结果只用了四年就提前完工，工程费用只及外国人估价的五分之一。京张铁路建成后，他又负责兴建粤汉及川汉铁路。同年，他成立了"中华工程师学会"，并被推举为首任会长。

1919年4月，他因病回湖北汉口，在途中他抱病登上长城，慨叹："生命有长短，命运有沉升，初建路网的梦想破灭令我抱恨终天，所幸我的生命能化成匍匐在华夏大地上的一根铁轨……"詹天佑终因劳瘁成疾，于1919年4月24日下午3时30分逝世于汉口，享年五十八岁。

中国近代工程之父——詹天佑

直击成功 詹天佑从小聪明好学，善于研究，早立志，立大志，怀着坚定的信念："今后，中国也要有火车、轮船。"他带着为祖国富强而发奋学习的信念，刻苦学习。怀有一颗浓浓的爱国之心，不怕艰难险阻，终成大器。

10 仁爱传教士——特里莎

整理：李娟　李薇

特里莎修女的原名是艾格内斯·贡扎·博亚吉乌。出生于马其顿一个富裕的家庭，12岁时萌生了做修女的愿望，18岁远赴印度受训成为修女，27岁发终身誓愿，并升任女修道院院长。

1948年，38岁的特里莎修女离开爱尔兰的罗瑞托修道院，来到印度加尔各答。她做的第一件事，就是脱下罗瑞托修女穿着的蓝色的道袍，改穿印度平民妇女常穿的白色棉纱丽。从那时起，她开始了在加尔各答贫民窟为赤贫者、濒死者、弃婴、麻风病人服务的生涯。在她的心目中，穷人比富人更需要尊严，穷人在价值的等级中至高无上。40岁时，她建立了"仁爱传教修女会"。她曾获得过多个国际性奖项，并于1979年获诺贝尔和平奖。1997年，这位身材矮小、广受爱戴的修女，平静地离开了人间。

特里莎修女是在车站后面的贫民窟展开工作的。这里到处是破烂不堪的小木屋和衣衫褴褛的脏孩子。有一天，一个说孟加拉语的小孩

姓　　名：艾格内斯·贡扎·博亚吉乌
生卒日：1910.8.27 ～ 1997.9.5
国　　籍：阿尔巴尼亚
身　　份：修女
重大成就：获诺贝尔和平奖、世界教科文组织授予的"和平教育奖"

向特里莎修女要东西。这个孩子只有一条腿，而且断肢处还流着血。特里莎修女准备取药给他包扎时，小孩却说他想要吃东西，边说边做出吃东西的样子。此时她身上只有五个卢比，于是很抱歉地对小孩说："我是个穷修女，我只能替你包扎伤口。"

正在她准备帮他涂药的时候，小孩突然抓过药品，叫着"这个给我"，便挂着拐棍向贫民窟跑去。想了解究竟的特里莎修女紧跟着小孩跑进一个小窝棚。窝棚里面漆黑一片，隐隐约约地可以看见木板上躺着一个妇人，在她身边还有一个婴孩和一个约五岁的女孩，三个人骨瘦如柴，目光呆滞，非常虚弱。她用孟加拉语与他们交谈，知道了小孩叫巴布，八岁了，那个妇女是他的母亲，患有结核病，窝棚里的另外两个小孩是他的弟弟妹妹。特里莎修女只能把她所带的维生素丸给了他们，那妇人十分感激，向她行合掌礼，并说："这里边还有生病的老妇人，也请你看看她。"特里莎修女听到这句话，内心受到了很大的震动：为什么穷人会有那么善良的心？自己患着病，还关心着别人呢！

特里莎于 1977 年获得英国剑桥大学名誉神学博士学位。她曾先后获得印度尼赫鲁奖金、美国约瑟夫·肯尼迪基金会奖金和罗马教皇约翰二十三世和平奖金，并获 1979 年诺贝尔和平奖。

为表彰她将一生献给解除贫困、促进和平和为正义的事业所做出的贡献，世界教科文组织将 1992 年和平教育奖授予她。获奖后，她宣布将奖金用于设在加尔各答的为残疾人所建的家园——尼尔马拉肯尼迪中心。

直击成功

特里莎修女是女性诺贝尔和平奖得主，她在加尔各答贫民窟为赤贫者、濒死者、弃婴、麻风病人服务。在她的心目中，穷人比富人更需要尊严，穷人在价值的等级中至高无上。她把一生都献给了为解除贫困、促进和平和为正义而斗争的事业。

11 谱写命运的西方乐圣——贝多芬

整理：史运久　赵芳

贝多芬生于德国的小城——波恩，他是伟大的钢琴家、作曲家，维也纳古典乐派的代表人物之一。他对世界音乐的发展有着举足轻重的作用，世人尊称其为"乐圣"。

贝多芬3岁时，祖父发现了他的音乐天赋。父亲急于把他培养成像莫扎特那样的神童，在贝多芬4岁的时候，就逼着他学习钢琴和小提琴，管教十分严厉。8岁时，贝多芬第一次举办个人音乐会。同年，他开始尝试作曲。11岁时，他对巴赫的《平均律钢琴曲集》已十分熟悉。同一年，他开始在剧院的乐队里工作。在这种严酷的童年生活的影响下，贝多芬很早就走上了独立的以音乐谋生的道路，形成了坚毅刚强的性格。

1782年，贝多芬12岁，他创作的三首题为《献给仁慈的国王马西米里安·弗列德里希》的钢琴奏鸣曲出版了，这是他首次出版的作品。这表明，他已朝着伟大音乐家的目标迈出了坚实的步伐。

1787年，17岁的贝多

人物档案

姓　　名：路德维希·凡·贝多芬
生卒日：1770.12.16 ~ 1827.3.26
国　　籍：德国
身　　份：作曲家、钢琴家、指挥家
重大成就：《命运》等9部交响曲，35首钢琴奏鸣曲等

芬访问维也纳，莫扎特听了他的即兴演奏后预言：有一天贝多芬将轰动全世界。

1789 年至 1794 年，法国资产阶级革命进步的思想意识给了贝多芬很多启发，他感受到了革命的力量，奠定了启蒙思想。他追求正义和自由，用自己的音乐号召人们为自由和幸福而斗争。

1792 年他再次到音乐之都维也纳深造，进步飞快。

贝多芬作曲很认真，先写在大型草稿本上，然后逐句逐段地修改。有的作品要写数年。从他留下的大量草稿中，可看到他的作曲方法，一个动机一个主题，都经过不断琢磨不断修改，千锤百炼才最后成章。

贝多芬早年曾跟许多老师学习过，其中称得上是音乐史中伟大人物的，当属海顿和莫扎特。但是他并没有走他们的道路，而是坚持按着自己的个性和才华发展，在他的作品中，弥漫着生命的欢愉与热情，而且表现了空前的自由意境，为音乐创作道路开辟了全新的世界。

贝多芬的生活道路非常坎坷。他的听觉从 1796 年开始日渐衰弱，从那以后，不断出现耳鸣的症状。1799 年出现第一次失聪的现象。1801 年，他的耳疾已无法医治，但他对艺术及生活的热爱一直持续。大约从 1815 年起，由于耳聋，贝多芬无法与人交谈，而不得不让对方把话写在纸上给他看。贝多芬的许多作品都写于全聋时期，他以惊人的毅力坚持创作和工作，毕生不懈，为欧洲音乐史增添了最光辉的篇章，被后人尊称为"乐圣"。

1827 年 3 月 26 日下午 5 时 45 分，贝多芬在维也纳逝世，享年 57 岁。

谱写命运的西方乐圣——贝多芬

直击成功　　贝多芬的可贵在于他每每生活失意时，都会在音乐创作中寻求内心的平衡。他的音乐创作都饱含着对人生的深刻感受，充满了激情。他享誉世界的名言是"我要扼住命运的咽喉"。一个失聪之人，却能写出人类最动听、最振奋的音乐篇章，这是贝多芬自励人格的不朽传奇。

12 圆舞曲之父——老约翰·施特劳斯

整理：李娟　王敏

老约翰·施特劳斯出身小旅馆老板家庭。他的童年相当不幸——母亲早逝，继母将他送到图书装订商处做学徒。在此期间，他学会了拉小提琴和中提琴，而且还加入了当地的一个管弦乐队，不久后转而加入了一个通俗弦乐四重奏乐队。这支乐队演出的曲目通常是维也纳圆舞曲和德国的乡村舞曲。到1824年，"兰纳四重奏"已经成为一支有一定规模的小型管弦乐队了。之后，他成了这支乐队的代理指挥。1825年，老施特劳斯组建了自己的乐队并开始为乐队谱写作品。不久他便成为全维也纳最知名也是最受欢迎的舞曲作曲家，并先后带领乐队在德国、荷兰、比利时、英格兰和苏格兰的许多地方演出，其中包括1838年维多利亚女王的加冕典礼。

不过老约翰·施特劳斯频繁的演出所导致的劳累也让他感到作为一个音乐家是多么不易，他并不希望他的孩子们也成为音乐家。出于爱子之心，他一直禁止小约

人物档案

姓　　名：约翰·巴普蒂斯特·施特劳斯
生卒日：1804.3.14 ~ 1849.9.25
国　　籍：奥地利
身　　份：作曲家
重大成就：150多首圆舞曲，几十首波尔卡舞曲和进行曲

翰·施特劳斯学习音乐。而小施特劳斯却出于逆反心理最终踏上了成为一个音乐家的道路。

在施特劳斯家族中，老施特劳斯一直以一个严厉的父亲形象出现。他总是把他的愿望强加于他的孩子们——他禁止他们从事任何与音乐有关的职业。虽然家庭纠纷始终困扰着老施特劳斯，他还是频繁地在英伦三岛以及其他地方进行演出。同时他还热心地为许多慈善机构谱写新作品。在他以及其他作曲家的努力下，圆舞曲（华尔兹）从一种四三拍子的乡间舞曲，发展成一种由五个相互承接的小圆舞曲、一个短小的完结篇和一个激动人心的结尾构成的，具有巨大影响的全新音乐形式。

他的儿子小约翰·施特劳斯进一步发展了这种音乐形式，他对圆舞曲中配器的使用也比他的父亲更加大胆和广泛。虽然老施特劳斯既没有他的儿子那样的音乐才华，又没有精明的商业头脑，但是当时和后世的人们对待他作品的态度无疑证明：他与兰纳一样，是那个时代维也纳少见的几名最为出色的作曲家之一。虽然在老施特劳斯的有生之年，他凭借着早年的成就始终名气压过他的儿子，但是后来两人在古典音乐上的成就对比让人不难发现，小约翰·施特劳斯在音乐上已经大大超越了他的父亲。

1849 年，老施特劳斯因猩红热在维也纳去世。世人称赞老施特劳斯是"维也纳圆舞曲之父"。此外还有一种流行的说法，"没有施特劳斯的维也纳就像失去了多瑙河的奥地利一样"。

圆舞曲之父——老约翰·施特劳斯

直击成功　少年坎坷追求音乐，一生劳碌却不放弃音乐。老施特劳斯虽然没有小施特劳斯那么成功，但他的努力为小施特劳斯的成功打下了基础。他的乐曲表达比较深刻，因此，老约翰·施特劳斯被人们称为"圆舞曲之父"。他的成功再次证明：执著追求，永不言弃，定能到达胜利的彼岸。

13 摇滚乐之王——埃尔维斯·普雷斯利

整理：李娟　王敏

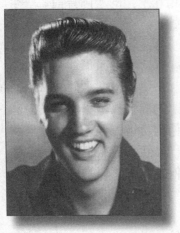

猫王埃尔维斯·普雷斯利于 1935 年出生于密西西比州。他自幼家境贫寒，父亲是一名卡车司机，生活在社会底层，因与黑人杂居，社会地位与黑人同等。普雷斯利从小就接触白人与黑人两种文化，并在教堂福音歌的熏陶下长大。11 岁开始学习吉他，他既吸收白人音乐，又吸收黑人音乐。

1953 年，普雷斯利中学毕业后，找到了一份卡车司机的工作。那年夏天，他到太阳唱片公司录音棚录制了两首歌曲，作为给他母亲的生日礼物。这时，唱片公司老板发现了他的潜力，一个白人，却有着黑人的声音和感觉，于是便与他签约。1954 年 7 月，发行了第一张唱片《那很不错》（《That's All Right》），在当地获得了出乎意料的成功。

他的舞台表演更是赢得了众多青年人的喜爱。1955 年秋，他转签 RCA 胜利唱片公司。1956 年，随着《伤心旅馆》（《Heartbreak Hotel》）的发行，他的名声大振。1958 年，在他事业步入辉煌之时，他却离开了歌坛，放弃了演唱，应征入伍，直到 1960

人物档案

姓　　名：埃尔维斯·普雷斯利
生卒日：1935.1.8 ～ 1977.8.16
国　　籍：美国
身　　份：摇滚乐歌手、演员、词曲创作者
重大成就：将乡村音乐、布鲁斯音乐以及山地摇滚乐融会贯通，并让摇滚乐如同旋风一般横扫世界乐坛

年退伍。从 1962 年到 1968 年，普雷斯利除了拍电影外，很少与听众接触，隐居在孟菲斯老家。1977 年 8 月 16 日，他因心脏病在家中去世，终年 42 岁。

埃尔维斯·普雷斯利是 20 世纪美国流行音乐中最重要的人物。他虽然不一定是最优秀的，但无可争议的是，他使摇滚乐在世界范围流行并普及化。单从他的唱片销量上就可以看出，他的影响力是非凡的。从 50 年代中期到 70 年代中期这 20 年间，他的国际热门歌曲一打儿接一打儿，甚至在他去世之后，他的任何再版唱片都能保持极其稳定的销量。毋庸置疑，他是流行音乐历史上唱片销量最高的艺人。1971 年的统计表明，到当时为止，普雷斯利的唱片销量已达到 1.55 亿张单曲唱片，2500 万张专辑和 1500 万张 EP 唱片。

普雷斯利是第一位将乡村音乐和布鲁斯音乐融进山地摇滚乐中的白人歌手。他的 50 年代的唱片确立了摇滚乐的最基本语言，他的富有争议的性感舞台形象确立了这种音乐在视觉上的标准，他的歌喉也是令人难以置信地充满磁性和多变性。

作为一位摇滚乐大师，普雷斯利在摇滚乐史上的地位是无可替代的。他以白人身份把黑人节奏布鲁斯音乐介绍给白人。虽然他的歌曲简单肤浅，缺少力度和社会责任感，但这些曲目却真实地反映了第一代受摇滚思想影响的青少年的群体形象，使蕴含了巨大潜力的整个年青一代在他身上找到了反抗精神的共同性。从此，摇滚乐以其鲜明的思想性和强烈的现实批判性迅速流传，普雷斯利也因此推开了沉重的摇滚之门。

直击成功 "猫王"普雷斯利以白人的身份把黑人节奏布鲁斯音乐介绍给了白人，他所承受的压力和获得的成功都是非凡的。他牺牲青春换来永恒传奇，他燃烧生命烙下 20 世纪流行文化的图腾，他让全球的观众的心至今仍激荡不已，他开辟了摇滚乐艰难的前进道路。

摇滚乐之王——埃尔维斯·普雷斯利

14 京韵作家——老舍

整理：史运久　赵芳

老舍原名舒庆春，字舍予。父亲是一名满族的护军，阵亡在八国联军攻打北京城的炮火中。母亲也是旗人，靠替人家洗衣裳做活计维持一家人的生活。早年清苦的生活给老舍的一生打下了许多特殊的烙印，在很大程度上影响了他的整个人生。

小学毕业后，老舍只念了半年中学，然后自己考上了完全免费的北京师范学校。5年之后，1918年夏天，他以优秀的成绩毕业，被派到北京第十七小学当校长。由于治校成绩显著，两年之后，晋升为京师教育局北郊劝学员。但是由于很难和教育界及地方上的旧势力共事，他很快便辞去了这份待遇优厚的职务，重新回到学校教书，先后在天津南开中学、北京一中教语文，并在北京教育会、北京地方服务团工作。在此期间，他热衷于社会服务事业，同时还在夜校和燕京大学补习英文。

1924年夏，老舍应聘到英国伦敦大学东方学院任中文讲师。在英期间，他开始文学创作。长篇小说《老张的哲学》是第一部作品，1926年7月在《小说月报》

姓　名：	舒庆春
生卒日：	1899.2.3 ~ 1966.8.24
籍　贯：	北京
身　份：	小说家、文学家、戏剧家
重大成就：	发表了大量影响后人的文学作品，如《骆驼祥子》、《四世同堂》等

杂志连载后，立刻以其现实主义笔力、忧国忧民的主题思想、独特的幽默风格和地道的北京口语震动文坛。以后两年，他又陆续发表了长篇小说《赵子曰》和《二马》。这些作品成为最早出现的新文学长篇创作成果的一部分，奠定了老舍作为新文学开拓者之一的地位。

1930年老舍途经新加坡回国，先后在齐鲁大学和山东大学任教授。这时期创作了《猫城记》、《离婚》、《骆驼祥子》等长篇小说，《月牙儿》、《我这一辈子》等中篇小说，《微神》等短篇小说。

抗日战争爆发后，老舍只身从济南流亡到武汉、重庆，投身到抗日救国的时代洪流中。他被选为全国文艺界抗敌协会的常务理事兼总务部主任，实际上就是"文协"的总管事和主要负责人。在这个岗位上，他为文艺界的大团结和文艺的普及献出了他的全部精力，受到爱国文艺家的一致尊敬。作为一位热情而又严肃的爱国主义作家，这一时期他创作了大量为广大军民喜闻乐见的曲艺作品、话剧、诗歌、散文和小说。1944年起开始创作近百万字的长篇巨著《四世同堂》，通过沦陷的北平的一条小胡同里的居民群展现了一部八年抗战史。作品中对深深毒害中国人民心灵的文化病进行了剖析，表现了这位作家思想的进一步成熟。

新中国成立以后，老舍怀着强烈的爱国热情从美国归来。他赞美新生活、新人物，成为写作最勤，作品最多，造诣最高的老作家之一。他这一时期创作的《方珍珠》、《龙须沟》、《茶馆》、《全家福》、《神拳》、《正红旗下》等剧本、小说，明显标志着他在思想上和艺术上的飞跃，是社会主义文学的重大收获。他因创作话剧《龙须沟》而荣获"人民艺术家"称号。他担任全国文联和全国作协副主席兼北京文联主席，是全国人大代表和全国政协常委。在"文革"中，他不堪蹂躏，于1966年投湖自尽。

京韵作家——老舍

直击成功 老舍文学创作历时40年，作品多以城市人民生活为题材，爱憎分明，有强烈的正义感。人物性格鲜明，细节刻画真实，他能纯熟地驾驭语言，善于准确地运用北京话表现人物、描写事件，使作品具有浓郁的地方色彩和强烈的生活气息。丰富的生活阅历，加上才气和勤奋，成就了他的成功。

15 幻想作家——罗伯特·路易斯·史蒂文生

整理：史运久　赵芳

史蒂文生1850年出生在爱丁堡的一个很有威望的灯塔建造者之家。然而不幸的是，史蒂文生从小体弱多病，哮喘、发烧、咳嗽……他的童年时代，大半时光都是在病床上度过的。他曾在写给朋友的书信里说过："童年时，有三件事对我有着极大的影响，一是我病中的苦痛，二是在外祖父科林顿宅区中的休养康复，三是晚上上床后我大脑中许多不同寻常的活动。"

因为有这样一个不幸的童年，史蒂文生也获得了比一般孩子更多的呵护和疼爱。他的父亲给他制作了许多小玩具，善良慈爱的保姆也无微不至地呵护和照料着他，给他讲过许多苏格兰美丽、神奇的历史传说和鬼怪故事……

因此，在小史蒂文生的头脑里，积累了许多浪漫和冒险的故事。童年时代，他一直就在这些充满玄思和幻异色彩的冒险故事里遨游。他的想象力也比别的孩子更加活跃和奇特。

1881年秋天，史蒂文生全家住在苏格兰的一个小岛上。他常常和儿子洛伊德一起在岛上写生。有一天，他们坐在窗前用水彩笔画了一

人物档案

姓　名：罗伯特·路易斯·史蒂文生
生卒日：1850.11.13 ~ 1894.12.3
国　籍：英国
身　份：作家
重大成就：著有《金银岛》、《化身博士》等

张小岛的地图。画着，画着，史蒂文生的心中便浮现出了一个围绕着这个小岛展开的故事。

一年后，他在瑞士阿尔卑斯山区的旅游胜地写出了这个故事，这便是至今已经成为探险小说经典之作的《金银岛》。《金银岛》不仅是史蒂文生的成名作，也是他全部著作中流传最广的代表作。

《金银岛》虽是史蒂文生丰富想象的产物，但不少地方受到笛福、华盛顿·欧文、艾伦·坡、金斯莱等作家的影响。不可否认，惊险小说历来拥有大量的读者，但是，被青少年广为传诵和喜爱的作品并不是很多。《金银岛》的成功不能不归功于作者在构思布局、渲染气氛、刻画性格方面的卓越技巧。与此同时，作品也体现了那个时代所固有的特征，即不仅反映了处于上升中的资本家的勤劳、艰苦、冒险的精神，还流露出浓厚的帝国主义气息——霸权、殖民、掠夺等。因此，从作品的思想内容和时代意义来讲，《金银岛》既是一部反映处于上升时期的资产阶级开拓者的小说，也是一部透露出浓烈帝国主义气息的小说。

在完成了《金银岛》之后，史蒂文生又乘兴创作了另一部在英国文学史上独一无二的作品——儿童诗集《一个孩子的诗歌花园》。在这本诗集里，他用短小诙谐的苏格兰童谣的形式，写出了自己童年时代留在脑海里的一些奇特的记忆和感觉。诗中的那个小主人公，其实就是史蒂文生本人，总是那么孤独和寂寞。因为他每天都被疾病困在床上。他独自在想象中做游戏玩耍，在白昼的光亮和夜晚的灯影里幻想着，甚至从壁炉的火光中，从被子的皱褶里，从天花板的寂静里……看到了一些奇特而有趣的幻象，听到一些"鬼怪的呼吸"……

1894年的一个黄昏，斯蒂文生正坐在家里的阳台上眺望大海，一阵海风吹来，他感到大脑里一阵剧烈的疼痛。他的脑中血管崩裂，再也没有苏醒过来。这一年他才44岁。人们把他安葬在面临大海的山顶上，以便他那从小就喜欢憧憬和幻想的灵魂，乘着海风去更远的地方旅行。

直击成功

史蒂文生的想象力十分丰富，他喜欢新奇浪漫的生活，崇尚勇敢行为。

他的作品以其动人的情节、娴熟的技巧、精妙而有趣的描写、简练而典雅的文笔吸引了成千上万的读者，并为他赢得了世界声誉。我们在欣赏他在飘荡、多病、短暂的一生中辛勤创作出的众多艺术作品时，会感到无比惊喜，并常常从中获得有益的启示。

幻想作家——罗伯特·路易斯·史蒂文生

16 共产主义精神的践行者——白求恩

整理：史运久　赵芳

诺尔曼·白求恩出身于牧师家庭。青年时代，他当过轮船侍者、伐木工、小学教员、记者。1916年，他从多伦多大学医学院毕业，获学士学位。1922年，他被录取为英国皇家外科医学会会员；1933年被聘为加拿大联邦和地方政府卫生部门的顾问；1935年被选为美国胸外科学会会员、理事。他的胸外科医术在加拿大、英国和美国医学界享有盛名。

1935年11月，白求恩加入加拿大共产党。中国抗日战争爆发后，为了援助中国人民的解放事业，1938年3月，他受加拿大共产党和美国共产党的派遣，率领一个由加拿大人和美国人组成的医疗队来到延安。他悉心致力于改进部队的医疗工作和战地救治，降低伤员的死亡率和残废率。他组织制作各种医疗器材，给医务人员传授知识，编写医疗图解手册。他倡议成立了特种外科医院，举办医务干部实习周，加速训练卫生干部。他还组织战地流动医疗队出入火线救死扶伤，为

人物档案

姓　　名：诺尔曼·白求恩
生卒日：1890.3.4 ～ 1939.11.12
国　　籍：加拿大
身　　份：医师
重大成就：国际共产主义战士、著名胸外科医师

减少伤员的痛苦和残废，他把手术台设在离火线最近的地方。

1939年2月，白求恩率领18人的"东征医疗队"到冀中前线救治伤员，不顾日军炮火威胁，连续工作69小时，给115名伤员做了手术。有一次，当某伤员急需输血时，他主动献血300毫升。他还倡议成立并参加了志愿输血队。有些伤员分散在游击区居民家里，他和医疗队冒着危险去为他们做手术。4个月里，他们行程1500余里，做手术315次，建立手术室和包扎所13处，救治伤员1000多名。他提议开办卫生材料厂，解决了药品不足的问题；他还创办了卫生学校，培养了大批医务干部；他编写了《游击战争中师野战医院的组织和技术》、《战地救护须知》、《战场治疗技术》等多种战地医疗教材。还将自己的X光机、显微镜、一套手术器械和一批药品捐赠给军区卫生学校。

1939年10月下旬，白求恩在抢救伤员时，左手中指被手术刀割破，后来给一个外科传染病伤员做手术时不幸感染破伤风病毒，但他仍不顾伤痛，坚决要求去战地救护。他说："你们不要拿我当古董，要拿我当一挺机关枪使用。"随即，他跟医疗队到了前线。但终因伤势恶化，转为败血症，医治无效，白求恩于11月12日凌晨逝世，终年49岁。

17日，晋察冀边区党、政、军领导机关和驻地群众为他举行了隆重的葬礼。12月1日，延安各界举行追悼大会，毛泽东题了挽词，并于12月21日写了《纪念白求恩》一文，号召中国共产党党员学习他的国际主义精神和共产主义精神。

> **直击成功**　白求恩胸怀他人，不畏艰险，对信仰矢志不渝。他的精神就是伟大的国际主义、共产主义精神；就是毫不利己、专门利人、无私奉献的精神；就是对工作极端热忱、精益求精的精神。中国人民会永远记住他，这个高尚的、纯粹的、有道德的同时又是那么可亲可爱的人——白求恩。

共产主义精神的践行者——白求恩

17 提灯女士——南丁格尔

整理：李娟　王敏

南丁格尔出生于意大利一个名门富有之家，她的父亲是一个博学、有教养的统计师。她的母亲也出身于英国望族，不但家道富裕，更是世代行善，名重乡里。南丁格尔毕业于剑桥大学，谙熟数学，精通英、法、德、意四门语言，除古典文学外，还精于自然科学、历史和哲学，擅长音乐与绘画。

18 世纪 50 年代，英国、法国、土耳其和俄国进行了克里米亚战争，英国的战士死亡率高达 42%。南丁格尔主动申请，自愿担任战地护士。她率领 38 名护士抵达前线，在战地医院服务。她竭尽全力排除各种困难，为伤员解决必需的生活用品和食品，对他们进行认真的护理。仅仅半年左右的时间伤病员的死亡率就下降到 2%。每个夜晚，她都手执油灯巡视，伤病员们为表示对他的崇高敬意，亲切地称她为"提灯女士"。战争结束后，南丁格尔回到英国，被人们推崇为民族英雄。

1860 年，南丁格尔用政府奖励的 4000 多英镑创建

人物档案

姓　　名：弗洛伦斯·南丁格尔
生卒日：1820.5.12 ~ 1910.8.13
国　　籍：英国
身　　份：护士
重大成就：欧美近代护理学和护士教育创始人

了世界上第一所正规的护士学校。她对学校管理、精选学员、安排课程、实习和评审成绩都有明确规定并正式建立了护理教育制度，开创了现代护理专业这一伟大事业。她一生培训护士1000多人，主要著作《医院笔记》、《护理笔记》等成为医院管理、护士教育的基础教材，推动了西欧各国乃至世界各地护理工作和护士教育的发展，对整个人类是一项空前的贡献，因此，她当之无愧被后人誉为护理事业的先驱。

1901年，南丁格尔因操劳过度，双目失明。1907年，英国女王授予南丁格尔功绩勋章，她成为英国历史上第一个接受这一最高荣誉的妇女。后来，她还发起组织了国际红十字会。1908年3月16日，南丁格尔被授予伦敦城自由奖。1910年8月13日，南丁格尔在睡眠中溘然长逝，享年90岁。

南丁格尔的一生，对开创护理事业作出了卓越的贡献。她毕生致力于护理的改革与发展，取得举世瞩目的辉煌成就。这一切，使她成为19世纪出类拔萃、世人敬仰和赞颂的伟大女性。

为了纪念她的成就，1912年，国际护士会（ICN）倡议各国医院和护士学校在每年5月12日南丁格尔诞辰日举行纪念活动，并将5月12日定为国际护士节，以缅怀和纪念这位伟大的女性。

提灯女士——南丁格尔

直击成功 南丁格尔女士以最高贵的奉献精神把一生献给了护理事业。她怀着一个崇高的理想，认为生活的真谛在于为人类做出一些有益的事情。做一个好护士，是她生平唯一的凤愿。她以强烈的事业心和高度的责任感，把真诚的爱心无私奉献给了每一位患者，燃烧自己，照亮别人。

18 近代幽默文学的泰斗——马克·吐温

■ 整理：李娟　卫丽莉

马克·吐温本名塞缪尔·朗赫恩·克莱门斯，马克·吐温是其笔名。他出生于美国密苏里州佛罗里达的一个乡村贫穷律师家庭。他12岁那年父亲去世，从此开始了独立的劳动生活。他在印刷所当过学徒，还当过送报人和排字工，后来又在密西西比河上当水手和舵手。儿时生活的贫穷和长期的劳动生涯，不但为他以后的文学创作累积了素材，更铸就了他一颗正义的心。在他4岁时，他们一家迁往密苏里州密西西比河畔的一个城市，而这就为他后来的著作《汤姆·索亚历险记》和《顽童流浪记》中圣彼得堡提供了灵感。那时，密苏里州是联邦的奴隶州，而年轻的马克·吐温开始了解奴隶制，这成为他日后历险小说中的主题。

马克·吐温是美国批判现实主义文学的奠基人，世界著名的短篇小说大师。他经历了美国从"自由"资本主义到帝国主义的发展过程，其思想和创作也表现为从轻快调笑到辛辣讽刺再到悲观厌世的发展阶段。

人物档案

姓　　名：马克·吐温
生卒日：1835.11.30 ～ 1910.4.21
国　　籍：美国
身　　份：幽默大师、作家、演说家
重大成就：19世纪后期美国现实主义文学的杰出代表。著有《百万英镑》、《哈克贝利·费恩历险记》、《汤姆·索亚历险记》

他的早期创作，如短篇小说《竞选州长》、《哥尔斯密的朋友再度出洋》等，以幽默、诙谐的笔法嘲笑美国"民主选举"的荒谬和"民主天堂"的本质。

中期作品，如长篇小说《镀金时代》、代表作长篇小说《哈克贝利·费恩历险记》及《傻瓜威尔逊》等，则以深沉、辛辣的笔调讽刺和揭露像瘟疫般盛行于美国的投机、拜金热以及暗无天日的社会现实与惨无人道的种族歧视。《哈克贝利·费恩历险记》通过白人小孩哈克跟逃亡黑奴吉姆结伴在密西西比河流浪的故事，不仅批判封建家庭结仇械斗的野蛮，揭露私刑的毫无理性，而且讽刺宗教的虚伪愚昧，谴责蓄奴制的罪恶，并歌颂黑奴的优秀品质，宣传不分种族地位人人都享有自由权利的进步主张。作品文字清新有力，审视角度自然而独特，被视为美国文学史上具有划时代意义的现实主义著作。

19世纪末，随着美国进入帝国主义发展阶段，马克·吐温一些游记、杂文、政论，如《赤道环行记》、中篇小说《败坏了哈德莱堡的人》、《神秘来客》等的批判揭露意义也逐渐减弱，而绝望神秘情绪则有所增长。

马克·吐温被誉为"美国文学中的林肯"。

近代幽默文学的泰斗——马克·吐温

直击成功　　马克·吐温曾说过"幽默家虽然轻松，却有一个严肃的目的——嘲弄虚伪，揭露伪装"，幽默家是"王公贵族、特权人物和一切骗人玩意儿的天敌，是人类权利、人类自由的天然朋友"。他的正义之心，使他被誉为"美国文学中的林肯"。

19 美国漫画史上的奇人——查尔斯·舒尔茨

整理：史运久　张云霞

查尔斯·舒尔茨出生在美国明尼苏达州的圣保罗。他的一位叔叔为他取了一个叫"斯巴克"的昵称，意为"激发、激励"。这个昵称的创意来自于一匹同名的马。舒尔茨从未忘记过这个昵称，他也正是这样激励自己，把一生献给了漫画事业。在幼年时，舒尔茨的天赋是大家公认的，他的绘画才能比其他兄弟姐妹都好。

有一次，一位有远见的幼儿园老师对他说："查尔斯，有一天你将成为一名画家。" "我想我是那种天生画漫画的人，这似乎是常人无法理解的，"舒尔茨说，"在我幼年的记忆里，就有每天要画连环漫画的愿望。" 在巨大的生活压力下，舒尔茨勤劳的父亲卡尔，担负着家庭和生活的重担。他经营着一个只有两个雇员的理发店，不但要管理店务和照顾子女，还要为他的儿子能够上漫画函授学校而操劳。

舒尔茨是一个害羞而又不安分的学生，虽然他函授学习很刻苦，但是他在"儿童画"的课程上只得 C+。在这段时间里，舒尔茨的母亲戴娜正在同癌症病魔作斗

人物档案

姓　　名：查尔斯·舒尔茨
生卒日：1922.11.26 ～ 2000.2.12
国　　籍：美国
身　　份：漫画家
重大成就：创作史努比系列漫画

争。他们家搬到了一家药房楼上的小公寓，这样以便药剂师可以每天为他母亲配药。终于，舒尔茨的美术课程毕业了，不幸的是，在他就要出售漫画作品的时候，第二次世界大战爆发了。就在他应征入伍期间，他的妈妈去世了。军事生涯使舒尔茨的生活发生了重大的改变，使他认识到和平生活的重要，更使他变得自信和执著，这些对他取得一生的成功起着决定性的作用。

退役回到圣保罗，一家罗马天主教创办的小杂志为舒尔茨提供了第一份漫画工作。这家杂志社雇他给已画好的漫画划板。这项工作虽然没有多少创造性，但是给舒尔茨一个很好的磨炼技法的机会。不久，舒尔茨找到了第二份工作——在一家艺术学院当老师。在这里，他得到了一个艺术团体的资助。在这期间，他不断作画，为今后的艺术道路奠定了坚实的基础。舒尔茨满怀信心，拿着自己的漫画作品到报社去自荐。终于，他的勇气和恒心打动了《星期六邮报》的编辑。舒尔茨的每周漫画 "L'il Folks" 登上了圣保罗先驱出版公司的杂志。由于版权等方面的问题，后来他不得不放弃 "L'il Folks" 漫画这个名字，把他的漫画改名为《花生》。

五十年来，世界上有好几代人是读《花生》漫画长大的。《花生》漫画是美国漫画史上时间最长、最流行的漫画之一。

直击成功　　我们应该感激舒尔茨为我们创造了史努比这个人物，史努比现在是世界上家喻户晓的漫画人物。舒尔茨到退休时，已画了近五十年的《花生》，他从未向公司提供过草稿，编辑要改一个标点符号也须经过他的同意。我们应学习他严谨的工作态度和执著的创作精神。

美国漫画史上的奇人——查尔斯·舒尔茨

20 丁丁之父——艾尔热

整理：史运久　张云霞

艾尔热原名乔治·雷米，出生于比利时布鲁塞尔。像所有漫画家一样，雷米从小就喜欢在练习本上画各种故事。1921年，雷米参加了童子军。在那里，他有了一个"好奇狐狸"的绰号。他的第一部绘画作品出现在童子军校刊上，并于1923年开始在全国发行的童子军月刊上连载。

1924年，乔治·雷米正式启用"艾尔热"这个笔名。1926年，艾尔热在比利时童子军杂志上创造了"托托尔"——一个金龟子童子军小队长的形象，这就是丁丁的前身。

1928年，艾尔热服完兵役后回到布鲁塞尔。时任《20世纪报》总编的父亲希望办一份面向儿童的每周增刊，他把这个任务交给了艾尔热。经过紧锣密鼓的准备，艾尔热任主编的《年轻的20世纪》第一期创刊号于同年11月1日正式发行。那个时期，艾尔热所绘的漫画大都改编自别人的脚本，画面还是上图下文的传统欧洲图示故事模式。不久，艾尔热觉得这种方法

人物档案

姓　　名：乔治·雷米
生卒日：1907.5.22 ～ 1983.3.3
国　　籍：比利时
身　　份：漫画家
重大成就：创作丁丁系列漫画

束缚了自己的想象力。于是他模仿当时美国的报纸连环漫画，将大量对白直接写在图中的语言圈里，再利用蒙太奇的分格手法串联故事，开始创造属于他自己的漫画主人公。他从众多草图中选择了一个圆脸、头发翘起的小伙子，给他起了一个响亮的名字"丁丁（TINTIN）"，又把自己女友的名字"咪罗"给了丁丁的忠实伙伴——小白狗（英文版里叫白雪）。

　　1929 年 1 月 10 日是欧洲漫画史上著名的一天，《丁丁在苏联》正式连载。这一年，艾尔热只有 21 岁。1934 年，比利时的出版社成为《丁丁历险记》的出版商。同年，遇见中国学生张充仁，促成艾尔热创作生涯的关键性转折。艾尔热开始重视故事主线的重要性和真实背景的必要性，并开始认真对待有关丁丁的创作。1929 年到 1985 年，是丁丁不断冒险的 56 年，也是丁丁漫画从人物形象塑造到艺术成就，到思想内涵，成长发展的 56 年。半个多世纪以来，《丁丁历险记》被译成 48 种文字，迄今已销售出 1.44 亿册，走遍了世界各大洲。"丁丁"影响了好几代不同肤色、不同国籍的少年儿童，他们通过艾尔热的画册，和"丁丁"一起遨游世界，增长见闻，甚至有的人后来以"丁丁"为榜样，开始自己的记者生涯。法国前总统戴高乐说："生活的坎坷能和我相比的，世界上只有一个人，这个人就是丁丁。"

丁丁之父——艾尔热

直击成功　　艾尔热用一生创作了《丁丁历险记》漫画集 25 部，为人们留下了一笔丰厚的精神遗产。成功，需要有目标，更需要努力。艾尔热不只有梦想，更有行动，并且坚持了 70 年，所以他成功了。

21 古希腊伟大的哲学家——柏拉图

整理：李娟　卫丽莉

柏拉图生于雅典贵族家庭，母亲出身于名门望族。早年丧父，母亲改嫁，继父是伯里克利的朋友。柏拉图青年时参加过伯罗奔尼撒战争，目睹了雅典民主制的衰败与无能。柏拉图受过良好的教育，涉足哲学和文学，并和当时的其他贵族子弟一样热衷于政治。20岁时成为苏格拉底的弟子，一生景仰其师的思想和人格。

三十寡头执政期间，他的舅父和表弟均是寡头，但他不满于寡头的暴力镇压手段，对他们企图假苏格拉底之手害人的行径更感厌恶，因此拒绝参与寡头政治。民主制复辟后雅典法庭处死苏格拉底，使柏拉图对现存的一切政体感到失望，决心通过哲学改变统治者，以此改造国家。

怀着这一政治抱负，他三下西西里岛，企图通过教育独裁者的途径建立新的政体。公元前388年，他第一次去西西里岛时触怒了叙拉古国王狄奥尼索斯一世，被送往市场当作奴隶拍卖，幸

人物档案

姓　名：柏拉图
生卒年：约公元前 427 ~ 公元前 347
国　籍：希腊雅典
身　份：哲学家
重大成就：《伊壁鸠鲁篇》《苏格拉底的申辩》《克力同篇》《斐多篇》

遇昔兰尼派哲学家阿尼克里出资为其赎身。公元前 367 年狄奥尼索斯一世去世，他应邀再去西西里岛教育狄奥尼索斯二世，与国王的舅父狄翁友情笃厚。狄翁与国王发生内讧后被迫离开西西里岛，柏拉图也返回雅典。公元前 361 年又应国王邀请去西西里岛传授哲学，但终未能实现自己的政治计划，次年返回雅典。狄翁于公元前 357 年成为叙拉古的统治者，但不久即遭谋杀。柏拉图的政治理想遂彻底破灭。

在政治事业屡遭失败的同时，柏拉图的哲学事业却获得成功。公元前 387 年自西西里岛返回雅典之后，他在以希腊英雄阿卡德穆命名的运动场附近创立学园，这是西方最早的高等学府。柏拉图在那里除讲授哲学之外，还讲授数学、天文学和声学、植物学等自然科学知识，但以哲学为最高课程。学园的目标不是传授实用的技艺，而是注重思辨的智慧，吸引了各地的学生到此学习。

亚里士多德在悼念他的诗文中写道："对于这样一个奇特的人，坏人连赞扬他的权利也没有，他们的嘴里道不出他的名字。正是他，第一次用语言和行动证明，有德行的人就是幸福的人，我们之中无人能与他媲美。"

柏拉图才思敏捷，研究广泛，著述颇丰。以他的名义流传下来的著作有 40 多篇，另有 13 封书信。他在哲学、教育学、伦理学和文学方面做出了重要的贡献，也因为他卓越的人格而备受尊重。

古希腊伟大的哲学家——柏拉图

直击成功　柏拉图专心事业，善于思辨，广泛涉猎各种知识，以他高尚的人格得到更多的尊重。他的作品是西方文化的奠基文献。在西方哲学的各个学派中，很难找到没有吸收过他的著作的学派。在后世哲学家和基督教神学中，柏拉图的思想保持着巨大的辐射力，被称为西方哲学的奠基人。

22 残奥会创始人——路德维格·古特曼

■ 整理：李娟　卫丽莉

路德维格·古特曼是德国人，他是残疾人奥林匹克运动的创始人。

路德维格·古特曼在第二次世界大战期间，一直工作在布雷斯劳，后到英国工作。1944 年，应英国政府的要求，路德维格·古特曼爵士在斯托克·曼德维尔医院开办了一个脊髓损伤康复中心，以一种新的方式把体育作为一个主要部分引入残疾人整体康复治疗计划中。残疾人康复性运动很快就演进为休闲运动，随后在几年之内又成为竞技性运动。

1948 年 7 月 28 日，在伦敦奥运会开幕式当天，首届专为坐轮椅的残疾运动员组织的斯托克·曼德维尔运动会也成功开幕。英国曼德维尔医院国立脊髓损伤中心所长路德维格·古特曼爵士在该医院内举行了由 16 名轮椅运动员参加的体育比赛，荷兰退役老兵也参加了这次运动会。1952 年，他发起成立了国际轮椅联合会即国际斯托克·曼德维尔运动联盟，其宗旨是：友谊、团结、体育精神。以后该赛事固定下来，每年都举办国际斯托克·

人物档案

姓　　名：路德维格·古特曼
生卒日：1899.7.3 ～ 1980.3.18
国　　籍：德国
身　　份：医生
重大成就：残疾人奥林匹克运动的创始人

曼德维尔运动会,至1959年,已举行了8届国际残疾人运动会。1960年,经过英国的路德维格·古特曼爵士和意大利的安东尼娅·马里奥教授为期两年的精心组织策划,在罗马第十七届奥运会结束两周后,举办了第一届世界残疾人奥林匹克运动会,来自世界23个国家的400名残疾人运动员参加了8个项目的竞赛。

古特曼医生在举办为残疾人创立的第一届国际性体育比赛后,倡导残疾人体育运动比赛规则的建立,并提出残疾人体育运动体位分级的观点。因为古特曼医生观察到选手比赛时,因身体发生障碍的部位不同,导致裁判的评判不一,致使比赛缺乏公平的原则,因此他认为体位分级的鉴定与分类比赛规则的建立是十分必要的。

由于古特曼医生的倡导,残疾人奥林匹克运动会至今已成功举办13届,为残奥事业作出了不可磨灭的贡献,他也被称为"残疾人奥运会的顾拜旦"。

残奥会创始人——路德维格·古特曼

直击成功 残疾人奥林匹克运动会之所以形成并能够得到不断发展,得益于路德维格·古特曼医生对于体育运动的认知以及执著的开创精神,是他促使体育活动结合于残疾人康复治疗与健身的方法得以实施,并能够在实践活动中让更多的人接纳与受益。路德维格·古特曼对残奥运动的贡献正如罗马教皇约翰二十三世所言:"古特曼医生是残奥运动的顾拜旦。"

23 世界语的发明者——柴门霍夫

整理：史运久　张云霞

柴门霍夫是世界语的创始人，生于波兰一个犹太人的家庭，他的故乡是波兰东部的一个小城镇——比亚里斯托克，在这里居住着犹太人、日耳曼人、波兰人、俄罗斯人。当时帝俄统治着波兰，经常屠杀犹太人，并且制造民族纠纷。幼年的柴门霍夫见到这种情况非常痛心，他立志要创造一种平等中立的语言，以增进各民族的互相了解和友谊，进而消除他们之间的隔阂和仇恨，实现天下大同，人类一家。

柴门霍夫的父亲是一位语文教师，这为他学习语言创造了良好的条件。在童年时代，柴门霍夫就学会了波兰语、俄语、德语。上中学以后，他勤奋学习，又掌握了拉丁语、希腊语、法语、英语、乌克兰语。从16岁起就开始致力于国际语的研究，他仔细分析各种语言的特点，探索它们之间的规律，经过两年多的刻苦钻研，终于完成了世界语的初步方案，这时他才19岁。

人物档案

姓　　名：柴门霍夫
生卒日：1859.12.15 ~ 1917.4.14
国　　籍：波兰
身　　份：医生
重大成就：世界语的创始人

为了庆祝新语言的诞生，柴门霍夫邀请同班同学到自己家里聚会。这批年轻人，第一次使用这种新的语言，热情地朗诵了自己创作的诗歌。但是，柴门霍夫的行动受到社会的无情嘲笑和非难，甚至被斥责为"狂妄"。在舆论的压力下，他的父亲也严厉予以制止。为了不影响儿子的学业，让他集中精力学习医学，在他去莫斯科上大学时，他父亲竟狠心地把有关材料烧掉了。然而任何打击也动摇不了柴门霍夫的意志，他坚信自己从事的事业对人类是有益的。大学毕业以后，一面从医，一面以顽强的毅力继续对国际语进行研究，并用这种新的语言，进行大量的翻译和创作实践，不断地修改自己的语言方案，使之日臻完善。

1887年7月，当他28岁时，在岳父的资助下，他以"希望者博士"的名义，自费出版了《第一书》，正式公布了世界语方案，并放弃著作权。次年，他又声明自己不愿做新语言的创造者，只作一个发起人，他宣布把世界语交给群众，让它在实践中接受检验并得到发展。此后，他继续日间行医，夜间致力于世界语的译著和通信工作，他甚至把自己的财产都献给了世界语的发展和推广。经过18年的千辛万苦，终于迎来了1905年法国布洛涅"第一届国际世界语大会"的召开。从这以后，世界语便逐渐在全世界传播开来。

1917年，柴门霍夫病逝于第一次世界大战的波兰战区，年仅58岁。他的一生虽然是短暂的，但他对人类的贡献却是巨大的，值得人们永远纪念。联合国教科文组织决定把他列为"世界文化名人"之一，以表彰他对人类的贡献。

世界语的发明者——柴门霍夫

直击成功 柴门霍夫出生在不同民族交汇的地方，目睹了民族之间的矛盾和冲突，因此他很小时，就想用一生致力于世界的和平事业。在父亲反对的情况下，依然坚持世界语的研究，并最终创立了世界语，世界语成为柴门霍夫实现和平和不同文化交流理想的希望。这种执著的精神让后人敬佩。

01 近代实验科学的先驱——伽利略

整理：吕敬军　姚丽华

伽利略出生在意大利西部海岸的比萨城，父亲是一位不得志的音乐家。

伽利略从小受到了良好的家庭教育。在12岁时，伽利略进入佛罗伦萨附近的瓦洛姆布洛萨修道院，接受古典教育。17岁时，他进入比萨大学学医，同时潜心钻研物理学和数学。由于家庭经济困难，伽利略没有拿到毕业证书便离开了比萨大学。在艰苦的环境下，他仍坚持科学研究，攻读了欧几里得和阿基米德的许多著作，做了许多实验，并发表了许多有影响的论文，从而受到了当时学术界的高度重视，被誉为"当代的阿基米德"。

有一次，伽利略来到他熟悉的比萨大教堂。他坐在一张长凳上，目光凝视着那雕刻精美的祭坛和拱形的廊柱。蓦地，教堂大厅中央的巨灯晃动起来，是修理房屋的工人在那里安装吊灯。这本来是件很平常的事，可是，伽利略却像触了电一样，目不转睛地跟踪着摆动的吊灯。同时，他用右手按着左腕的脉搏，计算吊灯摆动的时间。他想，书本上明明写着这样的结

人物档案

姓　　名：伽利略
生卒日：1564.2.15 ~ 1642.1.8
国　　籍：意大利
身　　份：物理学家、天文学家和哲学家
重大成就：著有《星际使者》《关于太阳黑子的书信》《关于托勒密和哥白尼两大世界体系的对话》等

论，摆经过一个短弧要比经过长弧快些，难道是自己的眼睛出了毛病，还是另有蹊跷。他像发狂似的跑回大学宿舍，找了不同长度的绳子、铁链、铁球、木球，在房顶上、在窗外的树枝上，着迷般地一次又一次地重复实验，并用沙漏记下摆动的时间。最后，伽利略大胆地得出这样的结论：亚里士多德的结论是错误的，决定摆动周期的是绳子的长度，和它末端的物体重量没有关系。这就是伽利略发现的摆的运动规律。

1590 年，伽利略在比萨斜塔上做了"两个铁球同时落地"的著名实验，从此推翻了亚里士多德"物体下落速度和重量成比例"的学说，纠正了这个持续了 1900 年之久的错误结论。

1609 年，伽利略创制了天文望远镜 (后被称为伽利略望远镜)，并用来观测天体，他还亲手绘制了第一幅月面图。1610 年 1 月 7 日，伽利略发现了木星的四颗卫星，为哥白尼学说找到了确凿的证据，标志着哥白尼学说开始走向胜利。为了纪念伽利略的功绩，人们把木卫一、木卫二、木卫三和木卫四命名为"伽利略卫星"。

伽利略的晚年生活极其悲惨，照料他的女儿赛丽斯特竟然先于他离开人世。失去爱女的悲伤，使伽利略双目失明。但即使在这样的条件下，他依然没有放弃自己的科学研究工作。在他离开人世的前夕，他还重复着这样一句话："追求科学需要特殊的勇气。"

近代实验科学的先驱——伽利略

直击成功 伽利略不仅努力学习，而且喜欢向老师提出问题。哪怕是人们司空见惯、习以为常的一些现象，他也要打破砂锅问到底，弄个一清二楚。伽利略以系统的实验和观察推翻了以亚里士多德为代表的、纯属思辨的传统的自然观，开创了以实验事实为根据并具有严密逻辑体系的近代科学。因此，他被称为"近代科学之父"。

02 电动力学的先创者——安培

整理：袁佩琳　杨世凯

安培小时候记忆力极强，数学才能出众。他还经常到图书馆看书，自学《科学史》、《百科全书》等著作。安培对数学最着迷，13岁就发表第一篇数学论文，论述了螺旋线。

安培思考问题非常专心致志。有一次，安培正慢慢地向他任教的学校走去，边走边思索着一个电学问题。经过塞纳河的时候，他随手拣起一块鹅卵石装进口袋。过一会儿，又从口袋里掏出来扔到河里。到学校后，他走进教室，习惯性地掏出怀表看时间，拿出来的却是一块鹅卵石。怀表已被他当成鹅卵石扔进了塞纳河。

还有一次，安培在街上散步。走着走着，想出了一个电学问题的算式，正为没有地方运算而发愁。突然，他见到面前有一块"黑板"，就拿出随身携带的粉笔，在上面运算起来。那"黑板"原来是一辆马车的车厢背面，马车走动了，他也跟着走，边走边写。马车越来越快，他就跑了起来，一心一意要完成他的推导，直到他实在追不上马车了才停下脚步。安培这个失常的行为，使街上的人笑得

人物档案

姓　名：安德烈·玛丽·安培
生卒日：1775.1.22 ～ 1836.6.10
国　籍：法国
身　份：物理学家、化学家、数学家
重大成就：发现了安培定则、发明了电流计、总结了电流元之间的作用规律——安培定律

前仰后合。

　　安培对电磁学领域中的基本原理有着重要发现。1820年7月21日，丹麦物理学家奥斯特发现了电流的磁效应。由于法国物理学界长期信奉库仑关于电、磁没有关系的信条，这个重大发现使他们受到极大的震动。法国物理学家迅速作出反应，阿拉果向法国科学院报告了奥斯特的实验细节。

　　安培听了报告之后，第二天就重复做了奥斯特的实验，并于9月18日向法国科学院报告了第一篇论文，提出了磁针转动方向和电流方向的关系服从右手定则，以后这个定则被命名为安培定则。不久又提出了电流方向相同的两条平行载流导线互相吸引，电流方向相反的两条平行载流导线互相排斥，阐述了各种形状的曲线载流导线之间的相互作用。

　　后来，安培又做了许多实验，并运用数学技巧于1826年总结出电流元之间作用力的定律，描述两电流元之间相互作用同两电流元的大小、间距以及相对取向之间的关系，人们把这个研究成果称为安培定律。安培还第一个把研究动电的理论称为"电动力学"，并于1822年出版了《电动力学的观察汇编》。此外，安培还发现电流在线圈中流动的时候表现出来的磁性和磁铁相似，创制出第一个螺线管，在这个基础上发明了探测和量度电流的电流计。

　　1836年，安培以大学学监的身份外出巡视工作，不幸途中染上急性肺炎，医治无效，在马赛去世，终年61岁。后人为了纪念安培，用他的名字来命名电流强度的单位，简称"安"。

电动力学的先创者——安培

直击成功

　　天才是百分之九十九的汗水加上百分之一的灵感。在观察的领域中，机遇只偏爱那种积极思考、准备充分的人。安培这些成就的取得，反映了他作为物理学家思想的敏捷与高超的数学水平，也反映了他锲而不舍的钻研精神。

03 电池的发明者——伏特

整理：袁佩琳　杨世凯

伏特是伟大的意大利物理学家、发明家，是第一个使人类获得稳定持续电流的人。

伏特24岁时发表了静电学著作《论电的吸引》，引起了科学界的注意。29岁成为物理学教授，在电学等方面作出了重要的贡献。1791年，伏特被聘请为英国皇家学会国外会员，1794年被授予科普利奖章。后来伏特还被选为巴黎科学院的国外院士。

在伏特所处的时代，人们只停留在对静电现象的研究上。1780年，意大利物理学家伽伐尼发现了"动物电"现象。在此研究成果的启发下，伏特于1792年开始研究"动物电"及相关效应。他通过大量的实验，否定了"动物电是动物固有的"这一说法，而是产生于由两类导体（两种金属和液体）所组成的电路中。不同种类的金属接触时彼此都起电（叫接触电），这就是著名的电的接触学说。他以不同的金

人物
档案

姓　　名：亚历山德罗·伏特
生卒日：1745.2.18 ～ 1827.3.5
国　　籍：意大利
身　　份：物理学家、发明家
重大成就：发明电池

属联成环状接触青蛙腿及其背，从而使活的青蛙痉挛，这就证实了"动物电"产生于两种不同金属的接触。实验中他还观察到电不仅产生颤动，还影响视觉和味觉神经。为了取得较强的效应，伏特把若干种导体连接起来进行了长期实验，终于在 1799 年研制成第一个长时间持续的电流源，即"伏打电堆"。

接着他又发明了伏打电池。伏特电池是 19 世纪初具有划时代意义的、最伟大的发明。这一发明在此后相当长的时间内成为人们获得稳定持续电流的唯一手段，并由此开拓了电学研究的新领域。使电学从静电现象的研究进入到动电现象的研究，导致了电化学、电磁联系等一系列重大发现。正是依靠足够强的持续电流，1820 年丹麦物理学家奥斯特发现了电流的磁效应。而这又导致了 1831 年英国物理学家法拉第发现了电磁感应现象等，使电磁学取得了突飞猛进的发展。

1801 年伏特去巴黎，在法国科学院表演了他的实验，当时拿破仑也在场。拿破仑立即下令授予伏特一枚特制金质奖章和一份养老金，于是拿破仑成为伏特的保护人。 1804 年伏特要求辞去帕维亚大学教授职务而退休时，拿破仑拒绝了他的要求，而是赐予他更多的名誉和金钱，并授予他伯爵称号。

伏特的晚年是在坎纳戈别墅和科莫附近度过的，完全过着一种隐居的生活。1827 年伏特去世，终年 82 岁。人们为了纪念这位最先为人类提供稳定电流的科学家，将电动势和电位差的单位以他的姓氏命名为"伏特"，简称"伏"。

直击成功　伏特少年时就对科学产生了浓厚兴趣，是勇于探索的实验大师。"少提出理论，多做实验"是伏特成功的秘诀。对实验研究的热情和执著，使他安然地度过了那个激烈变化的历史时期，无论是谁当权，他都受到了尊敬。同时他对政治毫不关心，只专心于他的研究。他是一位真正的科学巨匠。

04 世界十大奇迹人物之一——欧姆

整理：吕敬军 杜凤双

欧姆，全名乔治·西蒙·欧姆，出生于德国埃尔兰根城。当欧姆还是少年时，他的父亲就教他数学和物理方面的知识，唤起了欧姆对科学的兴趣。欧姆的父亲是一个技术熟练的锁匠，欧姆从小就受到有关机械技能方面的训练，这对他后来进行研究工作，特别是自制仪器有很大的帮助。

欧姆在 1803 年考入埃尔兰根大学，但由于家庭经济困难，于 1806 年被迫退学，后到一所中学教书。通过自学，1811 年他又重新回到埃尔兰根完成了大学学业，并于 1813 年获得哲学博士学位。1817 年，他的《几何学教科书》出版，同年应聘到科隆大学预科教授物理学和数学。在该校的实验室里，欧姆作了大量的实验研究，完成了一系列重大发明。

欧姆的研究工作是在十分困难的条件下进行的，因为当时的图书资料和研究仪器都很匮乏。他在教学工作之余，就自己动手设计和制造仪器来进行有关的实验研究。1826 年，欧姆发现了电学上的一条重要定律——欧

人物档案

姓　名：乔治·西蒙·欧姆
生卒日：1787.5.16 ~ 1854.7.7
国　籍：德国
身　份：物理学家
重大成就：发现了电学上的一个重要定律——欧姆定律

姆定律，这是他的重大成就。这个定律在我们今天看来似乎很简单，然而它的发现过程却并不是一般人想象的那么简单，欧姆为此付出了艰辛的劳动。在那个年代，人们对电流强度、电压等概念都还不大清楚，特别是对电阻的概念，当然也就根本谈不上对它们进行精确测量了。

欧姆的研究成果最初公布时，没有引起科学界的重视，并受到一些人的攻击。但是欧姆并没有动摇和沮丧，仍然坚持自己的研究工作。发表欧姆论文的《化学和物理杂志》主编施韦格（电流计发明者）写信给欧姆说："请您相信，在乌云和尘埃后面的真理之光最终会透射出来，并含笑驱散它们。"七、八年之后，随着研究电路工作的进展，人们逐渐认识到欧姆定律的重要性，欧姆本人的声誉也大大提高。

1841年，英国皇家学会授予欧姆科普利奖章，科普利奖是当时科学界的最高荣誉。欧姆定律及其公式的发现，给电学的计算带来了很大方便。后人为纪念欧姆，把电阻的单位命名为"欧姆"。欧姆的名字也被用于其他物理及相关技术中，比如"欧姆接触"、"欧姆杀菌"、"欧姆表"等，欧姆也被称为世界十大奇迹人物之一。

世界十大奇迹人物之一——欧姆

直击成功　　欧姆在大学期间生活困难，但处于逆境中的他仍坚持学习和研究，终于发现了电学最基本的定律之一——欧姆定律。从欧姆身上我们看到了强者成功的足迹，正如施韦格所说的："请您相信，在乌云和尘埃后面的真理之光最终会透射出来，并含笑驱散它们。"

05 推动整个世界的发明家——瓦特

整理：吕敬军　任红椒

瓦特出生于英国格拉斯哥。受祖父和父亲的影响，瓦特从小就接触和了解了不少技术方面的知识，他对探索事物的奥秘颇有兴趣，并养成了独立思考的习惯。在学校里，他不喜欢与小朋友们打闹，只爱独自沉思默想。

有一天，小瓦特在家里看见一壶水开了，蒸汽把壶盖顶得噗噗地跳，这种在常人眼里司空见惯的现象，却引起了他浓厚的兴趣。他目不转睛地凝视着那跳动的壶盖和冒出的蒸汽，苦思冥想其中的奥秘，一直看了一个多小时。正是这种好奇心和寻根问底的精神，引导他去努力探索自然界的种种奥秘，攀登科学的高峰。

由于身体不好，瓦特没到毕业就退学了。他在家里坚持自学了天文学、化学、物理学和解剖学等多学科知识，并自学了好几种外语。瓦特17岁时到格拉斯哥的一家钟表店里当学徒，他在业余时间刻苦学习，进一步掌握了许多科技原理，并在当时就动手制造过技术要求较高的罗盘、经纬仪等。21岁

人物档案

姓　　名：詹姆斯·瓦特
生卒日：1736.1.19 ~ 1819.8.19
国　　籍：英国
身　　份：发明家、科学家
重大成就：改良了蒸汽机、发明了气压表等

那年，他来到了格拉斯哥大学当教具实验员，负责修理和制造仪器，这使他进一步熟悉了当时一些较先进的机械技术。

1690年，法国人巴比首先发明了第一台活塞式蒸汽机，但他未能制成实用的蒸汽机。1698年，英国的一位技师塞莱斯发明了实用的无活塞式蒸汽机，但受当时材料和技术的限制，没有得到推广。直到18世纪，英国的铁匠纽科门才制成第一台能把热能转变为机械能的较原始的蒸汽机，这种蒸汽机结构不合理，耗煤多，活塞只能作往复运动，不能做旋转运动，因此热机效率较低。

瓦特也开始研究改进蒸汽机。通过大量的实验以及根据对格拉斯哥大学教授布莱克提出的潜热、比热理论的分析，瓦特对旧式蒸汽机进行了深入研究，找出了效率低的主要原因，提出了减少蒸汽消耗、提高热机效率两项措施，并决心自己制造一台新的蒸汽机，来改进旧机器的不足。瓦特自筹资金，租了间地下室，买了必要的设备，反复实验。经历了无数次挫折和失败，终于发明了能普遍用于工业和交通运输业的"万能动力机"。这种高效率的蒸汽机很快取代了旧式的蒸汽机，被各工业部门迅速采用。它有力地促进了欧洲18世纪的产业革命，推动世界工业进入"蒸汽时代"。

瓦特在英国和欧洲大陆各国的学术界和科学界享有崇高的地位。后人为了纪念瓦特这位伟大的发明家，把常用的功率单位定为"瓦特"，简称"瓦"。他的英名将永远刻在人类的科技史上。

推动整个世界的发明家——瓦特

直击成功　瓦特为什么能取得如此大的成就呢？因为他从小就对周围的事物有着强烈的好奇心，并且有寻根问底的精神。他十分重视学习和实践。通过学习，丰富了他的知识；而实践，使知识结出了丰硕的成果。茂盛的禾苗需要水分，成长的少年需要学习。请记住：纸上得来终觉浅，绝知此事要躬行。

06 分子动力学研究的先驱——焦耳

整理：袁佩林　彭雪

焦耳是英国著名的物理学家，从小就很喜爱物理学。他常常自己动手做一些关于电、热之类的实验，可以说是一位靠自学成才的杰出科学家。

焦耳最初的研究方向是电磁机，他想将父亲酿酒厂中应用的蒸汽机替换成电磁机以提高工作效率。虽然焦耳的最初目的没有达到，可是他从实验中发现电流可以做功，这激发了他进行深入研究的兴趣。

焦耳把环形线圈放入装水的试管内，测量不同电流强度和电阻的水温。通过这一实验，他发现：导体在一定时间内放出的热量与导体的电阻及电流强度的平方之积成正比。四年之后，俄国物理学家楞次公布了他的大量实验结果，从而进一步验证了焦耳关于电流热效应结论的正确性，因此该定律被称为焦耳－楞次定律。

1843年，焦耳设计了一个新实验：将一个小线圈绕在铁芯上，用电流计测量感生电流，把线圈放在装水的容器中，测量水温以计算热

人物档案

姓　名：詹姆斯·焦耳
生卒日：1818.12.24 ～ 1889.10.11
国　籍：英国
身　份：物理学家
重大成就：发现焦耳定律，测定热功当量，在热力学方面取得巨大成就

量。这个电路是完全闭合的，没有外界电源供电，水温的升高是机械能转化为电能，电能又转化为热量的结果，整个过程不存在热质的转移。

1847 年，焦耳做了迄今为止被认为设计思想最巧妙的实验：他在量热器里装了水，中间安上带有叶片的转轴，然后让下降重物带动叶片旋转。由于叶片和水的摩擦，水和量热器都变热了。根据重物下落的高度，可以算出转化的机械功。根据量热器内水升高的温度，就可以计算水内能的升高值。把两数进行比较就可以求出热功当量的准确值。

焦耳还用鲸鱼油和汞代替水来做实验，不断改进实验方法。直到 1878 年，这时距他开始进行这一工作已将近 40 年了，他前后用各种方法进行了四百多次实验。他在 1849 年用摩擦使水变热的方法所得的结果跟 1878 年的基本相同，即为 423.9 千克重米 / 千卡。这个重要的物理常数的测定，能保持 30 年而不作较大的更正，这在物理学史上是极为罕见的。这个值当时被大家公认为热功当量的值，它比现在热功当量的公认值约小 0.7%。在当时的条件下，能做出这样精确的实验来，说明焦耳的实验技能是多么的高超啊！

1850 年，焦耳凭借他在物理学上作出的重要贡献成为英国皇家学会会员，两年后他接受了皇家勋章。许多外国科学院也给予他很高的荣誉。

后人为了纪念他对科学发展的功绩，把功和能的单位定为"焦耳"。

分子动力学研究的先驱——焦耳

直击成功

在探索科学的道路上，物理学家焦耳充分显示了自己对科学执著追求的品质和精神。他求知好学，专注执著。遇到困难时，勇于探索，敢于尝试。焦耳成功的经历告诉我们：做事情要持之以恒，善于从生活的细节中发现规律，大胆想象，并积极实践，认真思考、总结，虚心请教，这样才可能获得成功。

07 中国科学史上的坐标——沈括

整理：吕敬军　杜凤双

　　沈括生于浙江钱塘（今浙江杭州市）的一个官僚家庭。他的父亲沈周曾在泉州、开封、江宁做过地方官，母亲许氏是一个有文化有教养的妇女。沈括自幼勤奋好学，在母亲的指导下，14岁就读完了家中的藏书。后来他跟随父亲到过福建泉州、江苏润州、四川简州和京城开封等地，有更多机会接触社会，增长了不少见闻，也显示出了超人的才智。

　　沈括在物理学研究方面的成果是极其丰富而珍贵的。沈括在前人的基础上，对光的直线传播有了更加深刻的理解。为说明光是沿直线传播的这一性质，他在纸窗上开了一个小孔，使窗外的飞鸟和楼塔的影子成像于室内的纸屏上。根据实验结果，他生动地指出了物、孔、像三者之间的直线关系。此外，沈括还运用光的直线传播原理形象地说明了月相的变化规律和日月食的成因。在《梦溪笔谈》中，沈括还对凹面镜成像、凹凸镜的放大和缩小作用作了通俗、生动的论述。他对我国古代流传下来的所谓"透光镜"的透光原因也作了一些科学的解释，推动了后来对"透光镜"的研究。

在声学方面，沈括在《梦溪笔谈》中精心地设计了一个声学共振实验。他剪了一个纸人，把它固定在一根琴弦上，弹动该琴弦频率成简单整数比的琴弦时，琴弦的振动使纸人跳跃，而弹动其他琴弦时，纸人则不动。沈括把这种现象叫做"应声"，用这种方法演示共振是沈括的首创。

在磁学方面，沈括对磁学的研究成就卓著，是世界上第一个发现指南针不正指南北，而是略向东偏的人。他在《梦溪笔谈》一书中写道："方家以磁石磨针锋，则能指南，然常微偏东，不全南也。"这说明当时已知道磁针所指的南北方向不是地理上的正南正北方向，揭示出地磁偏角的存在。而西方直到400年后的1492年，哥伦布横渡大西洋发现新大陆时，才观测到地磁偏角。

"人间四月芳菲尽，山寺桃花始盛开。"当读到这句诗时，沈括的眉头拧成了一个结。"为什么我们这里花都开败了，山上的桃花才开始盛开呢？"为了解开这个谜团，沈括亲自上山进行实地考察。四月的山上，乍暖还寒，凉风袭来，冻得人瑟瑟发抖，但却让沈括茅塞顿开。原来山上的温度比山下的低很多，因此花季才来得比山下晚。正是由于沈括的这种求索精神和执著毅力，才使他成为我国历史上最卓越的科学家之一。

直击成功 　沈括晚年所著的《梦溪笔谈》，详细地记载了劳动人民在科学技术方面的卓越贡献和他自己的研究成果。《梦溪笔谈》不仅是我国古代的学术宝库，而且在世界文化史上也有着重要的地位，被英国学者李约瑟誉为"中国科学史上的坐标"。沈括持之以恒的研究精神和对科学的巨大贡献，值得我们每一个人学习。

08 电磁感应的发现者——法拉第

整理：袁佩琳　尤嘉丽

法拉第出生于英国萨里郡纽因顿的一个铁匠家庭。迫于生计，13岁时法拉第就在一家书店当送报员和装订书籍的学徒，这使他有机会接触到各类书籍。每当他接触到有趣的书时就贪婪地读起来，尤其是百科全书和有关电的图书，简直使他着迷。读后他还会临摹插图，工工整整地写读书笔记。有时为了弄懂遇到的问题，法拉第就用一些简单的器皿进行实验，仔细观察和分析实验结果，为此，他还把自己的阁楼变成了一个小实验室。

有一次，法拉第去听著名科学家戴维的讲座。他认真地记笔记，并把它装订成精美的书册。然后于1812年圣诞节前夕，把这本笔记和一封毛遂自荐的信一起寄给了戴维。在戴维的介绍下，法拉第进入了皇家学院实验室并当了他的助手。

法拉第敢于大胆地进行各种实验，甚至不惜冒着生命危险。有一次作氯气实验，明知氯有毒，还亲自吸入氯气以验证其性质。这种甘冒风险的牺牲精神，使他迅速取得了一系列成就。

姓　名：迈克尔·法拉第
生卒日：1791.9.22 ～ 1867.8.25
国　籍：英国
身　份：物理学家、化学家
重大成就：发现电磁感应，提出"场"的概念法拉第最出色的研究成果是发现电磁感应和提出"场"的概念。1821 年，在读过奥斯特关于电流磁效应的论文后，法拉第被这一全新的领域深深吸引。法拉第确信客观事物本身应该是对称的，既然电能生磁，反过来，磁也应该能产生电。1821 年至 1831 年间，法拉第做了大量实验，历经多次失败，断断续续地研究了将近 10 年，终于在 1831 年 8 月 26 日取得成功。这次实验在给一组线圈通电（或断电）的瞬间，在另一组线圈获得了感生电流，他称之为"伏打电感应"。同年的 10 月 17 日，法拉第又完成了在闭合线圈中激发电流的实验，他称之为"磁电感应"。经过大量实验后，他终于实现了"磁生电"的夙愿，创制出世界上第一台感应发电机，宣告人类电气时代的到来。

1837 年，他发现了电介质对静电过程的影响，提出了以近距"邻接"作用为基础的静电感应理论。不久以后，他又发现了抗磁性。在这些研究工作的基础上，他形成了"电和磁的作用是通过中间介质，从一个物体传到另一个物体"的思想。于是，介质成了"场"的场所，为建立电磁场的理论体系打下了基础。

后世的人们，选择了法拉作为电容的国际单位，以纪念这位物理学大师。

直击成功　　　法拉第自幼家境贫寒，未受过系统的正规教育，但却在众多领域中取得惊人的成就，这在历史上是罕见的，他堪称刻苦勤奋、探索真理的典范。法拉第对科学坚忍不拔的探索精神、为人类文明进步无私的奉献精神，连同他的杰出的科学贡献，永远被后人敬仰。

09 光纤之父——高锟

整理：袁佩琳　尤嘉丽

高锟出生于上海，曾住在法租界。高锟的父亲是位律师，家境富裕。1949 年，高锟随父母前往香港，就读于圣约瑟书院。后前往英国伦敦大学攻读电机工程，并于 1957 年及 1965 年分别获学士和哲学博士学位。1957 年，高锟开始从事光导纤维在通讯领域中的运用研究。1987 年 10 月，高锟出任香港中文大学第三任校长，并于 1996 年当选为中国科学院外籍院士。

20 世纪 50 年代，传统的无线电传输已经无法满足人们对通讯日益增加的要求，有关低损耗的传输研究工作已开始起步。当时，仍在攻读博士学位的高锟，就提出了以几何光学和波动学学说来进一步理解"波导"问题的全新想法。60 年代初，激光已经发明，但光通信还未成气候。高锟果断指出："我们怎么可以断定激光没有前途？如果光通信仅仅停留在理论阶段，

姓　名：高锟
生　日：1934.12.5
籍　贯：上海市
身　份：物理学家
重大成就：在"有关光在纤维中的传输已用于光学通信方面"取得了突破性成就

那就太可惜了。"

高锟坚持对自己的想法进行科学实验。在此后两年多的时间里，他埋头作研究，最终认定了廉价的玻璃是最可用的透光材料。他为此写成了一篇论文，于1966年7月发表在英国电子工程学会的年报上，在学术界引起了很大的轰动。文章发表之日，即被后世视为光纤通信诞生之时。

在其后的几年间，高锟带领团队进一步提高实验成果。面对质疑与批评，他和他的团队信念坚定、热情不减。一次因为常常晚回家吃饭而被妻子责备，他就说："别生气，我们正在做的是非常振奋人心的事情，终有一天它会震惊全世界。"

2009年瑞典皇家科学院宣布，将诺贝尔物理学奖授予英国华裔科学家高锟以及两位美国科学家，这离高锟首次提出用玻璃纤维作为光波导体用于通信的理论已事隔43年。

高锟曾说"自己不是一个太有趣的人，没有什么大喜大悲，一直以来都太过平稳"，可他身上有种难能可贵的、内在性的处世方式。"那是一种真诚的羞涩、从容的敏捷和冷静的善良"，而且就像任何一个伟大的科学家一样，他有一颗为科研而燃烧的心，会给许多科研工作者及年轻一代带来很深的启发。

光纤之父——高锟

直击成功　高锟力排众议，创见性地提出了能改变人类生活的光纤通信。他坚持进行长期、艰苦的实验，反复探索论证，并最终创造出了用一根玻璃管子改变整个世界的奇迹。我们应把他踏实努力的科研精神、善于抓住机遇的洞察力、坚定不移的理想信念扎扎实实地贯彻到我们做人做学问的方方面面中。

10 经典力学体系的奠基人——牛顿

整理：吕敬军　高丽媛

牛顿童年时兴趣广泛。传说小牛顿把风车的机械原理摸透后，自己制造了一架磨坊的模型。他将老鼠绑在一架有轮子的踏车上，然后在轮子的前面放上一粒玉米，刚好那地方是老鼠可望而不可即的位置。老鼠想吃玉米，就不断地跑动，于是轮子不停地转动。他在夜间放风筝时，在绳子上悬挂着小灯，人们都惊疑是彗星出现。他还制造了一个小水钟，每天早晨，小水钟会自动滴水到他的脸上，催他起床。他还喜欢绘画、雕刻，尤其喜欢刻日晷，家里墙角、窗台上到处安放着他刻的日晷，用以观测日影的移动。

14岁时，牛顿因家庭贫困而被迫休学，母亲要他做农产品的小买卖来独立谋生。他伤心地哭闹了几次，但母亲始终没有回心转意。一次，没去做买卖的牛顿正在篱笆下兴致勃勃地读书，碰巧被

人物档案

姓　名：艾萨克·牛顿
生卒日：1643.1.4 ~ 1727.3.31
国　籍：英国
身　份：物理学家、数学家、天文学家和哲学家
重大成就：发现了万有引力定律、牛顿运动三定律，创立了微积分学，设计并制造了第一架反射式望远镜，发现了光的色散原理，著有《自然哲学的数学原理》

路过的舅舅看见。舅舅看他所读的数学书上，画满种种记号，心中很感动。回到家后，舅舅竭力劝说牛顿的母亲，让牛顿弃商就学。在舅舅的帮助下，牛顿如愿以偿地复学了。

牛顿16岁时，他的数学知识还很肤浅，他下决心靠自己的努力攀上数学的高峰。他研究完欧几里得几何学后，又研究了笛卡儿几何学。有志者事竟成，经过勤奋学习，牛顿22岁时创立了微分学，接着又创立了积分学，为自己登上科学高塔打下了坚实的基础。

牛顿23岁时，伦敦鼠疫肆虐，学校暂时关闭。牛顿回到故乡林肯郡乡下。在乡下的日子里，才华横溢的他完成了万有引力、微积分、光的分析等基础工作。在推算天体引力规律时，由于引用的资料数据不正确，研究陷入困境。面对失败，牛顿毫不灰心和气馁，历经七个春秋寒暑，终于把举世闻名的"万有引力定律"全面地证明出来，奠定了理论天文学、天体力学的基础。这时期牛顿还对光学进行了研究，发现了白光（阳光）是由红、橙、黄、绿、蓝、靛、紫七色光线汇合而成。

牛顿的伟大成就与他的刻苦和勤奋是分不开的。有一次，牛顿邀请一位朋友到他家吃午饭。客人应邀而来，看见牛顿正在埋头计算问题，就没有打搅他，把桌上的饭菜吃完后就走了。当牛顿把题计算完了，走到餐桌旁准备吃午饭时，看见盘子里吃剩的鸡骨头，恍然大悟地说："我以为我没有吃饭呢。"

牛顿为人十分谦虚，他曾这样评价自己："假如我看得远些，那是因为我站在巨人们的肩上。"牛顿被誉为人类历史上最伟大的科学家之一，为了纪念牛顿在经典力学方面的杰出成就，后人把"牛顿"作为衡量力的大小的物理单位。

经典力学体系的奠基人——牛顿

直击成功　　牛顿的伟大成就来自于忘我的钻研和谦虚的品格。他有这样一句名言："不知道世人怎样看我，但我自己以为我不过像一个在海边玩耍的孩子，不时为发现比寻常更美丽的一块卵石或一片贝壳而沾沾自喜，至于展现在我面前的浩瀚的真理海洋，却全然没有发现。"牛顿执著的科研精神和虚怀若谷的品质永远值得我们学习。

11 近代概率论的奠基人——帕斯卡

整理：吕敬军　高丽媛

帕斯卡生于法国。他从小爱好数学，人又聪颖，学数学时可以一连坐上几个小时。人们看到帕斯卡小小年纪在那儿长时间地正襟危坐、孜孜不倦地攻读，都感到有些不可思议。在一般小孩还未接触到几何学时，他却以令人难以置信的卓越才能创立了独特的几何体系，深得数学家们的赞赏。

帕斯卡很小的时候就独立发现了欧几里得的前 32 条定理，而且顺序也完全正确。12 岁时独立发现了"三角形的内角和等于 180 度"后，开始师从父亲学习数学。1631 年他随家移居巴黎。16 岁那年，父亲带他参加巴黎数学家和物理学家小组的学术活动，让他大开眼界。17 岁时，帕斯卡写成了数学水平很高的《圆锥截线论》一文。当时，勒奈·笛卡儿坚决不相信 16 岁的孩子能够写出这样的书，反过来帕斯卡也不承认笛卡儿的解析几何的价值。

刚满 19 岁的帕斯卡，设计制造了世界上第一架机械式计算装置——使用齿轮进行加减运算的计算机。这个装置原本只是帕斯卡想用来

> **人物档案**
>
> 姓　　名：布莱士·帕斯卡
> 生卒日：1623.6.19 ~ 1662.8.19
> 国　　籍：法国
> 身　　份：数学家、物理学家、哲学家和散文家
> 重大成就：发现了帕斯卡定律、帕斯卡定理、帕斯卡三角形

帮助父亲计算税收，以减轻父亲计算中的负担而动脑筋想出来的。没想到却因此而令帕斯卡闻名，这台机器也成为后来的计算机的雏形。

帕斯卡和数学家费马一起解决了一个上流社会的赌徒兼业余哲学家提出的一个问题：他赌掷三个骰子出现某种组合时为什么老是输钱？在他们解决这个问题的过程中，奠定了近代概率论的基础。

1647年，帕斯卡根据托里拆利的理论，进行了大量的实验。他在实验中不断取得新发现，并且有多项重大发现，如发明了注射器、水压机，改进了托里拆利的水银气压计等。1649年到1651年，帕斯卡同他的合作者皮埃尔详细测量了同一地点的大气压变化情况，成为利用气压计进行天气预报的先驱。

帕斯卡从小就体质虚弱，又因过度劳累而使疾病缠身。然而在病休的1651年至1654年间，他仍紧张地进行科学工作，写成了关于液体平衡、空气的重量和密度及算术三角形等多篇论文，后一篇论文成为概率论的基础。

从1659年2月起，帕斯卡病情加重，不能正常工作，而安于虔诚的宗教生活。

1662年8月19日帕斯卡逝世，终年39岁。后人为纪念帕斯卡的贡献，用他的名字来命名压强的单位。在他撰写的哲学名著《思想录》里，帕斯卡留给世人一句名言："人只不过是一根芦苇，是自然界中最脆弱的东西，但他是一根有思想的芦苇。"

近代概率论的奠基人——帕斯卡

直击成功　帕斯卡之所以取得惊人的成就，除了天资聪颖之外，更多的是他对科学有着浓厚的兴趣和孜孜不倦的探索精神。帕斯卡善于从生活中发现问题，利用他对科学的执著和热忱去挖掘其中的规律。帕斯卡成长的故事告诉我们这样一个道理：要爱观察、爱思考、勤实践，只有这样才能成就伟大的事业。

12 流体力学的奠基人——托里拆利

整理：吕敬军 姚丽华

托里拆利出身于贵族家庭，幼年时就表现出超凡的数学才能。20岁时到罗马，在伽利略早年的学生卡斯特利指导下学习数学，毕业后成为他的秘书。

托里拆利深入研究了伽利略的《两种新科学的对话》一书，从中获得了有关力学原理发展的很多启发。1641年，托里拆利写了第一篇论文——《论重物的运动》，企图对伽利略的动力学定律作出自己新的结论。

一次卡斯特利在拜访伽利略时，将托里拆利的论著拿给伽利略看，还热情地推荐了托里拆利。伽利略看完托里拆利的论著之后，表示非常欣赏他的卓越见解，便邀请托里拆利前来做他的助手。托里拆利来到佛罗伦萨，会见了伽利略。此时的伽利略已双目失明，终日卧在病床上。在伽利略生命的最后3个月中，托里拆利和伽利略的另一位学生维维安尼担任了伽利略口述的笔记者，成了伽利略最后的学生。伽利略去世后，托里拆利接替他

> **人物档案**
>
> 姓　　名：埃万杰利斯塔·托里拆利
> 生卒日：1608.10.15~1647.10.25
> 国　　籍：意大利
> 身　　份：物理学家、数学家
> 重大成就：发明了气压计，发现了托里拆利定律；是伽利略学说的捍卫者，也是流体力学的奠基人，出版了《论重物的运动》一书

作了宫廷数学家。

1644 年，为了解释矿井中的水泵为什么只能把水抽到 10.5 米高以及自然的本性是否"厌恶真空"的问题，托里拆利和维维安尼在一起进行实验研究。如下图所示，他们用汞代替水进行实验，认为比水重 14 倍的汞大约只能升起水柱的 1/14。将玻璃管装满汞后倒置于盛汞容器中，玻璃管上端就获得"托里拆利真空"。此时汞柱高约 760mm，由此测出大气压的值，后人把这个实验命名为"托里拆利实验"。由此知道汞柱的高度变动与大气压有关，这就是第一个气压计。而真空测量的单位"托"就是用他的名字来命名的。

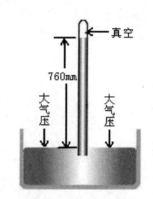

托里拆利实验

托里拆利在流体力学方面的贡献是提出了关于液体从小孔射流的定理：在充水容器中，水面下小孔流出的水，其速度和小孔到液面的高度平方根以及重力加速度的 2 倍（2g）的平方根成正比（托里拆利定理）。他还解释过风的成因是起源于空气的密度与温度差。可以说托里拆利是流体力学的奠基人。

在静力学方面，托里拆利发现：一个物体系统，当其重心处在最低位置时，发生小位移时重心下降，系统才是稳定的。此外，他在磨制精良透镜和将伽利略气体温度计改为液体温度计方面也获得了成功。托里拆利特别强调处理力学问题时数学与实验的重要性。

托里拆利 39 岁生日之际，突然病故。在他短短的一生中，取得了多方面的杰出成就，赢得了很高的声誉。

直击成功　小时候接受过良好教育的托里拆利，能珍惜时间，勤奋学习，并且善于思考，喜欢动手实践，习惯于用实验事实来说服一切。正是他的这种不迷信权威，肯于自己动手进行实验研究的精神，才使他在很多方面都做出了伟大的成就，值得后人学习。

流体力学的奠基人——托里拆利

13 中国航天之父——钱学森

■ 整理：袁佩林　彭雪

钱学森生于上海。1929 年夏，钱学森考入了仰慕已久的上海交通大学。上海交大历来以"起点高、基础厚、要求高"的教学传统名闻天下，"求实学，务实业，苦干实干"是上海交大的一贯学风。钱学森深深懂得"严师出高徒"的道理，十分理解老师们的良苦用心，刻苦努力，以浓厚的兴趣和顽强的毅力学好每门功课，各科成绩都达到 95 分以上。

1934 年，钱学森从上海交通大学机械工程系毕业，1935 年赴美研究航空工程和空气动力学，先后获加利福尼亚理工学院航空数学博士学位。之后留在美国，任讲师、副教授、教授以及超音速实验室主任和古根罕喷气推进研究中心主任。

在美国学习研究期间，钱学森与他人合作完成的《远程火箭的评论与初步分析》，

人物档案

姓　名： 钱学森
生卒日： 1911.12.11 ~ 2009.10.31
籍　贯： 浙江杭州
身　份： 科学家、火箭专家、物理学家
重大成就： 参与近程导弹、中近程导弹和中国第一颗人造地球卫星的研制，在空气动力学、航空工程、喷气推进、工程控制论、物理力学等科学领域作出了开创性贡献

奠定了地地导弹和探空火箭的理论基础；与他人一起提出的高超音速流动理论，为空气动力学的发展奠定了基础。从1950年开始，钱学森争取回归祖国。听说钱学森准备回国，美国海军的一位高级将领说："钱学森无论到哪里，都抵得上五个师，绝不能让他离开美国！"然而，钱学森回国的决心一刻也没有动摇。经过五年的漫长等待，在周恩来总理的关怀下，1955年，钱学森终于踏上了归国的行程。

1956年，钱学森受命组建中国第一个火箭、导弹研究所——国防部第五研究院并担任首任院长。他主持完成了"喷气和火箭技术的建立"规划，参与了近程导弹、中近程导弹和中国第一颗人造地球卫星的研制，直接领导了用中近程导弹运载原子弹"两弹结合"试验，参与制定了中国第一个星际航空发展规划，发展建立了工程控制论和系统学等。在空气动力学、航空工程、喷气推进、工程控制论、物理力学等技术科学领域作出了开创性贡献，是中国近代力学和系统工程理论与应用研究的奠基人和倡导人，被誉为"中国导弹之父"。

钱学森是一位杰出的科学家、思想家。他把科学理论和改造客观世界的革命精神结合起来。一方面是精深的理论，一方面是火热的斗争，是"冷"与"热"的结合，是理论与实践的结合。

中国航天之父——钱学森

直击成功　　钱学森的一生充满着波折，也满载着爱国情谊。在他的身上体现了一位中国知识分子所走过的曲折道路，也集中表现了中国知识分子的崇高品德。他善于学习，因而善于工作；善于思考，因而善于抓机遇；善养正气，因而善避邪恶。他正直做人的精神和爱国热忱将永远铭记于人民心中。

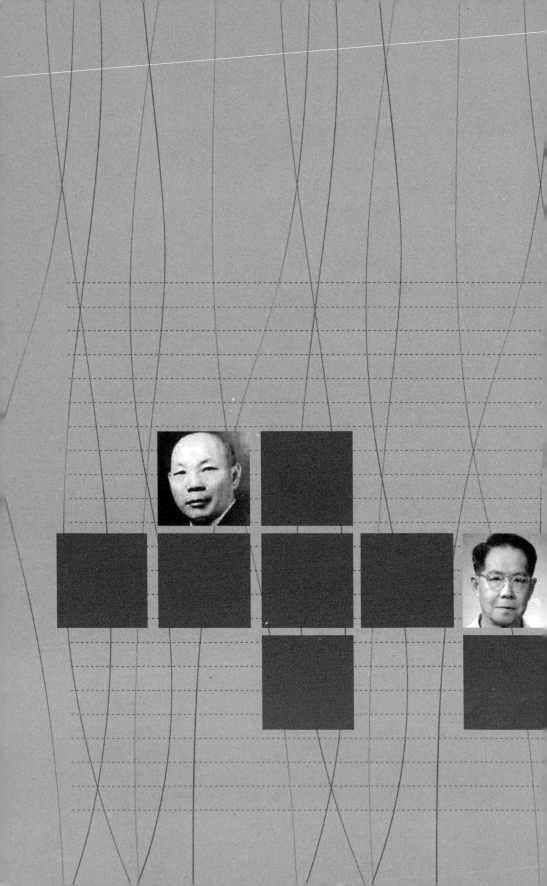

Part 4

化　学

01 近代化学之父——道尔顿

整理：马智慧　孟洁

道尔顿出生在英国坎伯兰的一个贫困乡村。道尔顿小时候家里很穷，他一边帮父亲干活，一边在乡村学校读书，11岁就辍学了，但他聪明好学，学习时有一股子钻劲。他遇到不懂的问题时，不轻易问别人，而是勤思考、查资料、多验证，一定要想方设法把问题搞清楚。正是他勤奋求知、持之以恒的精神和从小养成的学习习惯，才使他自学成才，为人类科学技术的发展作出了巨大贡献。道尔顿一生对气象、物理和化学三门学科作出的贡献最为突出。

他最初研究气象学。1787年道尔顿开始观察极光现象，得出极光射束和地磁有关的结论。他还是第一个确认雨的形成不是由于大气压力变化而是由于气温变化的人。

对气象的深入研究引发了道尔顿对气体研究的兴趣。他研究气体的扩散问题，测量气体的压力，寻找气体的体积与温度变化的关系。既研究单成分气体，又研究混合气体。在研究中提出"混合气体中各种气体它们各自的压力如何"这样一个问题，

> **人物档案**
>
> 姓　　名：约翰·道尔顿
> 生卒日：1766.9.6 ~ 1844.7.26
> 国　　籍：英国
> 身　　份：化学家、物理学家
> 重大成就：创立了原子学说、道尔顿分压定律等理论

他设计了巧妙有趣的实验，用一个容器先后两次分别充入两种不同的气体，测出每种气体的压力，然后测量这两种气体混合后的压力，得出的结论是混合气体的压力正是各单种气体压力之和，从而发现了有名的"气体分压定律"。为了纪念道尔顿，这个定律通常被称为"道尔顿定律"。

道尔顿最主要的成就是在化学方面。他设计了化学符号制。1803年提出相对原子量，并制成最早的原子量表。至今，测定原子量的方法仍然是根据道尔顿最初提出的原则，只不过是标准有了变化。他还发现了丁烯和乙醚的组成及其化学式。他创立了科学的原子学说，道尔顿的原子论是继拉瓦锡的氧化学说之后理论化学的又一重大进步。他揭示出一切化学现象的本质都是原子运动，使当时已经发现的一些化学基本定律得到了统一的解释。此后，化学及其相关学科得到了蓬勃发展。

道尔顿对科学作出了巨大贡献，他在国内外的声望与日俱增，荣誉也纷至沓来。1832年牛津大学授予他法学博士学位，这是牛津大学的最高奖赏。他长期工作和生活的地方——曼彻斯特市则通过决议，在市政大厅竖立道尔顿的半身雕像。

道尔顿对自己的成就是不满足的，他的格言是："永恒地探索，永无止境地追索未知的事物。"他是这样说的，也是这样做的。他的一生不但留给我们丰富的科学遗产，而且留给我们奋发前进、攀登科学高峰的精神力量。

直击成功 道尔顿是怎样登上科学高峰的呢？他自己是这样回答的："如果我比我周围的人获得更多的成就的话，那主要是——几乎单纯地——是由于不懈的努力。"一些人比另外一些人获得更多的成就，主要是由于他们对放在他们面前的问题，比一般人能够更加专注和坚持，而不是由于他的天赋比别人高多少。

02 创立分子学说的科学家——阿伏伽德罗

整理：马智慧　白连红

阿伏伽德罗是意大利都灵市人，出生在著名的律师家庭。自幼聪颖好学的阿伏伽德罗，16 岁时就取得了法学学士学位，20 岁时获得法学博士学位并成为一名优秀的律师。

后来受当时自然科学迅猛发展的影响，阿伏伽德罗对物理、化学和数学产生了浓厚的兴趣。他辞去了律师工作，全身心投入到对自然科学的研究中。1803 年他和兄弟费里斯联名向都灵科学院提交了一篇关于电的论文，受到了好评，第二年他被选为都灵科学院的通信院士。1806 年，阿伏伽德罗被聘为都灵科学院附属学院的教师，1809 年他被聘为维切利皇家学院的数学物理教授，并担任过院长。这为他开展自己的研究工作创造了很好的条件。

1811 年，阿伏伽德罗发表了一篇经典论文，题为《论测定物体中原子相对重量及其化合物中数目比例的一种方法》，第一次提出了物质由分子构成，分子由原子构成的观点。还提出了"在同温同压下，相同体积的不同气体具有相同数目的分子"的假说。

直到 1860 年 9 月在德国卡尔斯鲁厄召开的国际化学会议上，意大利化学家康尼查罗回顾了 50 年来化学发展的历程，成功的经验和失败的教训都充分证实了阿伏伽德罗的分子假说是正确的。化学家经过 50 多年的曲折历程，终于承认了阿伏伽德罗的分子假说。后来分子假说得到了科学的验证，被命名为"阿伏伽德罗定律"。在验证中，人们证实在温度、压强都相同的情况下，1 摩尔的任何气体所占的体积都相等。例如在 0℃、压强为 760mmHg 时，1 摩尔任何气体的体积都接近 22.4 升，人们由此换算出：1 摩尔任何物质都含有 6.02205×10^{23} 个分子，为纪念阿伏伽德罗，这一常数被人们命名为"阿伏伽德罗常数"。

阿伏伽德罗非常谦逊，他专心致志做学问，对名誉和地位从不计较。他精通法语、英语、德语、拉丁语和希腊语，从一个律师到一位成就卓著的科学家，他那渊博的知识来源于勤奋的学习。他博览群书，所作的摘录多达 75 卷，每卷至少 700 页。

阿伏伽德罗生前没有获得太多的荣誉称号，但是在他死后却赢得了人们的尊敬。1911 年，为了纪念阿伏伽德罗定律提出 100 周年，在纪念日为他颁发了纪念章，出版了阿伏伽德罗选集，在都灵建成了阿伏伽德罗的纪念像并举行了隆重的揭幕仪式。

创立分子学说的科学家——阿伏伽德罗

直击成功　　伽利略曾说："追求科学需要特殊的勇敢。"阿伏伽德罗就是这种勇敢的科学家。他 24 岁时毅然放弃已经很成功的律师事业，转而一头扎进自然科学的研究当中，并且不计较名誉和地位，孜孜不倦地学习和追求了一生，在化学、物理和数学方面都取得了很大的成就，值得后人学习。

03 元素周期表的发明者——门捷列夫

整理：马智慧　刘莉姣

门捷列夫生于俄国西伯利亚的托波尔斯克市。1855 年，他以优异成绩从彼得堡师范学院毕业。他先后到过辛菲罗波尔、敖德萨担任中学教师。这期间，他一边教书，一边在极其简陋的条件下进行研究，写出了论文《论比容》。1857 年 1 月，他被批准为彼得堡大学化学教研室副教授，当时年仅 23 岁。

担任化学副教授以后，对诸如：自然界到底有多少种元素、元素之间有什么异同和存在什么内部联系、新的元素应该怎样去发现等问题，年轻的学者门捷列夫开始了艰难的探索工作。

他不分昼夜地研究，探求元素的化学特性和它们的原子特性，然后将每个元素记在一张小纸卡上。他企图在元素的复杂的特性里，捕捉到元素的共同性。他把测定过原子量的元素，按照原子量的大小依次排列起来。他发现性质相似的元素，它们的原子量并不相近；相反，有些性质不同的元素，它们的原子量反而相近。他紧紧抓住元素的原子量与性质之间的相互关

> **人物档案**
>
> 姓　　名：德米特里·伊万诺维奇·
> 　　　　　门捷列夫
> 生卒日：1834.2.7 ～ 1907.2.2
> 国　　籍：俄国
> 身　　份：化学家
> 重大成就：发现元素周期律

系，不停地研究着。1869年2月19日，他终于发现了元素周期律。他发现的元素周期律说明：简单物体的性质，以及元素化合物的形式和性质，都和元素原子量的大小有周期性的依赖关系。门捷列夫在排列元素周期表的过程中，大胆地指出，当时一些公认的原子量并不准确。

在门捷列夫编制的周期表中，还留有很多空格，这些空格应由尚未发现的元素来填满。门捷列夫从理论上计算出这些尚未发现元素的最重要性质，断定它们介于邻近元素的性质之间。门捷列夫发现了元素周期律，在世界上留下了不朽的光辉，人们给他以很高的评价。恩格斯在《自然辩证法》一书中曾经指出："门捷列夫不自觉地应用黑格尔的量转化为质的规律，完成了科学上的一个勋业，这个勋业可以和勒维烈计算尚未知道的行星海王星的轨道的勋业居于同等地位。"

由于时代的局限性，门捷列夫的元素周期律并不是完整无缺的。1913年，英国物理学家莫塞莱在研究各种元素的伦琴射线波长与原子序数的关系后，证实原子序数在数量上等于原子核所带的阳电荷，进而明确作为周期律的基础不是原子量而是原子序数。元素周期律经过后人的不断完善和发展，在人们认识自然、改造自然、征服自然的斗争中，发挥着重要作用。

元素周期表的发明者——门捷列夫

直击成功　　　　人们都渴望创造，希冀成功，然而它的路在哪里？众所周知，俄国化学家门捷列夫创造了元素周期表，对人类科学事业作出了不朽的贡献。但这个元素周期表上的元素没有一种是门捷列夫本人发现的，他所做的工作仅是搜集、综合和总结前人已发现的知识，但这项"整理"却付出了相当大的艰辛，所以才会最终走向成功。

04 近代化学的奠基者——拉瓦锡

整理：马智慧 贾丽萍

拉瓦锡出生在一个律师家庭。家人想让他当律师，但他本人却对自然科学更感兴趣。1761 年他进入巴黎大学法学院学习，获得律师资格。课余时间他继续学习自然科学，从鲁埃尔那里接受了系统的化学教育并产生了对燃素说的怀疑。

为了解释"燃烧"这一常见的化学现象，德国医生斯塔尔提出燃素说，认为物质在空气中燃烧是物质失去燃素，空气得到燃素的过程。燃素说可以解释一些现象，因此很多化学家都拥护这一说法。

1772 年秋天，拉瓦锡开始对硫、锡和铅在空气中燃烧的现象进行研究。为了确定空气是否参加反应，他设计了著名的钟罩实验。通过这一实验，可以测量反应前后气体体积的变化，得到参与反应的气体体积。他还将铅在真空密封容器中加热，发现质量不变，加热后打开容器，发现质量迅速增加。

尽管实验现象与燃素说的结果相同，但是拉瓦锡提出了另一种解释，即认为物质的燃烧是可燃物与空气中某种物质结合的结果，这样

人物
档案

姓　名：安托万·洛朗·拉瓦锡
生卒日：1743.8.26 ~ 1794.5.8
国　籍：法国
身　份：化学家、生物学家
重大成就：从实验的角度验证并总结了质量守恒定律、创立氧化说

可以同时解释燃烧需要空气和金属燃烧后质量变重的问题。

1775年拉瓦锡被派往巴黎军火库工作，在工作之余他建立了自己的实验室，继续进行研究。他直接加热氧化汞，发现一种性质类似于空气的气体。这种气体可以支持燃烧与呼吸，并且与一氧化氮混合后体积减小。1779年他将空气中支持燃烧的一部分成分命名为氧气，另一部分成分命名为氮气。

1787年之后拉瓦锡主要进行化学命名法改革以及对自己研究成果的总结和新理论的传播工作。他先与贝托莱等人合作，设计了一套简洁的化学命名法。并在化学命名法中正式提出了命名系统，目的是使不同语言背景的化学家可以彼此交流，其中的很多原则加上后来的柏济力阿斯的符号系统，形成了沿用至今的化学命名体系。

1789年基于氧化说和质量守恒定律，拉瓦锡发表了《化学基础》这部集他的观点之大成的教科书，在这部书里拉瓦锡定义了元素的概念，并对当时常见的化学物质进行了分类，总结出33种元素和常见化合物，使得当时零碎的化学知识逐渐清晰化。拉瓦锡在这部书中成功地将很多实验结果通过他自己的氧化说和质量守恒定律的理论进行了圆满的解释，很快产生了轰动效应。

1789年法国大革命爆发，拉瓦锡由于曾经担任过税官而自首入狱，被诬陷与法国的敌人有来往，犯有叛国罪，于1794年5月8日被处以绞刑。

近代化学的奠基者——拉瓦锡

直击成功　深厚的知识功底、广博的知识层面、错综的知识交汇是拉瓦锡成功的重要原因。虽然拉瓦锡的人生并不完美，但200多年来，人们一直没有忘记他的名字，拉瓦锡在化学发展史上留下的宝贵财富仍熠熠闪光；他的科学思想和治学精神永远值得后人学习和借鉴。

05 精确测算相对原子质量的化学家——张青莲

整理：马智慧　梁颖

张青莲出生于江苏省常熟县支塘镇的一个小康家庭。14 岁时考入苏州桃坞中学，即圣约翰大学附中。1926 年高中毕业时因成绩优异，本可以免费直升圣约翰大学，但由于 1925 年该校美籍校长侮辱我国国旗，爱国师生纷纷愤而离校并组建私立光华大学。张青莲毅然放弃圣约翰大学免费入学的机会而考入光华大学，并选择了化学专业。在光华大学他只用三年半的时间，就修完了所需的学分，毕业时以第一名获得银杯奖。

1931 年考取清华大学研究生院。当时，他看到我国无机化学人才缺乏，遂选择了无机化学专业。

从 1935 年起，张青莲一直在进行着重水和稳定同位素的研究，涉及氢、氧、碳、氮、锂、硼、硫、铟、锑、铈、铕、铱等十几种元素的同位素。50 余年来，在同位素化合物的物理化学性质、同位素的动力学效应及同位素分离原理和方法、同位素标准

人物档案

姓　名：张青莲
生卒日：1908.7.31 ~ 2006.12.14
籍　贯：江苏常熟
身　份：化学家、教育家
重大成就：系统地进行了相对原子质量的精确测定工作，所测定的铟等 10 种元素的相对原子质量已被国际纯粹与应用化学联合会确定为新的国际标准数据

样品的研制、同位素天然丰度及相对原子质量测定等方面，进行了系统深入的研究，硕果累累，发表有关论文百余篇。

20世纪90年代以来，张青莲又开始系统地进行相对原子质量的精确测定工作。从1991年到2001年，10年间共测定10个元素，并均已被国际纯粹与应用化学联合会确定为新的国际标准数据。

自俄国化学家门捷列夫排出第一张元素周期表后。元素周期表多次修订，新的元素周期表元素数量已经排到了118号，其中铟、锑、铈、铕、锗、硫、铒、铱、锌等10个元素的相对原子质量数值是由张青莲和其他中国科学家共同测定的。

1991年，张青莲用质谱法测得的铟相对原子质量为114.818，被国际相对原子质量委员会采用为新的标准值。这是在相对原子质量表中，首次采用我国测定的相对原子质量值。这不仅说明中国人的科学水平得到了国际社会的认可，更重要的是为中国人长了志气。随后他和德国人霍伊曼分别测定铱相对原子质量为192.217，于1993年共同被评为国际标准。他的突出成就是用高富集同位素校准质谱法测得锑、铈和铕的相对原子质量，其不确定度优于十万分之一，显示了这一科研领域的当代最高水平。铟、锑原子量的测定工作获国家教委科技进步一等奖，而铈、铕原子量的测定两项成果，入选1995年中国十大科技新闻。

精确测算相对原子质量的化学家——张青莲

直击成功　　张青莲为什么会成功呢？因为他把捍卫国家荣誉、为祖国争光当成了人生不懈追求的目标，并鞭策自己向着目标不断奋进，在实现追求的过程中不为任何困难所吓倒；同时他还具有严谨的治学态度和科学创新的意识，不满足于前人已有的成果，不断推陈出新。

06 "侯氏制碱法"的创始人——侯德榜

整理：马智慧　卢晶

侯德榜生于福州闽侯县的一个普通农家。自幼过着勤耕俭学的生活。1907年他以优异的成绩毕业于福州英华书院。1910年毕业于上海闽皖铁路学堂，并被分配到津浦铁路符离集车站当练习生。1911年考入北京清华留美预备学堂（清华大学的前身）。1913年毕业考试时，侯德榜10门功课考了1000分，门门满分，创造了清华园的奇迹，随即被保送到美国麻省理工学院，1916年毕业后入哥伦比亚大学研究院研究制革，1921年他以《铁盐鞣革》的论文获哥伦比亚大学博士学位。

1921年，侯德榜应爱国实业家范旭东先生之聘，毅然弃革从碱，勇敢地肩负起了建设永利塘沽碱厂的重任。20年代的中国，工业十分落后。当时世界上先进的制碱技术为索尔维制碱集团所垄断。为了揭开索尔维制碱法生产的秘密，打破洋人的封锁，侯德榜全身心都投入到研究和改进制碱工艺上，经过5年艰苦的摸索，终于在1926年生产出合格

人物档案

姓　名：侯德榜
生卒日：1890.8.9 ～ 1974.8.26
籍　贯：福州闽侯县
身　份：化学家
重大成就：创立"侯氏制碱法"，揭开索尔维制碱法的秘密，发展小化肥工业

的纯碱。其后不久，被命名为"红三角"牌的中国纯碱在美国费城举办的万国博览会上获得金质奖章，并被誉为"中国工业进步的象征"。在1930年瑞士举办的国际商品展览会上，"红三角"再获金奖，享誉欧、亚、美。

侯德榜决心根据自己的制碱实践，写一本既有理论指导又有实践经验的著作，将索尔维制碱技术系统地向全世界公开，以推动世界制碱工业的发展。经过无数个不眠之夜，1933年一部震惊世界制碱界的巨著——《纯碱制造》终于在纽约出版发行。这本书揭开了索尔维制碱技术的奥秘，砸开了70年来索尔维制碱集团技术封锁的铁链，使索尔维制碱技术成了全人类的共同财富。

1937年，抗日战争爆发，永利碱厂被迫迁往四川，由于当时内地井盐价格昂贵，用传统的索尔维法制碱成本太高，无法维持生产，永利碱厂准备向德国购买新的工艺——察安法的专利。但德国与日本暗中勾结，除了向侯德榜一行高价勒索外，还提出了种种对中国人来说是丧权辱国的条件，为了维护民族尊严，范旭东毅然决定不再与德国人谈判。侯德榜与永利碱厂的工程技术人员一道，认真剖析了察安法流程，卧薪尝胆，历经3年艰辛，创造了一种类似察安法而又远胜于察安法的制碱新工艺。1941年，这种新工艺被命名为"侯氏制碱法"。

1957年，侯德榜倡议用碳化法制取碳酸氢铵，他亲自带队到上海化工研究院，与技术人员一道，使碳化法氮肥生产新流程获得成功，侯德榜是首席发明人。当时的这种小氮肥厂，对我国农业生产曾作出不可磨灭的贡献。

直击成功 侯德榜一生在化工技术上的三大贡献：揭开索尔维制碱法的秘密；创立"侯氏制碱法"；为发展小化肥工业作出贡献。这些成果无不与侯德榜先生勇于实践、不断进取、无私奉献、执著的爱国精神有关，值得每一个中国人学习。

"侯氏制碱法"的创始人——侯德榜

01 第一个环球航行的人——麦哲伦

整理：李佩云　刘遴琳

麦哲伦是世界上最著名的航海家之一，生于葡萄牙北部的一个没落的骑士家庭。10 岁左右进入王宫服役，担任王后的侍从。16 岁时进入葡萄牙国家航海事务厅，因而熟悉了航海事务的各项工作。

1519 年 9 月 20 日，麦哲伦在西班牙国王的资助下，率领一支由 5 艘帆船 266 人组成的探险队，从西班牙塞维利亚港起航，开始了他名垂青史的环球航行。船队在大西洋中航行了 70 天，11 月 29 日到达巴西海岸。第二年 1 月 10 日，船队来到了一个无边无际的大海湾。船员们以为到了美洲的尽头，可以顺利进入新的大洋，但是经过实地考察，那只不过是一个河口，即现在乌拉圭的拉普拉塔河。3 月底，南美进入隆冬季节，于是麦哲伦率船队驶入圣胡安港准备过冬。由于天气寒冷，粮食短缺，船员情绪十分颓丧。不久，麦哲伦在圣胡安港发现了大量的海鸟、鱼类还有淡水，饮食问题终于得到解决。

1520 年 8 月底，船队驶

人物档案

姓　　名：费迪南德·麦哲伦
生卒日：1480 ~ 1521.4.27
国　　籍：葡萄牙
身　　份：航海家、探险家
重大成就：完成第一次环球航行

出圣胡安港，沿大西洋海岸继续南行，准备寻找通往"南海"的海峡。经过三天的航行，在南纬52°的地方，发现了一个海湾。麦哲伦派两艘船只前去探查，希望查明通向"南海"的水道。当夜遇到了一场风暴，狂风呼啸，巨浪滔天，派去的船只随时都会有撞上悬崖峭壁和沉没的危险，如此紧急情况，竟持续了两天。说来也巧，就在这风云突变的时刻，他们找到了一条通往"南海"的峡道，即后人所称的麦哲伦海峡。

麦哲伦一行历尽千辛万苦，穿过麦哲伦海峡进入太平洋。这时船队已处于缺粮断炊的困难境地，水手们忍饥挨饿，用桅杆上的皮带充饥，但船队始终前进不止。在途经菲律宾群岛时，探险队与岛上的居民发生冲突，麦哲伦受伤身亡。最后，这支船队只剩下一艘船。这艘船取道南非驶抵西班牙，实现了从西方向西航行到达东方的计划，于1522年9月6日返回西班牙塞维利亚港，完成了历时3年的环球航行。

麦哲伦和他的船员们，花了整整3年的时间，终于完成了人类的第一次环球航行，用实践证明了地球是一个球体，不管是从西往东，还是从东往西，毫无疑问，都可以环绕这个星球一周，然后回到原地。麦哲伦虽然死去了，但是他对后世航海和科学事业所作的贡献，却让我们每一个人都不能忘记。

直击成功　　麦哲伦为什么会成功呢？原因在其大胆的信念和顽强拼搏的精神。麦哲伦的功绩不仅仅在于环球航行的成功，最主要的是他始终用自己坚定的行为向世人证明：人在自己短短的一生中，一定能把梦想变成现实，这是永恒不变的真理。

02 近代天文学的奠基人——哥白尼

■ 整理：李佩云　刘遴琳

哥白尼出生于波兰的一个富裕家庭。18 岁时就读于波兰旧都的克莱考大学，学习医学期间对天文学产生了兴趣。1496 年，23 岁的哥白尼来到文艺复兴的发源地意大利。在意大利期间，哥白尼熟悉了希腊哲学家阿里斯塔克斯（前三世纪）的学说，确信地球和其他行星都围绕太阳运转这个日心说是正确的。

他大约在 40 岁时开始在朋友中散发一份简短的手稿，初步阐述了他对日心说的看法。哥白尼经过长年的观察和计算终于完成了他的伟大著作《天体运行论》。他在《天体运行论》中观测计算所得数值的精确度是惊人的。例如，他得到恒星年的时间为 365 天 6 小时 9 分 40 秒，比现在的精确值约多 30 秒，误差只有百万分之一；他得到的月亮到地球的平均距离是地球半径的 60.30 倍，和现在的 60.27 倍相比，误差只有万分之五。

1533 年，60 岁的哥白尼在罗马做了一系列讲演，提出了他的学说要点，并未遭到教皇的反对。但是他却害怕教会会反对，甚至在他

人物档案

姓　　名：尼古拉·哥白尼
生卒日：1473. 2.19 ~ 1543.5.24
国　　籍：波兰
身　　份：天文学家
重大成就：现代天文学创始人，日心说的创立者

的书稿完成后，还是迟迟不敢发表。直到他临近古稀之年才终于决定将其出版。1543 年 5 月 24 日去世的那一天才收到出版商寄来的书。他的书一经问世立即引起了极大的关注，促使一些天文学家对行星运动进行了更为准确的观察，其中最著名的是丹麦伟大的天文学家泰寿·勃莱荷，开普勒就是根据泰寿积累的观察资料，最终推导出了星体运行的正确规律。

虽然阿里斯塔克斯比哥白尼提出日心学说早 1700 多年，但是却让哥白尼得到了这一盛誉。阿里斯塔克斯只是凭借灵感做了一个猜想，并没有加以详细的讨论，因而他的学说在科学上毫无用处。哥白尼逐个解决了猜想中的数学问题后，就把它变成了有用的科学学说——一种可以用来做预测的学说，通过对天体观察结果的检验并与地球是宇宙中心的旧学说进行比较，你就会发现它的重大意义。显然，哥白尼的学说是人类对宇宙认识的革命，它使人们的整个世界观都发生了重大变化。但是在评价哥白尼的影响时，我们还应该注意到，天文学的应用范围不如物理学、化学和生物学那样广泛。从理论上来讲，人们即使对哥白尼学说的知识和应用一窍不通，也会造出电视机、汽车和现代化工厂之类的东西。但是不去应用法拉第、麦克斯韦、拉瓦锡和牛顿的学说则是不可想象的。仅仅考虑哥白尼学说对技术的影响就会完全忽略它的真正意义。哥白尼的书对伽利略和开普勒的工作是不可缺少的序幕。他俩又成了牛顿的前辈，是他们的发现才使牛顿有能力确定运动定律和万有引力定律。

近代天文学的奠基人——哥白尼

直击成功

以公正的立场观察事物，这一科学精神称为哥白尼精神。哥白尼能够不断探索真理，不人云亦云，坚持自己正确的观点，虽然期间历尽坎坷，但终究被世界所认可，我们在学习中需要这种精神。哥白尼有句名言：人的天职在勇于探索真理。

03 第一个进入太空的地球人——加加林

整理：李佩云　刘遴琳

加加林全名尤里·阿列克谢耶维奇·加加林，生于 1934 年。16 岁加入萨拉托夫航空俱乐部，23 岁被选拔为宇航员。1961 年 4 月 8 日，加加林凭借其坚定的信念、优良的体质、乐观主义的精神和过人的机智，从 6 名候选者中脱颖而出。

1961 年 4 月 12 日，世界上第一艘载人宇宙飞船"东方"号在苏联发射升空。苏联莫斯科电台同步广播了一则消息："尤里·加加林少校驾驶的飞船在离地球 169 千米和 314 千米之间的高度上绕地球运行。飞船的轨道与赤道的夹角是 64.95 度。飞船飞经世界上大多数有人居住的地区上空。"

宇航员加加林这时躺在飞船的弹射座椅上，正通过报话机描述人类从未见到过的情景："我能够清楚地分辨出大陆、岛屿、河流、水库和大地的轮廓。我第一次亲眼见到了地球表面的形态。地平线呈现出一片异常美丽的景色，淡蓝色的晕圈环抱着地球，与黑色的天空交融在一起。天空中，群星

人物档案

姓　　名：尤里·阿列克谢耶维奇·
　　　　　加加林
生卒日：1934.3.9 ～ 1968.3.27
国　　籍：前苏联
身　　份：航天员
重大成就：第一个进入太空的地球人

灿烂，轮廓分明。但是，当我离开地球黑夜一面时，地平线变成了一条鲜橙色的窄带。这条窄带接着变成了蓝色，继而又成了深黑色。"

这是人类第一次绕地球飞行，具有划时代的意义。1960 年 5 月，"东方"号原型卫星的减速火箭发生点火错误，使卫星在空间烧毁。第二年 12 月，载人密封舱进入错误轨道，并在大气层中燃烧，装在密封舱里的两条狗化为灰烬。不过，这次载人却很成功，只发生了通话短时不畅、飞船返回时短时旋转等小问题。

加加林划时代的飞行是在当地时间 9 点 07 分开始的，正好 108 分钟后绕地球运行了一周。他回到了自己的国土上，降落地点是斯梅洛伐卡村，村民们看到加加林头戴一顶白色的飞行帽，身着一套笨重的增压服时，惊讶得目瞪口呆。

加加林完成了史无前例的宇宙飞行后，荣获"列宁勋章"，并被授予"苏联英雄"和"苏联宇航员"称号。苏联把每年的 4 月 12 日定为宇航节，在这一天举行隆重的纪念活动，缅怀这位英雄人物。国际航空联合会还设立了"加加林金质奖章"。月球背面的一座环形山也是以他的名字命名的。加加林成为宇宙时代的象征。

直击成功　　加加林具有卓越的才能、坚强的意志和优良的道德品质，他的一生是忘我为人民事业服务的典范。靠平时的不断积累，他具有强壮的体魄，并且在成功后还不断地学习。首次太空飞行之后，加加林又进入茹科夫斯基空军工程学院学习，真正做到成功后不骄傲，是我们学习的典范。

04 新航路的开辟者——哥伦布

整理：李佩云　刘遴琳

哥伦布从小便对航海和来往于地中海之间的商船发生了浓厚的兴趣。《马可·波罗游记》一书是哥伦布少年时代就喜欢读的书，后来他不仅精读了此书，并且还做了研究。哥伦布对书中描写的地方非常仰羡，他仰羡中国和印度的珠宝金银，但最使他欣羡不已的是对日本的描述。

当时，地圆说已经盛行，哥伦布对此深信不疑。他先后向葡萄牙、西班牙、英国、法国等国国王请求资助，以实现他向西航行到达东方的计划，但都遭到拒绝。一次，在西班牙关于哥伦布计划的专门审查委员会上，一位委员问哥伦布："即使地球是圆的，向西航行可以到达东方，回到出发港，那么有一段航行必然是从地球下面向上爬，帆船怎么能爬上来呢？……"对此类问题，滔滔不绝、口若悬河的哥伦布语塞了。直到1492年，西班牙王后慧眼识英雄，她说服了国王，甚至拿出自己的私人钱财资助哥伦布，才使哥伦布的计划得以实施。

人物档案

姓　　名：克里斯托弗·哥伦布
生卒年：约 1451 ～ 1506
国　　籍：意大利
身　　份：航海家
重大成就：开辟了横渡大西洋到美洲的航路

1492 年 8 月 3 日，哥伦布受西班牙女王派遣，带着给印度君主和中国皇帝的国书，率领三艘百十来吨的帆船，从西班牙巴罗斯港扬帆驶出大西洋，向正西航去。经七十个昼夜的艰苦航行，1492 年 10 月 12 日凌晨终于发现了陆地。哥伦布以为到达了印度，他当时把它命名为圣萨尔瓦多（后来才知道，这块土地属于现在中美洲加勒比海中的巴哈马群岛）。1493 年 3 月 15 日，哥伦布回到西班牙。此后他又三次向西航行，登上了美洲的许多海岸。直到 1506 年逝世，他都一直认为他到达的是印度。

　　克里斯托弗·哥伦布一生从事航海活动。先后移居葡萄牙和西班牙，开辟了横渡大西洋到美洲的航线。先后到达巴哈马群岛、古巴、海地、多米尼加、特立尼达等地，在帕里亚湾南岸首次登上了美洲大陆。考察了中美洲洪都拉斯到达连湾 2000 多千米的海岸线；认识了巴拿马地峡；发现了大西洋低纬度吹东风，较高纬度吹西风的风向变化，并加以利用。

　　哥伦布的远航是大航海时代的开端。新航路的开辟，改变了世界历史的进程，它使海外贸易的路线由地中海转移到大西洋沿岸。从那以后，西方终于走出了中世纪的黑暗，开始以不可阻挡之势崛起于世界，并在之后的几个世纪中，成就海上霸业。一种全新的工业文明成为世界经济发展的主流。

新航路的开辟者——哥伦布

直击成功

　　哥伦布出身平民，却志向非凡。在其毕生坎坷的事业生涯中，始终坚持自己的信念，坚信自己一定能成功。无论何种艰难险阻，均被他坚韧的执著追求——克服，终于梦想成真，并跻身于伟人之列。

05 "大陆漂移说"的创始人——魏格纳

整理：李佩云　刘遴琳

魏格纳从小就喜欢幻想和冒险，童年时就喜爱读探险家的故事，英国著名探险家约翰·富兰克林是他心目中崇拜的偶像。为了给将来探险作准备，他攻读了气象学。1905 年，25 岁的魏格纳获得了气象学博士学位。1906 年，他终于实现了少年时代的远大理想，加入了著名的丹麦探险队，来到格陵兰岛，从事气象和冰川考察。

在德皇杯国际气球飞行大赛中，魏格纳兄弟俩在气球上历时 52 小时，夺得了冠军，打破了气球飞行的世界纪录，也使魏格纳成了欧洲著名的新闻人物。魏格纳参加气球飞行，收集了大量高空气象资料，发表了有独到见解的气象论文。

为了获得影响欧洲气候的地面资料，他又随队前往充满冰雪和风暴的格陵兰岛进行气象观测。他的论文频频出现在欧洲最有影响的学术刊物上。然而，让世界为之震惊的，不是魏格纳在天文和气象学上的发现，而是

人物档案

姓　　名：阿尔弗雷格·魏格纳
生卒日：1880.11.1 ～ 1930.11.2
国　　籍：德国
身　　份：气象学家、地球物理学家
重大成就："大陆漂移说"的创始人

在地球物理学上的伟大成就——大陆漂移说。对于一个天才的学者来说，这一伟大的发现非常具有戏剧色彩，它似乎是偶然的，但又有某种必然性。

1910年的一天，躺在病床上的魏格纳在研究摊在他眼前的大西洋地图时，突然产生了一个奇怪的疑问：大西洋两岸为什么弯曲得如此相似？魏格纳猜想，假如两块大陆原先真的是连在一起的话，那实在不可思议，因为这意味着有一种无法形容的巨大力量，把它们撕裂开来。他放下手中的工作，专心致志地研究这个问题。

1912年1月6日，魏格纳在法兰克福地质学会上做了题为"大陆与海洋的起源"的演讲，提出了大陆漂移的假说。此后，他于1915年出版了《海陆的起源》一书，系统地阐述和论证了大陆漂移说。这一学说成了超越时代的理念。

1930年11月2日，魏格纳在格陵兰冰原进行科学考察时不幸遇难，头一天他刚刚度过50岁生日。

直击成功　一个正确的理论在其初期阶段常常被当作错误抛弃或是当作与宗教对立的观点被否定，后期阶段则被当作信条来接受。魏格纳毕生寻求真理，正视事实，勇于探索，科学的态度和不惜献身的科学精神是他取得成功的法宝。

06 提出质量守恒定律的科学家——罗蒙诺索夫

整理：李佩云　丛艳玲

罗蒙诺索夫出生在一个渔民家庭。从 10 岁起他就随父亲一起到海上捕鱼。他的父亲不识字，岛上也没有学校，只有邻居舒布诺伊夫识字。罗蒙诺索夫一有空就到他家，向他学习。他从书中懂得了很多以前闻所未闻的知识。幼小的他最大的心愿就是拥有一本属于自己的书，但怎样实现这个愿望呢？

有一次，罗蒙诺索夫随父亲出海。不久，海上就起了风暴，渔船在巨浪中颠簸，船帆被大风吹落在桅杆上，船身失去了平衡。许多老渔民都吓坏了，可小罗蒙诺索夫却像一只行动敏捷的猴子，迅速爬上桅杆，把船帆固定好。因为他的勇敢和机智，大家得救了。事后，父亲决定奖励小罗蒙诺索夫，准备给他买一件鹿皮上衣。可他坚决不要，他对父亲说他只想要一本书。可是狠心的继母拒绝了他的要求。

不久，罗蒙诺索夫随父亲到一个亲戚家做客。罗蒙诺索夫在书架上发现了一本《算术》。他打开一看，里

人物档案

姓　名：米哈伊尔·瓦西里耶维奇·
　　　　罗蒙诺索夫
生卒日：1711.11.19 ~ 1765.4.15
国　籍：俄国
身　份：化学家、哲学家、语言学家
重大成就：提出质量守恒定律、系统编辑俄国语法、被誉为"俄国科学史上的彼得大帝"

面除了初级数学，还有许多物理、几何、航海、天文等方面的知识。罗蒙诺索夫恳求亲戚家的两个孩子把这本书让给他，并用鹿皮上衣交换。

为了读书，小罗蒙诺索夫没少吃苦，但他的学习热情是任何人、任何困难都阻挡不了的。正是因为这种精神，才使得他成为一位全能的科学家。

罗蒙诺索夫在自然科学方面的贡献范围非常广泛，涉及化学、天文学、物理学、地质学等。

借助实验，罗蒙诺索夫推翻了1703年施塔尔提出的"燃素"学说。罗蒙诺索夫准备了专用的玻璃容器，分别放入铅屑、铜屑和铁屑，将容器口封死后加热。最后铅屑熔化了，光闪闪的银白色容器镀上了一层灰黄色；红色的铜屑变成了暗褐色粉末；铁屑变黑了。"燃素"是否进入了容器？它是否同金属化合了？如果它进入了容器，那么容器的重量就应该增加，但称重结果表明，这些容器的重量都没有变化！而金属灰却比原来重了。据此，罗蒙诺索夫得到了这样一个结论："金属没有与'燃素'化合。因为所有的容器重量都没有变化。然而容器内部有一定数量的空气，肯定是金属与空气的微粒化合了。因此金属重量增加了，有多少空气与金属化合，金属就应该增重多少。"

罗蒙诺索夫是最早应用天平来测量化学反应重量关系的化学家，经过大量的实验之后，1756年，罗蒙诺索夫得到了这样一个结论："参加反应的全部物质的重量，等于全部反应产物的重量。"这就是今天我们所熟知的，作为化学科学基石的质量守恒定律。

提出质量守恒定律的科学家——罗蒙诺索夫

直击
成功

罗蒙诺索夫的一生是坚持不懈地为俄国科学奋斗的一生。他天资聪颖，勤奋好学；他志向宏远，百折不挠；他博学多思，心向真理。罗蒙诺索夫对人类创造的一切知识领域广泛涉足，但决不浅尝辄止。正是这种严谨治学、不懈奋斗的精神才使他获得了"俄国科学史上的彼得大帝"的称号。

07 现代建筑的最后大师——贝聿铭

整理：李佩云　丛艳玲

贝聿铭，美籍华人建筑师，生于广州，他的祖辈是苏州望族，其父是中国银行创始人之一——贝祖怡。贝聿铭10岁随父亲来到上海，1935年远赴美国留学，先后在麻省理工学院和哈佛大学学习建筑，于1955年成立建筑事务所，1990年退休。

作为最后一个现代主义建筑大师，他被人描述为一个注重抽象形式的建筑师。他喜好的材料只包括石材、混凝土、玻璃和钢。

作为20世纪最成功的建筑师之一，贝聿铭设计了大量的划时代建筑。贝聿铭属于实践型建筑师，作品很多，论著却较少，他的工作对建筑理论的影响基本局限于其作品本身。

贝聿铭被称为"美国历史上前所未有的最优秀的建筑家"。1983年，他获得了建筑界的"诺贝尔奖"——普利兹克奖。

很多人都知道法国卢浮宫前的玻璃金字塔。越来越多的人将它与埃菲尔铁塔一起视为巴黎的标志和象征。

人物档案

姓　　名：贝聿铭
生　　日：1917.4.26
国　　籍：美国
身　　份：建筑师
重大成就：1983年普利兹克奖得主，被誉为"现代建筑的最后大师"

然而，鲜为人知的是它最初建造时却遭到了巴黎绝大多数人的反对，它的设计者贝聿铭当时在巴黎的街头也遭遇了不少白眼。因为卢浮宫是国家级的标志性建筑，人们希望它保持原样。12世纪时卢浮宫曾是一座城堡，主要供护城士兵居住，并存放粮食和弹药。后来建筑不断扩建，并一度成为皇家宫殿，之后，有多位国王把他们的艺术品陈列于此。像北京的故宫一样，卢浮宫正好处在巴黎的市中心，是皇家威严的象征。1983年时，卢浮宫还是巴黎的一道屏障。如何将宫殿改建成现代化的博物馆成了一个难题。玻璃金字塔成功地解决了这一问题。有了金字塔之后，新旧对比使卢浮宫的建筑更明朗了。金字塔所采用的玻璃和金属结构代表了我们这个时代的特征，与过去截然分开，它告诉人们当今的卢浮宫已不是法兰西国王的宫殿，而是属于"大众"的博物馆。人们对建筑需要适应，需要一个接纳的过程。很多人很早就见过玻璃金字塔的设计图纸；画面上的玻璃金字塔很单薄，所见只是一些交叉的钢筋柱子，人们很难产生那种"一颗闪亮的钻石一般光芒四射"的感觉，所以最初才受到了人们的质疑。然而还是像贝聿铭所说的那样："人们往往很快就能理解建筑……建筑完成之后是有目共睹的。如果有幸得以使用该建筑的话，人们可能就会感慨道：'啊，确实很好，我明白了。'"

现代建筑的最后大师——贝聿铭

直击成功　在这个所有建筑师都在向西方看齐的时代，贝聿铭想通过他的设计提醒人们：中国的传统中还有如此宝贵的建筑风格与技艺，需要我们保存和延续。他希望为新一代的中国建筑师发展一套自己的建筑语言。贝聿铭的成功源自他十足的自信和坚持不懈的努力。

08 首次登上太空的美籍华人——王赣俊

整理：李佩云　丛艳玲

王赣骏于 1984 年 6 月被选为第一位到太空操作自己设计实验的"搭载专家"。1985 年 4 月 29 日至 5 月 6 日，他乘"挑战者"号航天飞机进入太空，主持"零地心引力的液体状态"（又称无重状态下研究液体状态）实验获得成功，成为世界上第一位进入太空的华人。他不仅是世界上首次登上太空的美籍华人，还是著名的物理学家。王赣骏博士在太空向全世界展示了自己随身携带的一面五星红旗，之后又将这面五星红旗赠送给我国领导人。

1985 年 4 月 29 日格林尼治时间 16 时 02 分，王赣骏与其他 6 名机组成员一道乘坐"挑战者"号航天飞机升入太空。王赣骏的任务是做自己的实验，他按照规程一步步打开实验开关，当开到第 5 个开关时，电路却自动关闭，如此试了几次，结果都一样。王赣骏不免开始发慌，身子有些发抖，"我眼中有泪，但没有哭出声来。"这台太空实验仪器用了王赣骏 6 年时间才完成，实验设备占了整个实验室 1/6 的空间，体积庞大，光仪器至少

人物
档案

姓　　名：王赣俊
生　　日：1940.6.16
国　　籍：美国
身　　份：物理学家
重大成就：世界上首次登上太空的美籍华人

值5000万美元，"要是这样回去的话，无颜见江东父老。"他跟地面控制中心联络，要求准许维修仪器。地面控制中心回答"不行"，理由是没有工具，机器太复杂，也没有时间，想放弃这个实验。王赣骏说："那时我觉得，我绝对不能放弃这个实验，因为这是难得的一个机会。空手回去，将来人们讲起来，不会说王赣骏的实验没成功，而会说中国人没有真东西，我绝不能给中国人丢脸。我又向地面控制中心要求一定给个机会争取把仪器修理好，继续我的实验。地面控制中心还是不同意，说你没有时间，还有别的任务。我急了，跟地面控制中心说：'假如你们不给我修理的时间，我就不回去了。'他们吓了一跳，还没有人说过不回来的。他们找了一位心理学家跟我交谈。谈完以后情况还好，心理学家跟太空地面控制中心说：'王赣骏是个非常热心的科学家，他为他的实验愿意作出牺牲，应该给他一个机会。'再加上同事们都说，给王赣骏一个机会让他把仪器修理好，我们帮助他去干他应该干的事情。最后，地面控制中心可能不愿意看到我做出什么傻事，就同意给时间让我修理仪器。我那时心里感到很庆幸。因为我知道，如果他们不让我修，我会坚决不回来。男子汉大丈夫，一言既出，驷马难追。"

在失重的状态下维修仪器困难又多了一重。如果把仪器零件拆开，就会一件件飘走，惟一的办法是钻到仪器里面去修。足足两天半时间，同事们只看到王赣骏露在仪器外面倒悬着的两条腿。故障最终找到，原来是一根细小的电线短路了。

正是他的这种执著、勤奋和严谨的品质，才使王赣骏成为世界上第一位在太空从事自己设计的科学实验的科学家。

直击成功

王赣骏不仅是一位航天物理学专家，而且是一位对祖国有着深厚情感的爱国者。他用多出平常人无数倍的汗水，使自己跻身于当今世界的尖端科研领域，并以一个科学家的身份把自己的科研项目带上太空。智慧加汗水，以及朝着梦想不断前进的坚持，使王赣骏获得了成功。

首次登上太空的美籍华人——王赣俊

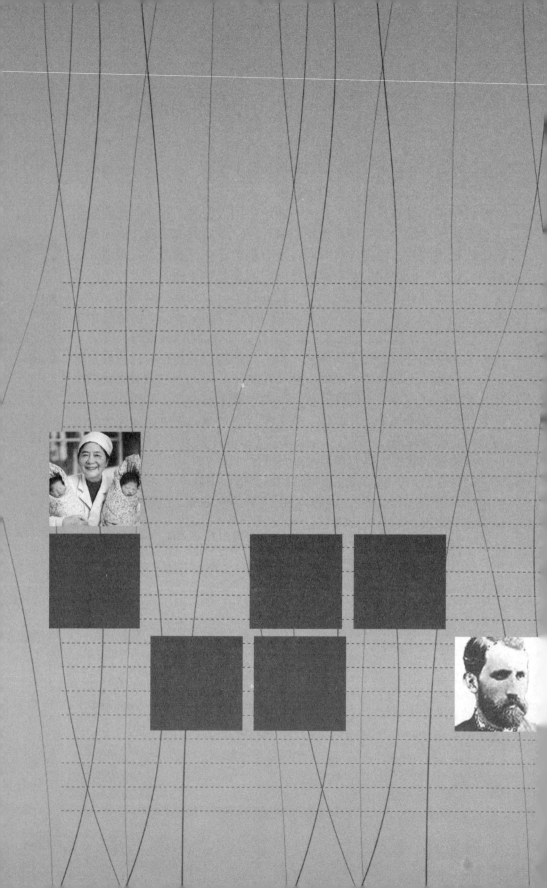

Part 6
生 物

01 中国大陆首例试管婴儿的"缔造者"—张丽珠

整理：汪洋 孙慧

张丽珠1944年毕业于上海圣约翰大学，获得理学士（BS）学位和医学博士（MD）学位。1946年去美国留学。张丽珠所做的癌瘤早期诊断课题在当时属于世界先进研究领域，因而受聘于英国玛丽·居里医院，从事妇产科肿瘤及临床医学方面的研究。由于张丽珠的才华和努力，于1950年10月通过了英国国家考试，获得了英国皇家妇产科学院的文凭。1951年抗美援朝战争爆发，英国和中国成为敌对国家。这时期，张丽珠克服了种种困难，通过香港回到了内地。1986年张丽珠教授主持了国家"七·五"攻关课题《优生——早期胚胎的保护、保存和发育》。

1988年3月10日上午8点56分，在北京大学第三临床医院，张丽珠教授主持研究的中国首例试管婴儿成功诞生，婴儿取名郑萌珠，体重7斤8两，身长52厘米。那一时刻，标志着中国生殖科学完成了一个新的突破。也是那一刻，作为小生命的缔造者，张丽珠教授的激动心情不亚于婴儿的母亲。

人物档案

姓　名：张丽珠
生　日：1921.1.15
籍　贯：云南大理喜洲
身　份：妇产科医学专家
重大成就：1988年3月开创了中国首例试管婴儿的先河

而在郑萌珠出生之前，张丽珠以同样的方法做了13例试管婴儿培育的探索。失败乃是成功之母，张丽珠教授不断总结经验，凭着韧性，一步步地迈向成功。

1988年3月18日，中国大陆首例配子输卵管内移植婴儿也在张丽珠教授带领的团队诞生；第二例试管婴儿于1988年5月27日诞生。这两项成果先后获得北京市科技进步一等奖和国家科技进步二等奖。张丽珠教授于1989年底，研究创新了阴道B超下一根针取卵方法。这项手术创伤小、可重复进行，所以被列为"常规取卵法"。她带领团队进行试管婴儿周期1300多次，使临床妊娠率从早期的6.4%上升至32%，活婴率达到20%。从此中国在这一技术上迈入了国际先进行列。

中国是一个具有根深蒂固传统观念的国家，不少人对试管婴儿这种非自然怀孕的生殖方式持排斥态度。即使在今天，也有些人不能理解试管婴儿这一新技术。曾有人问张丽珠教授，中国有那么多人口，为什么还要搞试管婴儿呢？张丽珠教授认为，试管婴儿与国家的计划生育政策并不抵触，这项工作是计划生育工作的一部分。不育症给患者的家庭、社会造成了很大的压力，为人治病（包括身体上和精神上的疾病）是医生的天职。

张丽珠教授在民间享有"送子观音"、"试管婴儿之母"的美誉，受到了国内外医学界和大众的好评。如今，年逾八旬的张丽珠教授依然在为宣传、发展和提高中国的试管婴儿技术忙碌着。她说："在事业道路上的探索，让我感到了幸福和快乐。"

中国大陆首例试管婴儿的『缔造者』——张丽珠

直击成功　　张丽珠的父亲教导她："恳恳尽吾能，不暇问收获，辛辛尽吾时，不知有穷遏。"这一教诲给她留下了深刻的印记并伴随她人生的每一刻。在面临回国还是在海外发展的抉择时、在面对医学事业困境时她都认真地实践着这句话。相信，当平凡的我们用这句话鞭策自己时，也一定会收获属于自己的事业成功和生活幸福。

02 细胞学之父——施旺

整理：汪洋　孙慧

施旺是一位金匠的儿子。从少年时代起，内向的性格使施旺对宗教产生了强烈的兴趣。16岁时，他离开故乡，进入位于科隆的耶稣教会学院学习宗教。在学院中，施旺接触了关于人与自然现象的描述，领悟到自然界和人类的发展体现了一个自身逐渐完美的过程。为了论证这个规律，施旺离开教会学院，到大学中去学习医学，并最终取得了医学博士学位。在柏林，施莱登与布朗的相遇催生了细胞学说。同样是在柏林，1837年施旺与施莱登的相遇，使细胞学说扩展到了动物界。施旺后来回忆说："一天，当我和施莱登一起用餐时，这位著名的植物学家说，细胞核在植物细胞的发生中起着重要的作用。我立刻想起曾在脊索细胞中看见过同样的'器官'。在这一瞬间，我领悟到，如果我能够成功地证明，脊索细胞中的细胞核起着在植物细胞的发生中所起的相同作用，那么，这个发现将是极其重要的。"

用餐结束后，施旺立刻着手证明动物细胞中细胞核

人物档案

姓　　名：施旺·特奥多尔
生卒日：1810.12.7 ~ 1882.1.11
国　　籍：德国
身　　份：生理学家
重大成就：细胞学说的创立者之一，普遍被认为是现代组织学（研究动植物组织结构）的创始人

的存在。他首先选用的材料是动物的脊索细胞和软骨细胞，因为它们的结构与植物的细胞壁相似。他如愿地观察到了细胞核。此后，他又研究了许多其他种类的动物细胞。在当时的条件下，观察动物细胞远比观察植物细胞要困难得多，因为动物细胞有些非常小，通常都很透明，不易观察。尽管如此，施旺还是证明了在众多动物的组织形态中，都有细胞核的身影。

1839年，施旺发表了《关于动植物的结构和生长一致性的显微研究》一文，从动物科学的角度得出了细胞学说：细胞是构成动物的基本单位，动物细胞的基本构成大体相同，虽然不同动物细胞的作用不见得相同，但各种细胞的发生是相似的。动物和植物一样，也是由细胞组成的；动物细胞和植物细胞一样，都含有细胞膜、细胞内含物和细胞核。同时期施莱登也提出这个观点，即"细胞的结构可能相当广泛存在，或许是所有有机物质构造的一个普遍原则"。

施旺发表了自己最重要的论文后，就离开了德国，到比利时的大学中担任解剖学教授。后来，相继有8所德国著名大学以优厚的待遇邀请他回国任教，都被他一一回绝。施旺过于内向，不愿意在德国的大学中担任教授，因为那意味着他将更多地在公开场合抛头露面，与其他学者面对面地辩论，这不是他的风格，所以最终他还是选择在宁静的异国他乡度过余生。

细胞学之父——施旺

直击成功　虽然施旺性格过于内向、不善言谈，但是他能够坚持自己的兴趣并为之付出努力，他还善于吸纳别人的见解，深入地思考，潜心研究，从而成就了他的伟大事业。施旺的成功告诉我们：兴趣是最好的老师，找到自己的兴趣所在，再创造条件发展自己的兴趣，我们就向成功迈进了一大步。

03 DNA 的发现者——米舍尔

■■■■ 整理：汪洋　王媛昕

米舍尔出生于莱茵河畔瑞士西北部城市巴塞尔，父亲是一名解剖学教授。儿时的他虽然比较害羞和内向，但学习成绩非常优异，被公认是个天资十分聪明的孩子。

米舍尔1868年获得博士学位后，投奔到被誉为"天才化学家"的 E·霍佩·赛勒门下。此时，科学界关于细胞核的研究，还仅仅停留在"细胞核被作为细胞中央很少见到的斑点"而加以描述的阶段，尤其是"遗传信息库"的这一重要作用仍待确定。米舍尔很想揭示细胞核的化学组成。

米舍尔在 E·霍佩·赛勒的实验室所承担的工作是研究脓血中细胞的化学成分。当时正值克里米亚战争时期，实验室附近有一家医院里面住着受伤的士兵，常常扔出许多带脓血的绷带，脓血里有与病菌"作战"而死亡的白细胞以及其他死亡的人体细胞。米舍尔细心地将绷带上的脓血收集起来。他先用酒精把细胞中的脂肪性物质去掉，然后用猪胃黏膜的酸性提取液（一

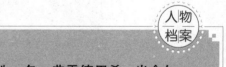

种能除掉蛋白质的胃蛋白酶粗制品）进行处理，结果发现细胞的大部分被分解了，而细胞核只是缩小了一点儿，仍然保持完整。得到细胞核后，米舍尔对组成细胞核的物质进行了化学分析，发现细胞核内含有与细胞内其他有机物明显不同的物质，这种物质的磷含量很高，远高于蛋白质，而且对蛋白酶有耐受性。米舍尔认为这是一种新物质。E·霍佩·赛勒当时是生物化学界的权威，治学严谨，他在亲自用酵母细胞做实验验证米舍尔的发现后，才允许米舍尔发表这个成果。

米舍尔将他发现的新物质命名为"核素"。这是一个在当时很不寻常的发现。活细胞中央竟会存在磷？这似乎令人难以置信。在对此物质的基本化学成分进一步的研究中，米舍尔发现它实际上是酸。1874 年，米舍尔将他发现的物质分离成蛋白质和酸分子后，改称其为核酸。后来人们又发现核酸有两种：一种是脱氧核糖核酸（DNA），另一种是核糖核酸（RNA）。米舍尔发现的物质为脱氧核糖核酸，它作为染色体的一个组成部分而存在于细胞核内，是生物的遗传物质，携带着遗传信息。

核酸十分不稳定，提取时必须非常小心，速度要快，还得保持很低的温度。为了制备核酸，米舍尔常常从清晨 5 点就开始在低温的房间里工作，这大大影响了他的健康。由于积劳成疾，他 51 岁就离开了人间。

直击成功　　功夫不负有心人，在伤口脓血的白细胞的细胞核中，米舍尔找到了他的研究成果。由此可见，在科学研究领域，成功总会青睐于善于观察、刻苦研究的人。米舍尔观察生活，从生活中找到了自己需要的实验材料；他细致入微的研究让他揭示了埋藏在细胞核中的奥秘。

04 第一位发现病毒的人——伊万诺夫斯基

整理：汪洋　王媛昕

伊万诺夫斯基是世界上第一位发现病毒的人，被后人誉为"病毒学之父"。

19世纪末，俄国的烟草染上了一种可怕的疾病。烟草的嫩叶抽出不久，就在上面出现了一条条黄黄绿绿的斑纹，接着叶子卷缩起来，最后枯萎、腐烂。这种病叫做烟草花叶病。它蔓延得很快，使烟草种植者蒙受了巨大的经济损失。

伊万诺夫斯基在亲眼目睹了这一切后，就下决心要查个水落石出。伊万诺夫斯基采了几片得病的烟叶，捣烂加上水调成浆液，然后把这种浆液滴在没得病的烟叶上。过了几天，这些烟叶也得了花叶病。伊万诺夫斯基由此得出结论：传染烟草花叶病的凶手就藏在叶子里。

当时，科学界普遍认为花叶病是由细菌引起的，伊万诺夫斯基把病烟叶的浆液接种在细菌培养基上，好让它们长成便于观察的菌落，结果没有成功。他又在光学显微镜下对病叶组织进行观察，结果也没有看到致病"凶手"的踪影。

一天，伊万诺夫斯基看到了一份实验报告："花叶

人物档案

姓　名：	迪米特里·伊万诺夫斯基
生卒日：	1864.8.13 ~ 1920.8.26
国　籍：	俄国
身　份：	科学家、病毒学家
重大成就：	世界上第一位发现病毒的人

病烟草的浆液用两层过滤纸过滤之后，好像失掉了它的传染性。"这样说来，病原就是一种比细菌大的微生物，因为细菌是能透过过滤纸的。可是如果真是这样，那为什么用显微镜看不见它们呢？伊万诺夫斯基重复了这个实验，所得结果却恰恰相反，滤液仍能使烟叶得病。他又选择了一种孔隙更小的细菌不能通过的过滤器，用它来过滤病叶的浆液，再把经过过滤的滤液，注射到无病烟叶中。几天后，烟叶上出现了黄色的花斑，这说明滤液还是具有传染性，致病"凶手"要比细菌小得多。

1892年2月，在彼得堡科学院会议上伊万诺夫斯基报告了自己的实验结果。他认为："花叶病的浆液通过细菌过滤器仍旧能引起感染，这说明存在两种可能：一种可能是病原体非常微小，能够通过过滤器；另一种可能是，细菌本身虽然不能通过过滤器，但是它分泌的毒素溶解在浆液里，也能引起花叶病。"

为了验证致病"凶手"是不是毒素，他开始了新的实验。先把得病烟叶的浆液注射进第一株无病烟草的叶子里；等这棵烟草得病后，再把它的叶子做成浆液，注射进第二株无病烟草的叶子里；然后，再把第二株的病叶做成浆液，注射给第三株，这样一株一株地接连注射下去。如果花叶病的病原是毒素，那么，注射进第一株烟草的毒素最多，发病也应该最迅速、最严重。随后注射的毒素仅含有前一株的一部分，这样，注射的毒素一株比一株少；它们发病反应也应该一株比一株慢，一株比一株轻。可是，实验结果完全相反。这就说明了病原根本不是什么毒素，而是活的有机体。因为只有活着的生命，才可能在烟草中不断地繁殖，从而使浆液的毒性越来越强。就这样，伊万诺夫斯基用实验证明了烟草花叶病的致病"凶手"是一种比细菌还要小的有机体，这就是最小的生命——病毒。

直击成功　　由于电子显微镜还没有被发明，限制了伊万诺夫斯基研究的继续进行，但他的研究成果还是让人感受到了另一种病原体的存在，为更进一步研究病毒开创了先河。精细的实验是伊万诺夫斯基成功的基石，他对科学研究严谨的态度、不断求索的精神更是值得后人学习和传承。

05 氧气的发现者——普利斯特利

整理：汪洋　王媛昕

普利斯特利出生于英国里兹一个织布工人家庭，7岁丧母，姑母收养了他，供他上学，学做牧师。普利斯特利酷爱化学，在做牧师期间，常常抽空去听一些有关化学方面的讲座，并开始着手进行化学实验。有一次，普利斯特利在伯明翰跟朋友庆祝巴士府日（法国国庆日），因激怒一群人，他们烧了普利斯特利的家和实验室，弄丢了他有价值的论文，并把他及家人驱逐到伦敦。后来，他到了美国。在美国，他作为伟大的朋友和著名人士受到热情款待，还受到了美国总统乔治·华盛顿和物理学家富兰克林的接见。他在宾西法尼亚州的诺森伯兰定居并建立了实验室，继续他的化学实验。

　　1774年的一天，朋友送给普利斯特利一个直径为0.305米的放大镜。他便利用这个放大镜做"助手"，在实验室里做起实验来。他在实验记录里这样写道："我在得到一个凸透镜之后，便非常快乐地去进行我的实验了。如果把各种不同的东西放在一只充满水银的瓶子

人物档案

姓　　名：约瑟夫·普利斯特利
生卒日：1733.3.13 ~ 1804.2.6
国　　籍：英国
身　　份：化学家
重大成就：完成了6个最有价值的气体实验，最重要的贡献是发现氧气

里，然后，再把那瓶子倒放在水银槽中，接着，再用凸透镜使太阳的热集中到那物体上。做了许多实验后，我拿三仙丹（即氧化汞）代替瓶中的水银来做实验。我非常快乐地看到，当用凸透镜照射之后，三仙丹竟然产生许多气体。"于是，他立即在水槽里收集了这种气体。在做进一步的研究时，他发现，在盛这种气体的玻璃瓶里，木炭燃烧得异常猛烈。他又把两只小老鼠放进了充满这种气体的瓶子里，这两只小老鼠也一反常态，显得比平时更活泼。

普利斯特利自己也异常激动。他亲自试了试这种气体对人的影响，当这种气体被吸入肺部时，他顿时感到一种从未有过的轻松和舒畅。这一天是1774年8月1日。他在实验记录的结尾这样写道："有谁能说这种气体将来不会变成时髦的奢侈品呢？不过，现在只有两只小老鼠和我，才能享受呼吸这种气体的权利。"

这就是氧气。不过，当时普利斯特利由于受"燃素学说"的错误影响，没有认识到是氧气，而给它取名叫"失燃素的空气"。氧气是一种看不见、闻不到、摸不着的气体，能成为第一个发现它的人是很不容易的。

在发现氧100周年的1874年8月1日，成千上万的人聚集在英国的伯明翰城，为英国化学家、氧的发现者普利斯特利的铜像举行揭幕典礼。美国化学学会也选定在这一天正式成立。这种空前的盛况，说明氧的发现是具有多么重大的意义啊！

直击成功 一个直径为0.305米的放大镜，看起来微不足道，它竟成为普利斯特利发现氧的工具。可见，利用我们身边的事物细心观察就有可能帮助我们成就未来。当然科学家们还同时具备了反复实验的意志和缜密思维的头脑，这是他们成功的基石。

06 血型的发现者——兰德斯坦纳

■ 整理：汪洋 张玉竹

兰德斯坦纳1900年在维也纳病理研究所工作时发现了一个人的血清有时会与另一人的红细胞凝结的现象。这一现象对病人是非常危险的，但当时医学界没有予以足够的重视。兰德斯坦纳对这个问题却非常感兴趣，并开始了认真、系统的研究。

兰德斯坦纳经过长期的思考，想到：会不会是输血者的血液与受血者身体里的血液混合后产生病理变化，从而导致受血者死亡？1900年他采集了22位同事的正常血液交叉混合，发现红细胞和血浆之间发生反应，也就是说某些血浆能促使另一些人的红细胞发生凝集现象，但也有的不发生凝集现象。于是他将血液实验结果编写在一个表格中。通过仔细观察这份表格，他发现人类的血液按红细胞与血清中存在的不同物质可以分为许多类型，于是他把表格中的血型分成三种：A、B、O。不同血型的血液混合在一起就会出现不同的情况，可能发生凝血、溶血现象，这种现象如果发生在人体内就会危及人的生命。

1902年，兰德斯坦纳的两名学生把实验范围扩大到

人物档案

姓　名：卡尔·兰德斯坦纳
生卒日：1868.6.14 ～ 1943.6.26
国　籍：奥地利
身　份：医学家
重大成就：发现了 A、B、O、AB 四种血型中的前三种

155 人，发现除了 A、B、O 三种血型外还存在着一种较为稀少的第四种类型，后来称为 AB 型。1927 年经国际会议公认，采用兰德斯坦纳原定的字母命名，即确定血型有 A、B、O、AB 四种类型，至此现代血型系统正式确立。但在当时许多人并没有看清楚这项科学发现在医学上的重要意义，所以兰德斯坦纳并没有因此而扬名。直到 8 年后的一个看似偶然的事件才使他声名大噪。

那是 1908 年的春天，在威海米娜医院有一个患儿生病发烧，几天后又出现下肢瘫痪，对此医生们毫无办法。兰德斯坦纳仔细检查了患儿，根据他多年研究的结果，从理论上讲治疗这种病是有一定依据的，只是还没有成功的经验。已经绝望的患儿母亲似乎看到了一丝希望，她决定让兰德斯坦纳试一试。兰德斯坦纳运用血清免疫的原理把病人的病原因子输到一只猴子身上，待猴子产生抗体之后，再把猴子的血制成含有一种抗体的血清，将这种血清接种到病人身上，生病的孩子很快就被救治了。

兰德斯坦纳从此出了名。但兰德斯坦纳最关注的还是血型研究。但在奥地利他不受重视，于是他辗转到美国的洛克菲勒医学院做研究员。在当时，以 A、B、AB、O 四种血型进行输血，偶尔还会发生输同型血后产生溶血的现象，这对病人的生命安全是一个极大的威胁。1927 年，兰德斯坦纳与美国免疫学家菲利普·列文共同发现了血液中的 M、N、P 因子，从而比较科学、完整地解释了某些多次输同型血发生的溶血反应和新生儿溶血症等问题。1930 年，兰德斯坦纳被授予诺贝尔医学及生理学奖。

血型的发现者——兰德斯坦纳

直击成功 在兰德斯坦纳时代，常常发生人类输血而死亡的事件，因此，医生非常关注这个问题。但为什么只有他想到了这是因为血型不同造成的呢？也许兰德斯坦纳和其他医生的不同之处在于他学习过化学，能够将生物现象作为物质去探索；也许因为他不仅按照要求对医学中出现的许多现象加以注意，并且还能对这个现象问一声为什么并一追到底；也许他运用了恰好能解决问题的研究手段……但正是这诸多"也许"，才注定了兰德斯坦纳必然的成功。

07 胰岛素的发现者——班廷

整理：汪洋　张玉竹

班廷全名弗雷德里克·格兰特·班廷，1922 年他发现了一种能够降低血糖，从而控制糖尿病的物质——胰岛素。这一发现很快引起了全世界的轰动，近半个世纪以来困扰着生理学、医学界的难关终于被突破了，它为全世界的糖尿病人带来了福音。

那是 1920 年 10 月底，班廷为了准备给学生讲授胰腺机能而查阅文献。当时，已经有人推测糖尿病的病因可能与胰腺激素有关，但实验中口服胰腺提取物制成的试剂却对治疗糖尿病毫无裨益，所以这种推测不成立。班廷却对这一推测产生了兴趣。他进一步查阅资料，了解到胆结石阻塞胰腺导管会引起除胰岛之外所有胰腺萎缩，这种胰脏不能分泌消化液，却不会使机体患糖尿病。

这一发现给了班廷很大的启示，它一方面证实了胰岛的特殊作用，另一方面让班廷想到了这样一个假设：胰腺的提取物之所以对治疗糖尿病无效，可能是因为在制剂过程中胰腺酶将这种抗糖尿病激素破坏了。另外在

人物档案

姓　　名：弗雷德里克·格兰特·班廷
生卒日：1891.11.14 ~ 1941.2.21
国　　籍：加拿大
身　　份：生理学家
重大成就：发现胰岛素并使用它治疗糖尿病

口服的过程中，消化酶也会将激素分解。这一推测是否正确，只要用萎缩的胰腺（不含胰酶，只有胰岛）制成药剂，用注射的方法对糖尿病人进行治疗，看是否有效即可证明。

1921 年 4 月，经过班廷的多次求助，苏格兰生理学教授麦克劳德终于同意资助班廷实验。在助手白斯特帮助下，班廷开始实验。他们先给狗作胰导管结扎，这与胆结石堵塞胰导管类似，进而出现胰腺萎缩的症状。接着，他们摘除了另一条健康狗的胰脏，造成实验性糖尿病。到了 7 月 27 日，班廷从结扎的狗身上取出萎缩得只剩胰岛的胰腺，制成药剂，注入除去胰脏而患病的狗身上。他们发现，狗的血糖量迅速下降，经数天治疗后，恢复了正常。之后，班廷又成功地用胰岛制剂降低了糖尿病人的血糖，证明了它对糖尿病的疗效。两位无名的青年在一个暑假内做到了多年来许多学术权威未办到的事。班廷将这种提取物称为胰岛素，从那一刻起，有数千万糖尿病人因为它获得了新生。为了表彰班廷的这一杰出贡献，1923 年他和麦克劳德被授予诺贝尔生理学或医学奖。

胰岛素的发现者——班廷

直击成功　　对班廷而言，胰岛素的发现似乎是偶然的。但是班廷这位无名的外科医生，能解决半个世纪以来许多学者、权威都束手无策的难题，绝不是凭运气。他有一种善于发现问题，敢于尝试用新方法解决问题的能力。他那种知难而上，不达目的不言放弃的精神是值得每一个人学习、借鉴的。

08 地球母亲——珍妮·古多尔

整理：汪洋　车冬梅

珍妮·古多尔 26 岁的时候，只身前往坦噶尼喀（今非洲坦桑尼亚）的冈比国家公园，研究野生黑猩猩。

在非洲，她找到了著名的人类学家利基。利基为古多尔挑选的地方是坦桑尼亚的贡贝自然保护区，那里有黑猩猩出没。在那个年代做野外考察的女性可谓凤毛麟角，尤其是在非洲。古多尔的独特并不仅仅因为她是一位女性，还因为她根本没有接受过正规的专业训练。古多尔在贡贝的第一个发现就令世人（其实是学者）大跌眼镜。她报道黑猩猩能够使用并制造工具：一只黑猩猩折取一根树枝，把上面的叶子摘去(这正是制造工具的雏形)，然后伸入一个洞里，当取出树枝时，上面沾满了白蚁，那正是黑猩猩的食物。长期以来，学者们一直将人定义为"会制造工具"的物种，现在居然发现黑猩猩也有此等本领，这好似对"书本理论"的公然质疑。但是，对古多尔来说，这一切来得却是如此自然，因为她没修过

人物档案

姓　　名：珍妮·古多尔
生　　日：1934.4.3
国　　籍：英国
身　　份：动物学家
重大成就：全世界第一个观察并研究野生黑猩猩的人。36 年间对黑猩猩种群的 15 项重大发现被誉为西方世界最伟大的科学成就之一

大学的相关课程，所以她从来也不知道书上对人的定义，她只是凭着对黑猩猩的近距离（甚至零距离）接触，记下了这样的事实。

古多尔历经近 30 年的研究，在 1986 年出版了被描述为"西方世界最伟大的科学成就之一"的著作《冈比的黑猩猩》。之后她把数据收集的工作交给在当地进行野外考察的助手和她的博士研究生，自己则投入保护黑猩猩及其栖息地的工作中。她建立的"根与芽"组织致力于鼓励青少年投身环境保护，目前已在全世界 100 多个国家展开。她的新书《动物和动物世界的希望——如何拯救濒危物种》讲述了人们在拯救许多濒临灭绝的动物时所付出的努力。古多尔的工作已经远远超越了保护黑猩猩和它们的栖息地，她对大自然的保护有着全面的考虑，并且意识到保护自然环境必须在所有领域上同时展开。

2006 年 1 月 17 日，珍妮·古多尔博士被授予法国军团荣誉勋章。联合国教科文组织授予她联合国教科文组织 60 周年勋章，表彰其为保护濒临灭绝的非洲黑猩猩而做出的贡献，并任命她为联合国的和平信使。

古多尔是动物保护领域的一位杰出人物，是一位世界级环保社会活动家，更有人称其为"地球母亲"。她提醒我们"即使我们为了拯救这颗星球上仅存的野生动物而全体自杀，只要下一代万物之灵没有学会善待野生动物，我们所做的一切还是徒劳无功"。

地球母亲——珍妮·古多尔

直击成功

作为一位杰出的科学家，珍妮·古多尔的品德为众人所仰慕，如她对自然界的无限爱好和了解、对知识的永不满足；她有超人的勇气、耐心和恒心，入微见细的观察能力；她忠实于科学事业，从不讳言自己的缺点。而珍妮的成功更在于她的信念与坚持，她在演讲中最喜欢展现一株从广岛取回的核爆后重生的树苗，然后告诉充满活力与梦想的年轻人："Hope is always there."（希望永远存在）

09 现代环境保护主义先驱——蕾切尔·卡逊

整理：汪洋　车冬梅

蕾切尔·卡逊的小说《寂静的春天》引发了美国以至全世界的轰动。美国著名刊物《时代》在 2000 年 12 期，即 20 世纪最后一期中将蕾切尔·卡逊评选为本世纪最有影响的 100 个人物之一。在纽约大学新闻学院评选的本世纪 100 篇最佳新闻作品中，《寂静的春天》名列第二。《匹兹堡杂志》将卡逊评选为"世纪匹兹堡人"之一，她向公众和政府呼吁加强对环境的关注和爱护，最终促进了美国国家环境保护局的建立和"世界地球日"的设立。

卡逊诞生于美国宾夕法尼亚州匹兹堡市泉溪镇一个乡间小河畔的农舍里。1936 年，她开始在美国渔业与野生动物管理委员会工作。在闲暇时间，她将工作中的研究成果改写成抒情散文。第一篇是《海洋下面》，发表在 1937 年的《大西洋月刊》上。随后她写了著名作品《在海风的吹拂下》。1952 年，她的传世之作《我们周围的海洋》引起轰动，被翻译成 32 种文字在世界各国出版发行，并于同年获得美国国家科学技术图书奖和伯洛兹自

人物档案

姓　　名：蕾切尔·路易斯·卡逊
生卒日：1907.5.27 ～ 1964.4.14
国　　籍：美国
身　　份：海洋生物学家、科普作家
重大成就：发表《寂静的春天》、《我们周围的海洋》等科普作品

然科学图书奖。1955年她又出版了《海之边缘》，这些作品使卡逊成为著名的科普作家。

1952年，卡逊从政府机构辞职开始了她的专业写作生涯。她开始关注第二次世界大战后合成化学杀虫制剂的滥用问题，并进行调查和研究。1962年，她发表了震惊世界、具有重大影响的惊世之作《寂静的春天》。书中她对农业科学家的科学实践活动和政府的政策提出质疑，并号召人们迅速改变对自然世界的看法和观点。《寂静的春天》发表后，她承受了来自化学工业界和政府部门的巨大压力和攻击，她被说成是"杞人忧天者"、"自然平衡论者"。

杀虫剂生产贸易组织、美国农业化学品联合会耗资50000美元来宣传卡逊的错误，保护自己的经济利益。但是，科技界、政界和工业界的许多人都认为，卡逊所提出的重要问题和书的矛头直指科技成果的正直性、道德领导性和社会导向性。卡逊向人们揭示了人类对自然的冷漠，大胆地将滥用DDT的行为暴露在光天化日之下。在身患重病、面对攻击甚至是人身攻击的巨大压力下，她一直坚持自己的观点，大声疾呼人类要爱护自己的生存环境，要对自己的智能活动负责，要保持理性思维并与自然和睦相处。她不屈不挠的斗争引起了美国社会的认同，更引起了美国总统尼克松的关注。经过总统顾问委员会的调查，1963年，美国政府认同了书中的观点，她被邀请参加美国总统的听证会。会上，卡逊要求政府制定保护人类健康和环境的新政策。

1964年4月14日，卡逊在经过了长时间的与乳腺癌的抗争之后与世长辞。

现代环境保护主义先驱——蕾切尔·卡逊

直击成功　蕾切尔·卡逊的一生中，始终怀有率真而执著的梦想。这使我们想到了另一位杰出女性居里夫人说过的一句话："我们应该首先把人生变成一个伟大的梦，然后再把这个梦变成现实。"其实，成就伟业的倒未必是梦想本身，而是梦想所带来的人格、行为和思维方式。

10 微生物学之父——路易斯·巴斯德

整理：汪洋　车冬梅

路易斯·巴斯德是近代微生物学的奠基人，创立了一整套独特的微生物学基本研究方法，是一位科学巨人。

巴斯德一生进行了多项探索性的研究，取得了重大成果，是19世纪最有成就的科学家之一。他用一生的精力证明了三个科学问题：其一，每一种发酵作用都是由一种微生物引起的。巴斯德发现用加热的方法可以杀灭那些让啤酒变苦的微生物。很快，"巴氏灭菌法"便应用在各种食物和饮料上。其二，某种传染病是由相应的某一种病菌在生物体内的发展引起的。巴斯德发现并根除了一种侵害蚕卵的细菌，拯救了法国的丝绸工业。其三，引起传染病的病菌，在特殊的培养之下可以减轻毒力，使它们从致病菌变成防病的疫苗。他意识到许多疾病均由微生物引起，于是建立起了细菌理论。

巴氏灭菌法，亦称冷杀菌法，是一种利用较低的温度既可杀死病菌又能保持食品中营养物质不变的灭菌方法，现在常广义地指各种杀死病原菌的热处理方法。我

人物
档案

姓　　名：路易斯·巴斯德
生卒日：1822.12.27 ～ 1895.9.25
国　　籍：法国
身　　份：微生物学家
重大成就：发明"巴氏灭菌法"

们喝的袋装牛奶有些就是采用巴氏灭菌法生产的。

巴斯德被世人称为"进入科学王国的最完美无缺的人"，他不仅是个理论上的天才，还是个善于解决实际问题的人。1843年他发表的两篇论文——《双晶现象研究》和《结晶形态》，开创了对物质光学性质的研究。1856年至1860年，他提出了以微生物代谢活动为基础的发酵本质新理论，1857年发表的《关于乳酸发酵的记录》是微生物学界公认的经典论文。1880年后，他又成功地研制出鸡霍乱疫苗、狂犬病疫苗等多种疫苗，其理论和免疫法引起了医学实践的重大变革。此外，巴斯德的工作还成功地挽救了法国处于困境中的酿酒业、养蚕业和畜牧业。

由于在科学上的卓越成就，使得巴斯德在整个欧洲享有很高的声誉，德国的波恩大学郑重地把名誉学位证书授予了这位赫赫有名的学者。但是，普法战争爆发后，德国强占了法国的领土，出于对自己祖国的深厚感情和对侵略者德国的极大憎恨，巴斯德毅然决然把名誉学位证书退还给了波恩大学。他说："科学虽没有国界，但科学家却有自己的祖国。"这掷地有声的话语，充分表达了一位科学家的爱国情怀，这句话也因此而成为一句不朽的爱国名言。

直击成功　巴斯德说："在观察事物之际，机遇偏爱有准备的头脑。"有准备的头脑离不开长期不懈的努力和点滴的积累。巴斯德本人就是经过长期不懈的认真踏实的工作，才创立了现代微生物学的伟大理论。他的成功提示我们应该力戒心浮气躁、浅尝辄止的毛病，提倡注重细节、把小事做细。正所谓："泰山不拒细壤，故能成其高；江海不择细流，故能就其深。"

11 进化论的奠基人——达尔文

整理：汪洋 张玉竹

达尔文出生在英国施鲁斯伯里镇，其祖父和父亲都是当地的名医，家人希望他也能继承祖业，16 岁时将他送到爱丁堡大学学医。因为达尔文无意学医，进入医学院后，他仍然经常到野外采集动植物标本并对自然科学产生了浓厚的兴趣。父亲认为他"游手好闲"、"不务正业"，一怒之下，于 1828 年送他到剑桥大学，改学神学，希望他将来成为一个"尊贵的牧师"。在剑桥期间，达尔文对自然科学的兴趣变得更加浓厚，完全放弃了对神学的学习。他结识了当时著名的植物学家 J·亨斯洛和著名地质学家席基威克，并接受了植物学和地质学研究的科学训练。

1831 年至 1836 年达尔文以博物学家的身份，乘"贝格尔"号参加了英国派遣的环球航行，做了五年的科学考察。在动植物和地质方面进行了大量的观察和采集。回到英格兰后，他一直忙于研究，立志成为一个促进进化论发展的严肃的科学家。他的第一个笔记，是家养和

人物档案

姓　名：查尔斯·罗伯特·达尔文
生卒日：1809.2.12 ~ 1882.4.19
国　籍：英国
身　份：生物学家
重大成就：撰写《物种起源》、《人类的由来及性选择》等生物学名著

自然环境下动植物的变异。他研究了所有可能到手的资料：个人观察和实验、别人的论文、与国内外生物学家的通信、与园丁和饲养员的对话等等，很快得出结论，家养动植物的变异是人工精心选择造成的。但是自然环境下的变异又是怎么来的呢？他仍然不清楚。一年之后，达尔文在休闲时读了马尔萨斯的《人口论》，意识到，马尔萨斯的理论也可以应用于生物界。经过综合探讨，最终形成了生物进化的概念。

然而，达尔文对发表研究结果则抱着极其谨慎的态度。1842 年，他开始撰写一份大纲，后将它扩展至数篇文章。1858 年，达尔文决定把华莱士的文章和他自己的一部分文稿呈交专业委员会。1859 年，《物种起源》一书问世，初版 1250 册当天即告售罄。以后达尔文用了二十年的时间搜集资料，以充实"物种通过自然选择进化"的这一学说，并阐述其后果和意义。

作为一个不求功名但具创造性气质的人，达尔文回避了对其理论的争议。当宗教狂热者攻击进化论与《圣经》的创世说相违背时，达尔文却撰写了另外几本书。1871 年发表了《人类的由来及性选择》，报告了人类自较低的生命形式进化而来的证据、动物和人类心理过程相似性的证据以及进化过程中自然选择的证据。

进化论的奠基人——达尔文

直击成功　　达尔文创立了被列为 19 世纪自然科学三大发现之一的进化论。在自传中，他这样总结自己为创立进化论奋斗的一生："最重要的是，爱好科学—不厌深思—勤勉观察和收集资料—相当的发明能力和常识。"达尔文的经验，难道不值得我们深思吗？达尔文的经验，告诉我们一个最朴素的道理：一个人从小就要树立远大的志向，要不怕艰辛，矢志不渝地为自己的理想而奋斗，直至成功。

Part 7
思想 品德

01 充满自信的著名音乐指挥家——小泽征尔

整理：王迎春　吴燕颖

小泽征尔生于中国沈阳，1951年进入日本东京桐朋学园高等学校音乐系学习指挥。1959年在法国第九届贝桑松国际指挥比赛、伯克郡音乐节的指挥会演和卡拉扬主持的比赛中获奖。1970年起任旧金山交响乐团常任指挥和音乐指导，后与波士顿交响乐团签订终身合同，任音乐指导、指挥，并兼任新日本爱乐乐团的首席指挥，他是第一位活跃在欧美乐坛并获得广泛赞誉的亚洲指挥家。他的指挥风格简洁明快、热情洋溢，豪迈奔放地将乐曲引向高潮，又能恰如其分地控制速度和力度的变化。他善于运用带有表情的目光和"会说话"的双臂来表达自己的思想，音乐表现意图十分明确。他指挥时好像在浩瀚的音乐海洋中游泳，使观众感到他浑身都是音乐。

小泽征尔是世界著名的音乐指挥家。一次，他去欧洲参加指挥家大赛。决赛时，他被安排在最后。评委交给他一张乐谱，小泽征尔稍做准备便全神贯注地指挥起来。突然，他发现乐曲中出

人物档案

姓　名：小泽征尔
生　日：1935.9.1
国　籍：日本
身　份：音乐指挥家
重大成就：为日本音乐界注入活力，创办了每年一度的松元斋藤纪念音乐节；是亚洲古典音乐家之一

现了一点不和谐，开始他以为是演奏错了，就指挥乐队停下来重新演奏，但仍觉得不自然，他感到乐谱确实有问题。可是，在场的作曲家和评委会权威人士都声明乐谱不会有问题，是他的错觉。面对几百名国际音乐界权威，他不免对自己的判断产生了动摇。但是，他考虑再三，坚信自己的判断是正确的。于是，他大声说："不！一定是乐谱错了！"他的声音刚落，评判席上那些评委们立即站立起来，向他报以热烈的掌声，祝贺他大赛夺魁。

原来这是评委们精心设计的一个圈套，以试探指挥家们在发现错误而权威人士又不承认的情况下，是否能够坚持自己的判断。因为，只有具备这种素质的人，才真正称得上是世界一流的音乐指挥家。在三名选手中，只有小泽征尔相信自己而不附和权威们的意见，从而获得了这次世界音乐指挥家大赛的桂冠。

小泽征尔除具有极其敏锐的听觉、惊人的音乐记忆力等天赋之外，充分自信心和不迷信权威的探索精神，对待艺术的严肃认真的态度和勤奋追求的刻苦精神，使他成为 20 世纪指挥史上的一位指挥奇才。

充满自信的著名音乐指挥家——小泽征尔

直击成功

"有决心就有力量，有信心就会成功"。小泽征尔的成功之路充分说明了这一点。但是，自信并不是一味地告诉自己"你是最棒的"，而是先用这种心态改变自己的心情，吸取失败中的经验，再加上自信心的鼓舞，努力认真地带着经验再做一遍，再干一次，最终你会走向成功。

02 做自信的中国人——童第周

整理：王迎春　白彩霞

童第周出生在浙江省鄞县的一个小村庄里。小时候，童第周的家庭生活十分贫困，没有钱进学校读书，只能在家里一边做些农活，一边跟父亲学点文化。直到17岁，才在二哥的帮助下，进入宁波师范学习。可是他第一学期考试成绩总平均分却没有及格，学校让他退学或降级，经童第周再三请求，学校勉强答应让他再试读半年。童第周发誓，一定要把成绩赶上去。童第周坚持努力学习，终于取得了好成绩。进入上海复旦大学以后，他更加勤奋好学，临近毕业时，他已经成为生物系的高材生了。

1930年童第周在亲友们的资助下，远渡重洋，来到比利时的首都布鲁塞尔，在欧洲著名生物学者勃朗歇尔教授的指导下，研究胚胎学。当时，他发现有的外国留学生对中国人抱着一种藐视的态度，说中国是弱势的民族。和他同住的一个外国学生竟然公开地说："中国人太笨。"听到这些，童第周对那个外国学生说："这样吧，我们来比一比，你代表你的国家，我代表我的国家，看谁先取得博士学位。"童第周憋着一股劲儿，在日记中写下了自己的

人物档案

姓　　名：童第周
生卒日：1902.5.28 ~ 1979.3.30
籍　　贯：浙江省鄞县
身　　份：生物学家、教育家
重大成就：卓越的实验胚胎学家，我国实验胚胎学的主要创始人，生物科学研究的杰出领导者

誓言："中国人不是笨蛋，应该拿出东西来，为我们的民族争光！"

研究胚胎学，经常要做卵细胞膜的剥除手术。有一次做实验，教授要求学生们设法把青蛙卵膜剥下来，这是一项难度很大的手术。因为青蛙卵小膜薄，只能在显微镜下进行，许多人都失败了。他们一剥开卵膜，就把青蛙卵也给撕破了，只有童第周一人不声不响地完成了这项实验。

勃朗歇尔教授知道后，特地安排了一次观察实验。童第周不慌不忙地走到显微镜前，熟练地操作着。人们看到，他像钟表工人那样细心，像绣花姑娘那样灵巧，像高明的外科医生那样一丝不苟。在显微镜下，他先用一根钢针在卵上刺了一个小洞，于是胀得圆滚滚的青蛙卵马上就松弛下来，变成扁圆形，再用钢镊往两边轻轻一挑，青蛙卵的卵膜就从卵上顺利地脱落下来，他干得又快又利落。

"成功了！成功了！"在场的人都很激动。勃朗歇尔教授更是连声称赞："童第周真行！中国人真行！"童第周剥除青蛙卵膜手术的成功，一下子震动了欧洲的生物界。四年之后，通过答辩，比利时的学术委员会决定授予童第周博士学位，而那位外国学生却一篇论文也没有发表，更谈不上取得博士学位了。

直击
成功

世界上没有天才，天才是用劳动换来的。要攀登生物学的高峰，需要付出更艰辛的努力。中国生物学家童第周抱着一定要争气，做一个自信的中国人的雄心壮志，在艰苦的条件下为中国及世界的生物学研究做出了不可磨灭的贡献。

03 有尊严的企业家——亚蒙·哈默

整理：王迎春　白彩霞

　　亚蒙·哈默是俄国移民的后裔，美国西方石油公司的董事长，是一位颇具传奇色彩的人物。

　　一个寒冷的冬天，南加州沃尔逊小镇上来了一群逃难的人，他们面呈菜色，疲惫不堪。善良而朴实的沃尔逊人，家家烧火做饭，款待他们。这些逃难的人，显然很久没有吃到这么好的食物了，他们连一句感谢的话也顾不上说，就狼吞虎咽地吃起来。

　　只有一个人例外，这是一个脸色苍白、骨瘦如柴的年轻人。当镇长杰克逊大叔将食物送到他面前时，他仰起头问："先生，吃您这么多东西，您有什么活儿需要我做吗？"杰克逊大叔心想：给逃难的人一顿饭吃，每个善良的人都会这么做。于是他回答："不，我没有什么活儿需要您做。"

　　这个年轻人的目光顿时暗淡了，他的喉结上下动了动，说："先生，那我不能吃您的东西，我不能不劳动就得到这些食物！"杰克逊大叔想了想说："哦，我想起来了，我家确实有一些活儿需要您帮忙。不过，等您

姓　　名：亚蒙·哈默
生卒日：1898.5.21 ～ 1990.12.10
国　　籍：美国
身　　份：美国企业家
重大成就：政治外交型企业家

人物
档案

吃过饭，我再给您派活儿。"

　　"不，我现在就做，等做完了您的活儿，我再吃这些东西！"年轻人站起来说。杰克逊大叔十分赞赏地望着这位年轻人，他知道如果不让他干活儿，他是不会吃东西的。思量片刻后，杰克逊大叔说："小伙子，你愿意为我捶捶背吗？"说着就蹲在这个年轻人跟前。年轻人也蹲下来，轻轻地给杰克逊大叔捶背。

　　捶了几分钟，杰克逊大叔感到十分惬意，他站起来，说："好了，小伙子，您捶得好极了，刚才我的背还很僵硬，现在舒服极了。"说着将食物递给了这个年轻人，年轻人立刻狼吞虎咽地吃起来。杰克逊大叔微笑地注视着这个年轻人，说："小伙子，我的庄园需要人手帮忙，如果你愿意留下来的话，我太高兴了。"

　　年轻人留了下来，很快成了杰克逊大叔庄园里的一把好手。过了两年，杰克逊大叔把自己的女儿嫁给他。杰克逊对女儿说："别看他现在什么都没有，可他一定会是一个非常有出息的人，因为他有尊严！"

　　二十多年后，这个年轻人果然拥有了一笔让所有美国人都羡慕的财富。他就是石油大王——哈默。

有尊严的企业家——亚蒙·哈默

直击成功

　　石油大王哈默成功的原因有许多，他勤奋好学、朴实善良，然而更重要的原因在于他有骨气、自强不息、积极进取。这些是他成功的内在动力。

04 顽强的盲聋女作家——海伦·凯勒

整理：王迎春　白彩霞

海伦·凯勒诞生在亚拉巴马州北部的一个小城镇。出生后她听力很好，口齿灵敏，父母还指望她当一个音乐家呢！然而在她一岁半的时候，一场连日的高烧使她昏迷不醒。当她苏醒过来以后，眼睛烧瞎了，耳朵烧聋了，那一张灵巧的小嘴也不会说话了。从此，她坠入了一个黑暗而沉寂的世界，陷进了痛苦的深渊。

海伦·凯勒在无声、无光的世界里，要想与他人进行有声的交流几乎是不可能的，每一条出口都已向她紧紧关闭。但是，海伦是个奇迹，她竟然一步步从地狱走向天堂。不过，这段历程的艰难程度超出了任何人的想象。她学发声，要靠触觉来领会发音时喉咙的颤动和嘴的运动，而这往往是不准确的。为此，海伦不得不反复练习发音，有时为发一个音一练就是几个小时。失败和疲劳使她心力交瘁。可是她始终没有退缩，夜以继日地刻苦努力，终于可以流利地说出"爸爸"、"妈妈"、"妹妹"

姓　名：海伦·凯勒
生卒日：1880.6.27 ～ 1968.6.1
国　籍：美国
身　份：盲聋女作家、教育家、慈善家、社会活动家
重大成就：荣获"总统自由勋章"等奖项。主要著作有《假如给我三天光明》、《我的生活》、《我的老师》等

了，全家人惊喜地拥抱了她，就连她喜爱的那只小狗似乎也为她高兴。

在这黑暗而又寂寞的世界里，她并没有放弃，而是自强不息，在导师安妮·莎莉文的帮助下，她用顽强的毅力克服生理缺陷所造成的精神痛苦。她热爱生活并从中学到许多知识，学会了读书和说话，并开始和其他人沟通。她以优异的成绩毕业于美国哈佛大学拉德克利夫学院，成为一个学识渊博，掌握英、法、德、拉丁、希腊五种文字的著名作家和教育家。她走遍美国和世界各地，为盲人学校募集资金，把自己的一生献给了盲人福利和教育事业。她获得了世界各国人民的赞扬，并得到许多国家政府的嘉奖。

海伦·凯勒一生一共写了14部巨作，《我的生活》是她的处女作。这部作品一发表，立即在美国引起了轰动，被称为"世界文学史上无与伦比的杰作"。本书由海伦·凯勒的《走出黑暗》《老师》等书，以及发表在美国《大西洋月刊》上的著名散文《假如给我三天光明》汇编而成，它完整系统地介绍了海伦·凯勒丰富、生动、真实而伟大的一生。

1968年，87岁的海伦去世，她终生致力于服务残障人士的事迹，传遍全世界。她把爱散播给所有不幸的人，带给他们希望。她用自己的一生告诫身体健全的人们应珍惜生命，珍惜造物主赐予的一切。去世后，因为她坚强的意志和卓越的贡献感动了所有的人，世界各地的人们都开展了纪念她的活动。

直击成功

经过一次又一次的失败，在学说话和独立阅读的过程中，不知道吃尽了多少苦头，但是海伦·凯勒在自己坚强意志的支撑下，终于克服了一个又一个艰难险阻。因为她认为，在这个世界上，每个人都一定有自己的独特之处，自己一定有其他人没有的特点。为这个世界奉献自己独特的一份力量，使这个世界更加美好。就是凭借着这种信念和毅力，才使她不断地走向成功和辉煌。

05 愈挫愈勇的实业家——哈伦德·山德士

整理：王迎春　吴燕颖

哈伦德·山德士的一生中曾遭遇过 1000 多次失败，但他却说："一次成功就够了。"他是谁？他，就是肯德基的创始人。

1890 年 9 月 9 日，哈伦德·山德士出生在美国印第安纳州亨利维尔附近的一个农庄。虽然家境不是很富裕，但一家人过得很幸福。然而就在他六岁那年，父亲去世了，留下母亲和三个孩子艰难度日。母亲再次改嫁后，山德士和继父的关系不是很好。在学校他只念到小学六年级，就来到格林伍德的一家农场做工。

此后他换过无数种工作，做过粉刷工、消防员，卖过保险，还当过一阵子兵。后来他还得到过一个函授法学学位，使他能在堪萨斯州的小石城当过治安官。

40 岁的时候，山德士来到肯塔基州开了一家加油站。他在加油站的小厨房做家常饭菜，招揽顾客。在此期间，山德士推出了自己的特色食品——炸鸡，就是后来闻名于世的"肯德基"炸鸡的雏形。很快炸鸡受到了热烈欢迎，甚至有的人来加油站不是为了加油，而是为

人物档案

姓　　名：哈伦德·山德士
生卒日：1890.9.9 ~ 1980.12.16
国　　籍：美国
身　　份：肯德基炸鸡店的创始人
重大成就：获得了极大的声誉和财富

了吃炸鸡。到了 1935 年，山德士的炸鸡已经闻名遐迩。肯塔基州州长鲁比·拉丰为感谢他对该州饮食行业所做的特殊贡献，正式向他颁发肯塔基州上校军阶，所以人们都叫他"亲爱的山德士上校"，这个名字一直沿用到现在。

"二战"的爆发让山德士受到了沉重的打击，政府实行石油配给，加油站被迫关门。随后，由于新建横跨肯塔基的高速路穿过山德士的饭店，饭店被迫关门。这突如其来的改变把山德士推向了深渊，为了偿还债务，他甚至用光了所有的银行存款。哈伦德·山德士，这位昔日受人尊敬的上校，一下子从富翁变成了一文不名的穷人。

这时的山德士已经 66 岁了，所能依靠的仅仅是每月 105 美元的救济金。但山德士不想就此了却自己的一生，他开始了自己的第二次创业。他带着一只压力锅，一个 50 磅的作料桶，开着他的老福特上路了……从肯塔基州到俄亥俄州，一路上他兜售炸鸡秘方，要求给老板和店员表演炸鸡。如果喜欢炸鸡，就卖给他们特许权，提供作料，并教授炸制方法。

开始的时候，没有人相信他，饭店老板甚至觉得听这个怪老头胡诌简直是浪费时间。整整两年，他被拒绝了 1009 次，终于在第 1010 次走进一个饭店时，得到了一句"好吧！"的回答。自此之后，在山德士的坚持之下，他的想法被越来越多的人接受了。让更多的人惊讶的是，山德士的业务像滚雪球般越滚越大。短短 5 年内，他在美国及加拿大已发展了 400 家连锁店……他的毅力与信心终于给他带来了巨大的回馈！

愈挫愈勇的实业家——哈伦德·山德士

直击成功 人不能一味地追求平安、顺利、无风险，同样，人也不要惧怕危险和困苦。当厄运和挫折来临时，努力地迎向它，才能如哈伦德·山德士一样，愈挫愈勇，迎接自己人生的成功。

06 西方哲学的奠基人——苏格拉底

整理：王迎春　田女

公元前399年6月的一个傍晚，雅典监狱中一位年近七旬的老人就要被处决了。只见他衣衫褴褛，散发赤足，而面容却镇定自若。打发走妻子、亲属后，他与几个朋友侃侃而谈，似乎忘记了就要到来的处决。直到狱卒端了一杯毒汁进来，他才关上"话匣子"，接过杯子，一饮而尽。之后，他躺下来，微笑着对前来告别的朋友说，他曾吃过邻人的一只鸡，还没给钱，请替他偿还。说完，老人安详地闭上双眼，睡去了。这位老人就是大哲学家苏格拉底。

苏格拉底出生于雅典一个普通的家庭。他早年继承父业，从事雕刻石像的工作，后来研究哲学。他在雅典大街上向人们提出一些问题，例如：什么是正义，什么是非正义；什么是勇敢，什么是怯懦；什么是诚实，什么是虚伪；什么是智慧，知识是怎样得来的；什么是国家，具有什么品质的人才能治理好国家，治国人才应该如何培养……苏格拉底说："我的母亲是

人物档案

姓　名：苏格拉底
生卒年：公元前469～公元前399
国　籍：古希腊
身　份：思想家、哲学家
重大成就：为哲学研究开创了一个新领域，使哲学"从天上回到了人间"，在哲学史上具有伟大的意义

个助产婆，我要追随她的脚步，做一个精神上的助产士，帮助别人产生他们自己的思想。"他在雅典和当时的许多智者辩论哲学问题，主要是关于伦理道德以及教育政治方面的问题。他被认为是当时最有智慧的人。作为一个公民，他曾三次参军作战，在战争中表现得顽强勇敢。此外，他还曾在雅典公民大会上担任过陪审官。在雅典恢复奴隶主民主制后，苏格拉底被以藐视传统宗教、引进新神、败坏青年和反对民主等罪名判处死刑。

苏格拉底经常和人辩论，辩论中他通过问答形式使对方纠正、放弃原来的错误观念并帮助其产生新思想。这种问答分为三步：第一步称为苏格拉底讽刺，他认为这是使人变得聪明的一个必要的步骤，因为除非一个人很谦逊，"自知其无知"，否则他不可能学到真知；第二步叫定义，在问答中经过反复诘难和归纳，从而得出明确的定义和概念；第三步叫助产术，引导他人自己进行思索，并得出结论。

苏格拉底一生过着艰苦的生活，无论严寒酷暑，他都穿着一件普通的单衣，经常不穿鞋，对吃饭也不讲究。但他似乎没有注意到这些，只是专心致志地做学问。他一生没留下任何著作，但对世人的影响却是巨大的。在欧洲文化史上，他几乎与孔子在中国历史上所占的地位相同。哲学史家们往往把他作为古希腊哲学发展史的分水岭，将他之前的哲学称为前苏格拉底哲学。作为一个伟大的哲学家，苏格拉底对后世的西方哲学产生了极大的影响。

西方哲学的奠基人——苏格拉底

直击成功　没有人能一步登天，成功需要由一点一滴的累积而成。对目标的全神贯注，将努力变成一种习惯，把想法付诸于行动，持之以恒，成功就在前方等着你！

07 宽容大度的美国篮球明星——乔丹

整理：王迎春　吴燕颖

迈克尔·乔丹是美国 NBA 著名篮球运动员，被称为"空中飞人"。他在篮球职业生涯中以刷屏般的速度创造了很多纪录，他是公认的全世界最棒的篮球运动员，也是 NBA 历史上第一位拥有"世纪最佳运动员"称号的巨星。

在多数人眼中，迈克尔·乔丹是有史以来最伟大的篮球运动员，他波澜壮阔而赋有传奇色彩的篮球生涯以及他对这项运动的巨大影响不可避免的让人们把他推上了神坛。优雅、速度、力量，富有艺术性以及即兴创造力和无比强烈的求胜欲望的完美结合……乔丹重新诠释了"超级巨星"的含义。

虽然乔丹在球场上成绩斐然，生活中的他却是一个平易近人的人。他曾这样对别人说过："你要知道，我和别人没有什么区别，我只不过是比较走运而已。因此，我常常告诫自己，我必须谦虚谨慎，脚踏实地，永远从头做起，并且用很平和的胸怀对待一切。"就是因为有如此的理念，乔丹能够宽容

人物档案

姓　　名：迈克尔·乔丹
生　　日：1963.2.17
国　　籍：美国
身　　份：篮球明星、前 NBA 球员
重大成就：职业生涯中，场均得分30.123 分，全明星总得分 262 分，历史第一

大度地与身边的人相处，甚至竞争对手都对他赞赏有加。

在多年前的一场 NBA 决赛中，队中的另一位新秀皮蓬因为独得 33 分超过乔丹三分，而成为公牛队比赛得分首次超过乔丹的球员。比赛结束后，乔丹与皮蓬久久抱着，两人泪光闪闪。

这里有一段乔丹和皮蓬之间鲜为人知的故事：当年乔丹在公牛队时，皮蓬是最有希望超过乔丹的新秀，他时常流露出一种对乔丹不屑一顾的神情，还经常说乔丹在某些方面不如自己，自己一定会把乔丹推倒的话等。但乔丹没有把皮蓬当做潜在的威胁而加以排挤，反而对皮蓬进行鼓励。

有一次乔丹对皮蓬说："我们俩的三分球谁投得好？"皮蓬心不在焉地回答："你明知故问，当然是你。"因为那时乔丹的三分球成功率是 28%，而皮蓬是 26%，但乔丹微笑着纠正："不，是你！你投三分球的动作规范，自然很有天赋，以后一定会投得更好，而我投三分球还有很多弱点。"并且还对他说："我扣篮多用右手，习惯地用左手帮一下，而你却左右手都行。"这一细节连皮蓬自己都不知道，他深深地为乔丹的细心而感动。

从那以后，皮蓬和乔丹成了最好的朋友，皮蓬也成了公牛队 17 场比赛得分首次超过乔丹的球员。乔丹这种无私的品质则为公牛队注入了难以击破的凝聚力，从而使公牛队创造了一个又一个奇迹。

乔丹不仅以球艺，更以他那坦然无私的广阔胸襟赢得了所有人的拥护和尊重，包括他的对手。

宽容大度的美国篮球明星——乔丹

直击成功

人际关系是人生的一大重要课题，能否与人友好相处，决定着人生的快乐和幸福。与人相处并非有什么技巧，而是用一颗真心。诚心诚意，以诚相待不仅能够开创与他人交往的通途，也能从交往中发现、欣赏他人的长处，取长补短，不断完善自己。乔丹用一颗宽容大度之心赢得了皮蓬的友谊，也踏上了事业成功的新台阶。

08 一诺千金真侠义——朱邦月

整理：王迎春 田女

朱邦月是妻子的第二任丈夫，两个儿子也都不是他亲生的。

40多年前，朱邦月的朋友临终时，将两岁的儿子以及怀着5个月身孕的妻子托付给他。朋友恳求的眼神，让朱邦月做了一个至今未悔的决定：迎娶朋友的遗孀，并将朋友的两个孩子养大。这样的四口之家，除了朱邦月本身一条腿被截肢，妻子和两个儿子都得了绝症——"进行性肌营养不良症"。从1991年开始，母子三人的病情开始加重，吃喝拉撒全靠朱邦月一个人照料。

1986年5月16日，朱邦月骑着自行车运送材料，满脑子里却在为孩子们的未来担忧，根本没有意识到一辆满载沙石料的大卡车正在向他驶来。在人们的惊呼声中，他已经倒在车轮之下，从此他失去了一条腿。

朱邦月这样的身体还要照顾家里的其他三个病人。他每天起床后自己先装上假肢，然后开始打扫卫生，洗

人物档案

姓　名：朱邦月
生　日：1938
籍　贯：福建省
身　份：煤矿退休工人
重大成就："八喜杯感天动地父母情十大真情人物"奖；"融侨杯2006感动福建十大人物"奖；2008年当选为"感动闽北十大人物"；2009年度"感动中国"人物。

米做饭，帮母子三人起床，给他们穿好衣服。端水、挤牙膏，帮助妻儿洗脸刷牙，喂他们早饭，服侍他们上厕所，然后再上街买菜。中午再次重复喂三个人吃饭的过程。傍晚，帮助三个人洗澡，即使是夏天，给一个人洗澡也要耗费半小时以上的时间。到晚上，抱病人到床上睡觉，夜间朱邦月还要起床给他们逐一翻身，一晚上起床数次。在退休以前，即使家里事情再多，朱邦月都没有影响工作，年年都是矿里的先进工作者。就是这样的日子，朱邦月过了几十年，他始终坚持……

在许多人的眼里，这个家庭集中了世界上太多的苦难，但朱邦月却营造出充满真爱的空间。大儿子顾中华、小儿子朱邵华都记得，从小到大，父亲对自己的慈爱和付出的艰辛。在他的照顾及教育引导下，小儿子朱邵华读完厦门大学会计专业，并以优异的成绩获得了福建省自学考试励志成才奖。小儿子的一篇《我的父亲不是生父》博文曾在网络上广为流传，让无数网友感动落泪。朱邵华在博客中写道："如果没有父亲几十年平凡无私的付出，我的世界将一片黑暗。"朱邦月说："现在我只希望自己能健健康康地活下去，守护在妻儿身边。只要他们活一天，我就要尽量让他们幸福快乐一天。"

这位可敬的老人，仅因朋友临终前的一个托付，背后却是40多年的坚守。从青年到暮年，无怨无悔地照顾着毫无亲缘关系的三位生活不能自理的重症患者。如今已是古稀之年的朱邦月，用生命的光阴无怨无悔地恪守着一生的爱……因为只有他才能点燃母子三人的希望。

一诺千金真侠义——朱邦月

直击成功

这个最为普通的中国男人，以病残之躯点燃的微弱之火，照亮着在别人眼里异常坎坷的生活。虽然生活艰难，但依然有光明。在成长的道路上忠于自己的承诺，为自己的生命创造一种信誉。这正是：一诺千金四十年，男儿侠义在双肩。感天动地朱邦月，长驻真情在世间。

09 中国法学思想的先锋——韩非子

■■■ 整理：王迎春　田女

韩非子从小口吃（结巴），不善言谈，却善于思考和著述。他师从荀卿，却没有承袭儒家的思想，而"喜刑名法术之学"。

战国七雄中最弱小的国家是韩国。韩非子身为韩国公子，目睹韩国日趋衰弱，曾多次向韩王上书进谏，希望韩王"安"励精图治，变法图强。可是韩王置若罔闻，始终都未采纳，这使他非常悲愤和失望。他从"观往者得失之变"中探索变弱为强的道路，写了《孤愤》、《五蠹》、《内外储》等十余万言的著作。文中全面、系统地阐述了他的法治思想，抒发了忧愤孤直之情。后来这些著作流传到秦国，秦王"政"读了《孤愤》、《五蠹》之后，大加赞赏，发出"嗟乎！寡人得见此人与之游，死不恨矣"的感叹。可谓推崇备至，仰慕已极。

韩非子注意研究历史，认为历史是不断发展进步的。他认为如果当今之世还赞美"尧、舜、汤、武之道，必为新圣笑矣"。因此他主张"不期修古，不法常可"、"世异则事异"、"事异则备变"（《韩非子·五蠹》），即要根据今天的实际来制定政策。他的历史观，为当时

人物档案

姓　名：韩非子
生卒年：约公元前281~公元前233
籍　贯：战国时期韩国（今河南省新郑）
身　份：哲学家、思想家、政论家、法学家
重大成就：后人辑集而成《韩非子》

地主阶级的改革提供了理论根据。对于民众，他吸收了其老师荀子的"性本恶"理论，认为民众的本性是"恶劳而好逸"，要以法来约束民众，施刑于民。因此他认为施刑法恰恰是爱民的表现（《韩非子·心度》）。韩非子继承和总结了战国时期法家的思想和实践，提出了君主专制中央集权的理论。

韩非子主张"事在四方，要在中央；圣人执要，四方来效"。国家的大权，要集中在君主一人手里，君主必须有权有势，才能治理天下，"万乘之主，千乘之君，所以制天下而征诸侯者，以其威势也"。为此，君主应该使用各种手段清除世袭的奴隶主贵族；同时，选拔一批经过实践锻炼的封建官吏来取代他们。韩非子还主张改革和实行法治，要求"废先王之教"。他强调制定了"法"，就要严格执行，任何人也不能例外，做到"法不阿贵""刑过不避大臣，赏善不遗匹夫"。他还认为只有实行严刑重罚，人民才会顺从，社会才能安定，封建统治才能巩固。韩非的这些主张，反映了新兴封建地主阶级的利益和要求，为结束诸侯割据，建立统一的中央集权的封建国家，提供了理论依据。秦始皇统一中国后采取的许多政治措施，就是韩非理论的应用和发展。

《韩非子》是战国末期韩国法家集大成者韩非的著作。这部书现存五十五篇，约十余万字，大部分为韩非子自己的作品。《韩非子》一书，重点宣扬了韩非法、术、势相结合的法治理论，达到了先秦法家理论的最高峰。当时，在中国思想界以儒家、墨家为显学，崇尚"法先王"和"复古"，韩非子的观点是反对复古、主张因时制宜。中国历代封建王朝的治国理念都颇受韩非子学说的影响。

中国法学思想的先锋——韩非子

直击成功　成功分两种：一种是名利上的成功，另一种是人格上的成功。前者只是风靡一时，属于表面的、物质的；而后者则是永垂不朽的、永恒的、实质的。韩非子一生从表面上来看并不完美，口吃、仕途不顺、怀才不遇，但他用一生不懈的努力留给世人永恒的财富，这样的成功才是真正的成功。

01 音乐神童——莫扎特

整理：刘梅　李庆华

莫扎特出生于宫廷乐师家庭。3岁时显露出极高的音乐天赋，4岁跟父亲学习钢琴，5岁开始作曲。一次，莫扎特的父亲和朋友一起回家，看到小莫扎特正坐在桌旁写东西。父亲走到他跟前，看他正在写钢琴协奏曲，当父亲把五线谱纸拿过来一看，激动得流出了眼泪，他对朋友说："你看，他写的这些又正确又富有意义啊！"1762年，6岁的莫扎特在父亲的带领下到慕尼黑、维也纳、普雷斯堡做了一次试验性巡回演出，并获得成功。从1763年至1773年，他先后到德国、比利时、法国、英国、荷兰、意大利等国旅行演出均获成功。这些旅行演出对莫扎特的艺术发展产生了积极影响。

1773年底，莫扎特返回萨尔茨堡，在父亲的辅导下，弥补中断了的音乐与文化学习，同时利用旅行中获得的知识与素材，创作了大量的作品。此时的莫扎特，对自己卑微的奴仆地位感到不满。为了争取人身与创作的自由，他先后在慕尼黑和曼海姆教学、演出，加深了对不平等制度的认识和体会。

人物档案

姓　　名：沃尔夫冈·阿玛多伊斯·莫扎特

生卒日：1756.1.27 ~ 1791.1.25

国　　籍：奥地利

身　　份：作曲家

重大成就：钢琴协奏曲的奠基人

1781 年，他和大主教决裂后，到维也纳谋生，成为奥地利历史上第一个有勇气和决心摆脱宫廷和教会，维护个人尊严的作曲家。在维也纳的 10 年，成为他创作中最重要的 10 年。生活的磨难对莫扎特的思想和创作产生了深刻的影响，他将自由、平等、博爱的精神渗透到作品中。他先后创作了歌剧《后宫诱逃》、《费加罗的婚礼》、《唐璜》以及滑稽戏《剧院经理》等著名作品。

莫扎特还注意向其他音乐家学习。他与海顿结下了深厚的友谊，向他学习四重奏和交响曲创作的经验。他还对巴赫的复调技法进行了深入的学习和研究，这对他后期的创作产生了重要影响。

1789 年 4 月，贫困中的莫扎特，由他的学生卡尔·利希诺夫斯基公爵带领，到柏林、德累斯顿、莱比锡等地演出。虽然轰动一时，却未能使他摆脱经济困境。1790 年 1 月，他的歌剧《女人心》上演。1791 年 9 月写了最后一部歌剧《魔笛》，并在重病中写作大型宗教音乐作品《安魂曲》，但终未能全部完成，便与世长辞了。莫扎特死后被葬在维也纳贫民公墓的一个不知名的地方，享年 36 岁。

莫扎特是最典型的古典乐派作曲家，与海顿、贝多芬并称为维也纳古典乐派三大作曲家。他的作品对欧洲音乐的发展起了巨大的推动作用。他一生共创作了 22 部歌剧、41 部交响乐、42 部协奏曲、一部安魂曲以及奏鸣曲、室内乐、宗教音乐和歌曲等作品。

直击成功　莫扎特的一生虽很短暂，但他却是一位真正的高产作曲家。他的音乐风格具有诚挚、细腻、通俗、优雅、轻灵、流利的特征，大都充满了乐观主义的情绪，反映了对光明欢乐始终不渝的追求与向往。从莫扎特的童年中，你能看到一个孩子对待音乐的积极心态，对艺术事业的执著追求。天资加上勤奋和用心，这就是音乐神童莫扎特。

02 圆舞曲之王——小约翰·施特劳斯

整理：刘梅 周晓乐

小约翰·施特劳斯出生在维也纳一个著名的音乐世家。父亲是维也纳圆舞曲的奠基人约翰·施特劳斯。

小约翰自幼喜欢音乐，但他的父亲却不愿他学习音乐。尽管如此，他还是暗地里学习小提琴。他的小提琴老师是他父亲的管弦乐队的首席小提琴手弗朗茨·阿蒙。然而，他的父亲还是在一次偶然的机会发现小约翰把时间"浪费"在了音乐上。之后，在同指挥家约瑟夫·德雷施勒学习和声时，他的天赋得到了极大的认可。同样，他在他的另外一位小提琴老师，维也纳宫廷剧院的教师安东·科尔曼那里，也得到了极高的评价。然而由于他父亲巨大的影响力和势力，几乎没有剧院与小约翰签订演出合约。最后，执著的小约翰终于得到一个亮相的机会。

1848年3月，维也纳爆发了革命，施特劳斯家也分成了两派，老施特劳斯站在保皇党一边，小施特劳斯则站到了起义者一边。在那些动乱的日子里，为了鼓舞保皇党人士的士气，老施特劳斯写了一些轻快的军队进行曲，其中最著名的是《拉德茨基进行曲》。但是小施特劳斯的作品却赋有革命的标题，如《自由进行曲》、《学生进行曲》、《街垒之歌》等。

维也纳的起义最终失败了，但富有戏剧性的是，小施特劳斯受到了人民的欢迎，而老施特劳斯却就此一蹶不振，很多人对他支持保皇党的做法表示愤慨。在绝望中，老施特劳斯带着他的乐团离开了维也纳，去寻找昔日公众对他的那种崇拜。后来他对儿子的态度也转变了，他甚至暗暗为自己儿子在音乐上的成就而感到骄傲。

在世界上所有的圆舞曲里，《蓝色的多瑙河》可以说是最有代表性的杰作。小约翰创作这首世界名曲的灵感来自于一篇描写爱情的诗歌，其中有一句"多瑙河，美丽的蓝色多瑙河"。诗句那流畅的音节使他受到了强烈的感染。当时，小约翰将"蓝色的多瑙河"作为那首男声合唱曲的标题，而且把它化入了乐曲的序奏之中，使人们在乐曲一开始就能联想起这条汩汩奔流的大河。

1899 年 5 月，奥地利传统的圣母升天节那天，小施特劳斯特别安排了一场《蝙蝠》的演出，这是小施特劳斯创作的一部歌剧，其在歌剧领域中极负盛名，是小施特劳斯的代表作。74 岁高龄的小施特劳斯亲自指挥歌剧的序曲部分。他以青年人的那种活力，不顾大汗淋漓，一心投入到音乐中去了。演出之后，他没有坐马车，而是从歌剧院步行回家，他要放松一下这愉快演出后劳顿的身体，想领略一下这怡人的春天气息。

可是第二天，他发烧了，高烧一直不退。最后，他终于卧床不起。1899 年 6 月 3 日小约翰·施特劳斯去世。

圆舞曲之王——小约翰·施特劳斯

直击成功　在每年的维也纳新年音乐会上，小约翰·施特劳斯的《蓝色的多瑙河》总是压轴的曲目，但谁曾想到这优美乐曲的背后积淀了他多少的心酸与压力。肖伯纳说："每个人都可以创造一个开端，但困难在于将结局要做得尽善尽美。"毫无疑问，小约翰·施特劳斯成功地做到了这一点，并在艺术领域里获得了最大的成功。

03 人民音乐家——冼星海

■整理：刘梅 刘志平

冼星海生于澳门一个贫苦的渔民家庭，他在小学、中学期间就开始学习音乐。1926年考入北京大学音乐传习所，学习小提琴。1928年考入上海国立音专，并发表了著名的音乐短论《普遍的音乐》。1930年去巴黎勤工俭学，从师于著名提琴家帕尼·奥别多菲尔和著名作曲家保罗·杜卡。1931年考入著名的巴黎国立音乐戏剧学院，在肖拉·康托鲁姆的作曲班学习。留法期间，创作了《风》、《游子吟》、《D小调小提琴奏鸣曲》等十余首作品。

1935年回国后，积极参加抗日救亡运动，创作了大量战斗性的群众歌曲。1938年冬，他担任延安鲁迅艺术学院音乐系主任。冼星海在延安的一年半时间，成为其一生音乐创作的巅峰时期。他写出了《黄河大合唱》、《生产大合唱》、《九一八大合唱》等六部大合唱和两部歌剧、一部交响乐、几十首歌曲。

一曲气壮山河的《黄河

人物
档案

姓　名：冼星海
生卒日：1905.6.13 ～ 1945.10.30
籍　贯：广东番禺
身　份：作曲家
重大成就：开创了表现我国人民革命斗争并具有民族特点的大合唱创作

大合唱》使冼星海名垂乐史，但很少有人知道他还是著名的"延安四怪"之一。他到延安后，入住窑洞倒还没有什么，吃小米却"没有味道"。洋学生出身，过如此简单粗糙的生活，一时难以适应。同时，他的思维定式与生活习惯，也与周边环境不时地发生冲突，尤其对开会不甚习惯，他认为开会耽误时间，影响写作。有时，因无处发泄，竟将隔壁人家飞来的小鸡打得满屋乱飞，他负气地对人说："保证我吃鸡，否则一行旋律也写不出。"

后于1940年去苏联学习、工作，1945年10月30日卒于莫斯科。

冼星海是我国近代音乐史中一位多产的作曲家，他一生创作的众多作品中，许多都曾受到群众和时间的考验，是我国近代音乐文化中的一份宝贵遗产。冼星海之所以伟大，最根本的一点是，他在创作思想和创作方向上，始终不渝地坚持了以聂耳为代表的无产阶级革命音乐的战斗传统，并且以自己的天赋和毕生的努力进一步发展了这个传统。

人民音乐家——冼星海

直击成功　　冼星海的一生虽短暂，但他却用自己的作品，抒发了对中华民族的热爱，激起人民誓死保卫家园的民族意识。虽然其创作年代已与我们相去甚远，但那奔放、豪迈、铿锵有力的旋律及强烈的情感表现，经历了时间和历史的考验，在今天仍然能引起我们的强烈共鸣，唤起我们的民族自豪感。

04 歌曲之王——舒伯特

整理：刘梅　吴飞飞

舒伯特出生于维也纳郊外的李希典塔尔村庄，他的父亲是小学老师，后来开办了一所私立小学。母亲是厨师，由于生活贫困，父母所生的十四个孩子，只养大了五个。从五岁开始，舒伯特就随父亲学习小提琴，跟哥哥学习钢琴，后来跟管风琴师霍尔策学管风琴、唱歌和和声。

1808 年他在小教堂唱诗班担任童高音歌手，住进神学院宿舍。舒伯特的音乐天分突出，不久就参加了学生乐队。在指挥教师缺席的情况下，曾破例担任指挥。在这里，他广泛接触了欧洲音乐作品。

1813 年他因变声离开了学校。他渴望成为一个自由创作的艺术家，但不得不在父亲的学校工作，并挤时间作曲。他的创作速度是惊人的，仅 1815 年一年就写了 8 首作品。

1816 年，19 岁的舒伯特在朋友的鼓励下，决心摆脱教学工作，专门创作。

舒伯特对于文学、诗歌一向敏感，使他在艺术歌曲

人物档案

姓　　名: 弗朗茨·泽拉菲库斯·彼得·舒伯特
生卒日: 1797.1.31 ～ 1828.11.19
国　　籍: 奥地利
身　　份: 作曲家
重大成就: 创作 600 多首艺术歌曲，在音乐史上被誉为"歌曲之王"

的领域里获得了最大的满足与成就，被誉为"歌曲之王"。

舒伯特的《摇篮曲》从写出来那天起，直到今天还被世界各国的母亲和歌唱家们传唱着。舒伯特创作这首动人的歌曲时，还有这样一段故事：那时的舒伯特生活很贫苦。有一天晚上，他饿着肚子在街上徘徊，走着走着，就来到一家豪华的饭店门前。他走了进去，在一张桌子前坐下。他忽然发现饭桌上有一张旧报纸，舒伯特就拿起来翻看。他见上面有一首小诗："睡吧，睡吧，我亲爱的宝贝，妈妈双手轻轻摇着你……"这首朴素、动人的诗，打动了作曲家的心灵，舒伯特再也抑制不住自己，于是他掏出纸笔，一面哼唱着，一面急速地谱写着。舒伯特写好后，把歌曲交给了饭店的老板，老板虽然不懂音乐，但觉得这首曲子那么好听，那么优美，便给了舒伯特一盆土豆烧牛肉。舒伯特在贫困中，以美好的心灵为母亲和孩子们写下了这首甜美的歌曲，这首《摇篮曲》很快在世界各地传唱开了。

1823 年舒伯特完成了他的诗歌创作歌曲集《快乐的磨坊女》，这部作品以及后来的《冬季之旅》被广泛地认为是舒伯特歌曲作品的巅峰之作。

在他的创作旺盛时期，他的健康状况急剧恶化。1828 年 11 月 19 日死于维也纳，卒年 31 岁。根据他的要求，死后被葬在其崇拜了一生的偶像贝多芬的墓边。 1888 年，舒伯特以及贝多芬的坟墓被迁到了维也纳中央公墓，与小约翰·施特劳斯以及约翰内斯·勃拉姆斯的墓为邻。

歌曲之王——舒伯特

直击成功　因为受到家庭的影响，舒伯特从小就显露出极好的音乐天赋。但他并没有骄傲，而是勤奋努力不停创作。将内心的愤懑和希望都融进了音乐，造就了不朽的音乐篇章。他在贫困的生活中仍乐观地通过音乐寄托他对光明和希望的憧憬。他虽然生命短暂，却给后人留下了大量的音乐财富，为世界音乐宝库增添了耀眼的光辉。

05 京剧大师——梅兰芳

整理：刘梅 周琳

梅兰芳出生于梨园世家。祖父梅巧玲（1842～1882）为京剧名旦，"同光十三绝"之一。父亲梅竹芬（1874～1897）也是昆曲、京剧旦角演员。母亲杨长玉（1876～1908）是著名武生杨隆寿之女。伯父梅雨田（1865～1912）是与谭鑫培长期合作的著名琴师。梅兰芳父母早亡，由伯父梅雨田抚养成人。

梅兰芳8岁开始学戏，9岁师从于名旦吴菱仙学唱青衣。光绪三十年(1904)，10岁的梅兰芳第一次登台，在七夕应节戏《天河配》中串演昆曲《长生殿·鹊桥密誓》的织女。1908年，搭喜连成班演出。这时他一面继续就教于吴菱仙，一面又向名旦秦稚芬和丑角胡二庚学花旦戏，并刻苦学习昆曲，练武功，广泛观摩旦角本工戏及其他各行角色的演出，为日后的艺术创作打下了坚实的基础。

1913年，梅兰芳首次应邀到上海演出，王凤卿为头牌（领衔），他为二牌，当时，王凤卿已是南北驰名的须生，而梅兰芳则是初出茅庐。王凤卿热心提携后进，

姓　名：梅兰芳
生卒日：1894.10.22～1961.8.8
籍　贯：江苏泰州
身　份：著名京剧表演艺术家
重大成就：20世纪20年代至50年代作为中国京剧艺术的文化使者，使我国京剧艺术跻入世界戏剧之林

极力推荐梅兰芳主演大轴戏压台。梅兰芳初次压台演出的剧目是《穆柯寨》，他出色地完成了穆桂英这一艺术形象的塑造，受到上海观众的赞赏。在上海期间，他曾观摩上海以表现近代和当代题材为主的"新戏"，受到启发；他还考察了上海新式舞台的灯光、一些演员的化妆方法以及服装式样的设计。这一切都对他的艺术思想产生了积极影响。同年，他由上海返京以后，搭翊文社演戏，排出第一个时装新戏《孽海波澜》。1914年秋，梅兰芳再次应邀赴上海演出，表演大受欢迎，盛况空前，并吸引了不少日、英、美等国的观众，直至年底方返回北京。两次南下演出，奠定了他艺术上独树一帜的基础，并开始了大量新剧目的排演和艺术上的革新。

从1915年4月至1916年9月，梅兰芳新排演了11出戏。其中有时装新戏《宦海潮》、《邓霞姑》、《一缕麻》；古装新戏《牢狱鸳鸯》、《嫦娥奔月》、《黛玉葬花》、《千金一笑》；还有昆曲传统戏《思凡》、《春香闹学》、《佳期·拷红》以及《风筝误》的《惊丑》、《前亲》、《逼婚》、《后亲》等。

1949年梅兰芳先后到世界各国演出，并荣获美国波摩那学院和南加州大学的文学博士学位。梅先生是一个伟大的爱国主义者，抗战期间蓄须明志，拒绝演出，以卖画为生。新中国成立后历任中国京剧院院长、中国戏曲学院院长、中国文学艺术联合会副主席、中国戏剧家协会副主席。1959年，加入中国共产党，并以65岁高龄排演了最后一出新戏《穆桂英挂帅》。1961年8月8日因心脏病发作，在北京病逝，终年67岁。代表戏有京剧《贵妃醉酒》、《霸王别姬》等，所著论文编为《梅兰芳文集》，演出剧目编为《梅兰芳演出剧本选集》。

直击成功　　梅兰芳经过潜心研究，形成具有独特风格的艺术流派——"梅派"，在中国戏曲艺术的发展中起到了承前启后的作用。他还将中国的京剧艺术带到了国外，让更多的外国人了解它，弘扬我们的国粹，并在国际上享有盛誉。他的故事正是"以热爱祖国为荣，以服务人民为荣"的爱国主义思想的真正体现。

06 兴趣广泛的作曲家——亚历山大·鲍罗丁

整理：刘梅　钟声

鲍罗丁出生于彼得堡，他从小天资聪颖，智力过人，对科学和音乐同时有着浓厚的兴趣，著有钢琴曲和长笛协奏曲。鲍罗丁的童年是同女管家和私人教师一起度过的，没有学校生活，鲍罗丁失去了和同龄孩子一起玩耍的乐趣，因此他从小就懂得用音乐排遣内心的孤独。他一方面在母亲的支持下学习钢琴，另一方面去听他家附近的免费音乐会，回家后凭记忆在钢琴上弹奏听到的乐曲。后来，他就开始作曲，写了一首波尔卡舞曲，14岁又写了一首协奏曲。

1855年，鲍罗丁毕业于彼得堡医药及外科学院，1856年从彼得堡医学院毕业后一直从事教学和科研工作，并在科学上有重要发明。25岁获医学博士学位，后任医学院教授。1859年至1862年在海德堡及其他地方学习科学，1862年被任命为医学院化学副教授。同年与巴拉基列夫相遇，后者说服他在继续科学工作的同时，利用

人物档案

姓　　名：亚历山大·波菲里耶维奇·
　　　　　鲍罗丁
生卒日：1833.11.12 ~ 1887.2.27
国　　籍：俄国
身　　份：作曲家、化学家
重大成就：十九世纪末俄国民族音乐作曲家

业余时间认真学习音乐。直至 1869 年《第一交响曲》公演前，鲍罗丁一直是业余音乐爱好者。由于鲍罗丁的专业是化学，作曲只能在业余时间里进行，他自称是"星期日作曲家"。

　　鲍罗丁之所以能在化学、音乐两大领域中获得成功，一方面由于他的努力，另一方面要归功于他的音乐老师和朋友巴拉基列夫、里姆斯基·科萨科夫等人的帮助。1869 年他的朋友斯塔索夫建议他以《伊戈尔王子》为题材创作歌剧。这一题材很投合鲍罗丁的民族主义精神，但脚本写作的困难再加上科学工作的干扰，使创作进行得很缓慢，以致鲍罗丁的这一杰作未能完成，而是由里姆斯基·科萨科夫和格拉祖诺夫续写完成。1880 年李斯特促成其《第一交响曲》在巴登·符腾堡的演出大获成功，鲍罗丁开始在国外出名。被称为"勇士"的《第二交响曲》、富于俄罗斯风格和东方色彩的交响音画《在中亚细亚草原上》、室内乐《A 大调第一弦乐四重奏》等为俄国民族交响乐和室内乐的创作做出了卓越的贡献。他的音乐努力表现和歌颂俄罗斯人民的生活与精神，歌颂俄罗斯古代英雄人物的勇敢气概。这使他成为俄罗斯作曲家中最接近格拉卡的音乐家。

　　1887 年 2 月 27 日这位伟大的民族音乐家与世长辞，葬在俄国圣彼得堡，年仅 54 岁。他的一生在老师和朋友的帮助下，经过自己不懈的努力，最终在化学、音乐两大领域中获得成功。他的墓碑上刻着他的作品主题和他研究的化学公式。一位评论家说："没有一个音乐家能像鲍罗丁一样，只写了那么一点作品就永垂不朽"。

兴趣广泛的作曲家——亚历山大·鲍罗丁

直击成功　　鲍罗丁从小就对科学和音乐同时产生浓厚的兴趣，在老师和朋友的帮助下，通过自己不懈的努力，最终在化学、音乐两大领域中获得成功。鲍罗丁的人生成就无论是对教师还是学生都有着深刻的启发和教育，人应该有广泛的兴趣，并坚定地去追求，梦想终会实现。

07 "抒情风景画"音乐大师——门德尔松

整理：刘梅　曾新

门德尔松诞生于德国汉堡城。当他还是孩子时，就已经创作了一些美妙的音乐。他的父亲给他取了一个美妙的名字，叫费利克斯，意思是幸福。小费利克斯的爸爸是位富有的能人。因此，费利克斯和他的兄妹们在童年时代遇到的每件事都是幸运的，从来没有一个男孩有过如此好的名字并像费利克斯的童年那样幸福。在门德尔松13岁之际，他的家移居柏林，在这里，他参加音乐会的演奏，总是担任伴奏部分，而且是非常愉快的。

门德尔松是钢琴神童，9岁就开始公开演奏，10岁时就为《诗篇19》谱曲，12岁已写出一首钢琴四重奏，14岁组织自己的私人乐队，16岁发表第一首杰作《弦乐八重奏》，17岁时完成了《仲夏夜之梦》序曲，他的这部序曲为浪漫主义作曲家描绘神话仙境提供了先例，在这之后他广泛地涉及音乐体裁，创作一直比较顺利。他独创了"无言歌"的钢琴曲体裁，对于标题音乐和钢琴艺术的发展都有着巨大的启示价值。他的审美趣味和

姓　名：雅科布·路德维希·费利克斯·门德尔松·巴托尔迪
生卒日：1809.2.3 ～ 1847.11.4
国　籍：德国
身　份：作曲家、指挥家
重大成就：德国浪漫乐派最具代表性的人物

创作天才都深刻影响了后来的浪漫主义音乐。巴赫去世后，20岁的门德尔松通过指挥《马太受难曲》首次公开在柏林歌唱学院演出以宣传巴赫的作品，引起轰动而成为闻名遐迩的指挥家，为巴赫的作品得以复生作出了重要的贡献。

　　1833年，门德尔松完成《意大利交响曲》并在杜塞尔多夫就任音乐总监。1835年成为莱比锡著名的布业大厅音乐会的指挥。1842年与舒曼等人一起创办莱比锡音乐学院，对德国艺术教育作出了重大的贡献。在创作上，门德尔松首创了高雅纯净、形式短小的钢琴曲，他对标题交响乐作出了重要贡献，把浪漫主义与古典主义的特点交织在一起。他的音乐既含有古典主义的逻辑性，又带有浪漫主义的幻想性。他创作的《E小调小提琴协奏曲》具有华丽的技巧与甜美的旋律，表现生活中明朗的一面，是举世公认的精品。门德尔松在1846年的伯明翰音乐节上指挥清唱剧《以利亚》，取得辉煌成功。此时他的健康却每况愈下，于1847年去世，享年38岁。

　　门德尔松被誉为浪漫主义杰出的"抒情风景画大师"，作品以精美、优雅、华丽著称。在今天看来，门德尔松的音乐虽然在某些方面具有一定的局限性，但其旋律优美、形象鲜明、结构完整，所选的内容和题材、所用的手法都具有自己的独特风格。所以无论对德国或对世界来讲，仍不失为宝贵的文化遗产。

「抒情风景画」音乐大师——门德尔松

直击成功　　门德尔松的一生平静、富足，在西方音乐史上没有一个音乐家曾享有他这样的优越条件。安逸的生活环境并没有使他贪图享乐、不思进取，反而让他更加勤于钻研、苦于创作。经过坚持不懈的努力，他终于实现了自己的音乐梦想并成为人们所热爱的音乐家。

08 "新俄罗斯乐派"最激进的人物——穆索尔斯基

■ 整理：刘梅 于岚

穆索尔斯基生于一个地主家庭，他幼年时就显露出非凡的音乐才能，6岁起在母亲的指导下学习钢琴。

乡村的生活，农奴保姆的哺育，使他对农民和俄罗斯民间音乐怀有深厚的感情。穆索尔斯基并没有受过学院式的音乐教育。在与巴拉基列夫、鲍罗丁等强力集团艺术家的接触中，他逐渐形成了俄罗斯民族主义的艺术观点，这对他一生的艺术道路起了决定性的影响。在这期间，穆索尔斯基开始了自己的创作，并发表了圣咏曲《森纳西里伯的灭亡》等作品，六年后他写成了一生中最重要、最伟大的作品——歌剧《鲍里斯·戈都诺夫》，这部作品最终成为俄罗斯民族歌剧的伟大象征。

穆索尔斯基主张音乐必须反映现实，表现人民的精神面貌，其音乐具有强烈的民族性、独创性并且具有现实主义和自然主义的突出特征。他的音乐语言及表现手法极其新颖别致，这一切对以后的作曲家产生了很大影响。1863年，穆索尔斯基受

人物档案

姓　　名：穆捷斯特·彼得诺维奇·穆索尔斯基

生卒日：1839.3.21 ~ 1981.3.28

国　　籍：俄国

身　　份：作曲家

重大成就：俄国近代现实主义音乐的奠基人

到了以车尔尼雪夫斯基为代表的俄国革命民主主义思想的影响，经历了深刻的思想转变，形成了进步的世界观与艺术观。穆索尔斯基的后半生在贫困中度过，精神上受到官方和保守势力的打击，生活上没有保障，靠钢琴伴奏、教书和当公务员糊口。

在穆索尔斯基的作品中，歌剧处于首要地位。他总共写了5部歌剧，但都没有完成。最初的两部歌剧《萨朗宝》和《婚事》虽然尚不成熟，但是进行了有益的探索。穆索尔斯基一生创作了许多著名作品，除了歌剧《鲍里斯·戈都诺夫》、《霍万斯基之乱》、《索罗庆集市》（后两部未完成）、交响诗《荒山之夜》和钢琴套曲《图画展览会》以外，还有许多歌曲作品，如《跳蚤之歌》等。

他在音乐语言和艺术形式上大胆创新，使其作品具有民族性和独创性。他的歌剧具有强烈的吸引力，钢琴作品则具有独成一家的特点。他的歌曲作品都是反映人民现实生活中的贫困与哀怨以及对幸福生活的渴望，在写作风格上富有生动巧妙的幽默感。当时他的艺术成就除斯塔索夫等少数有远见的人士给予肯定的评论外，常常受到指责和非难，以至于酿成了他晚年的悲剧。他在艺术上的探索，自 19 世纪末至 20 世纪初以来，逐渐获得了广泛的承认。

1881 年 3 月 28 日，这位世界著名的音乐家、俄罗斯民族音乐的重要代表人物，因癫痫病在圣彼得堡逝世，终年 42 岁。

直击成功　　穆索尔斯基是一位独具创新思想的作曲家。尽管从小没能得到艺术熏陶和系统的音乐教育，但他凭借自己的后天努力，以不屈不挠的探索精神，找到了属于自己的创作道路。我们从穆索尔斯基的人生奋斗中看到了他的执著和坚韧不拔的精神，这也是他最终成为俄罗斯"不朽的音乐巨人"之根本。

"新俄罗斯乐派"最激进的人物——穆索尔斯基

09 流行音乐之王——迈克尔·杰克逊

整理：刘梅　孙晓航

迈克尔·杰克逊是流行乐、摇滚乐、R&B音乐歌手，舞蹈家，演员，慈善家和唱片制作人，被誉为"流行乐之王"，是流行乐坛最伟大、最有影响力的歌手。在其2009年追悼会上更是被授予"世界历史上最成功的艺术家"称号。

迈克尔·杰克逊出生于美国中部的印第安纳州。杰克逊家族起初住在一间很简陋的房屋里，他的父亲在铸造厂和钢铁厂工作，母亲则担任收银员，家中生活非常拮据。为了避免孩子误入歧途，父亲的管教相当严厉，而且经常打骂他们，迈克尔在家庭暴力的阴影中成长起来。

一次，迈克尔和他的兄弟姐妹因弄坏父亲吉他的弦，被要求演奏一段音乐，结果一鸣惊人，这使他的父亲产生了"造星"的念头，希望他们能在音乐界有所造诣。

60年代中期，迈克尔和四个哥哥在父亲的组织下成立了演唱R&B音乐的"The Jackson 5"（"杰克逊五兄弟"又称"杰氏五兄弟"），在摩城唱片公司，"杰克逊五

人物档案

姓　名：迈克尔·杰克逊
生卒日：1958.8.29 ～ 2009.6.25
国　籍：美　国
身　份：流行音乐歌手、作曲家、作词家、舞蹈家、导演、唱片制作人
重大成就：将早期的迪斯科、爵士、摇滚乐融为一体，创造新的音乐舞蹈形式

兄弟"发行了14张专辑。迈克尔作为独唱歌手发行了4张个人专辑，从此，迈克尔·杰克逊在音乐的道路上越走越远。

迈克尔·杰克逊曾获得格莱美终生成就奖，作为为数不多的艺术家之一，三次入选了摇滚名人堂，他还获得了多个吉尼斯世界纪录，是音乐史上第一位在美国以外卖出上亿唱片的艺术家，也是世界上拥有最多歌迷的歌手，一位杰出的慈善家和人道主义者，他为慈善事业捐款约3亿美元，是全世界以个人名义捐助慈善事业最多的艺人。

这里还有一个他和中国老太太的故事呢。1987年杰克逊来到中国中山市雍陌村，感受中国乡村秀丽的自然风光。杰克逊对中国农村产生了浓厚的兴趣。萍水识老太，巨星也温情，当一行人路过马路旁一座青砖瓦房时，迈克尔·杰克逊不由自主地走进院子，院子主人是74岁的林桂老太太，老人家根本不认识杰克逊，虽然语言不通，老人家依然热情地接待了他。林桂家的老宅带有欧洲建筑的影子，外墙有漆金的雕刻，这一切很吸引杰克逊。在老人的引领下，杰克逊参观了房子的客厅、后堂。当他了解到这个房子的历史已经有七八十年时，杰克逊有些感叹，不停地点头。就在老房子的楼梯前，杰克逊和林桂老人拍了一张合影。照完相后，看到老人家里经济条件不太好，同时出于对打扰老人正常生活的歉意，杰克逊硬塞给老人2000元港币，林桂老人怎么也不肯收，后来还是导游出面劝说，老人才勉强收下。就是这张合影也让林桂老人成为了新闻人物。

迈克尔·杰克逊于美国时间2009年6月25日离世，终年50岁。他的死震惊了全球，追思会吸引了全球30多亿观众。

10 西方现代乐派的领袖人物——斯特拉文斯基

整理：刘梅　吕宏杰

斯特拉文斯基生于俄罗斯圣彼得堡，是美籍俄国作曲家、指挥家和钢琴家，西方现代派音乐的重要人物。这位对20世纪音乐创作产生巨大影响的作曲家，一生中数次改变自己的国籍（1934年成为法国公民，1945年加入美国国籍），是一位真正的世界公民。

斯特拉文斯基的创作大致可分为三个阶段，早期作品如管弦乐《烟火》，芭蕾舞剧《火鸟》、《彼德鲁什卡》等具有印象派和表现主义风格。

中期作品如清唱剧《俄狄浦斯王》、合唱《诗篇交响曲》等具有新古典主义倾向，采用古老的形式与风格，提倡抽象化的"绝对音乐"。

晚期作品如《乌木协奏曲》、歌剧《浪子的历程》等则混合使用各种现代派手法，如十二乐音体系、序列音乐及点描音乐等。哑剧《士兵的故事》包含舞蹈、表演、朗诵和一系列由7件乐器演奏的段落，却没有歌唱角色，由此可看出其创作风格的不羁。

由于政治原因，他长期脱离祖国，旅居西欧。这使得他生活经历复杂，创作作品众多，风格多变，曾革新

人物档案

姓　　名：伊戈尔·菲奥多罗维奇·
　　　　　斯特拉文斯基
生卒日：1882.6.17 ～ 1971.4.6
国　　籍：美国
身　　份：作曲家、指挥家
重大成就：西方现代乐派的领袖人物

过三个不同的音乐流派，被人们誉为"音乐界的毕加索"。

1962 年，斯特拉文斯基返回苏联小住，受到英雄般的欢迎。他内心始终是个俄罗斯人，保持着东正教的信仰（在 1930 年的合唱《诗篇交响曲》中表现得淋漓尽致）。有人说他的作品像是一幅 20 世纪音乐发展的"地图"，没有一个作曲家像他那样广泛涉猎——《春之祭》的狂暴，《俄狄浦斯王》的典雅宏丽，《C 大调交响曲》的明净洗练，《敦巴顿橡树园协奏曲》的风趣，《乐章》的简洁优美。

斯特拉文斯基是第一个亲自指挥自己的大部分作品并灌制成唱片传诸后世的大作曲家。他还给我们提供了一部宝贵的自传，题为《我的生平大事记》，一册论文集《音乐的诗学》和一系列与罗伯特克拉夫特（斯特拉文斯基的秘书，也是一位指挥家）发人深省的谈话录。

斯特拉文斯基的创作生涯就像是 20 世纪上半叶纷乱多变的西方音乐艺术世界的一个缩影。早期创作俄罗斯芭蕾舞剧音乐的成功使他步入欧洲音乐舞台。他的音乐影响着 20 世纪上半叶欧洲的一些主要潮流，而在流派纷呈、风格各异的 20 世纪西方音乐世界中，斯特拉文斯基又以其特有的美学观点和音乐语言风格独树一帜、自成一体。

西方现代乐派的领袖人物——斯特拉文斯基

直击成功　　多个国籍身份和不凡的人生经历，注定了斯特拉文斯基的创作拥有不一样的特点和色彩，借鉴前辈的经验并不断地自我探求，最终在世界音乐的舞台上拥有自己的一席之地。我们要向斯特拉文斯基学习，不断借鉴和创新，奏响人生的华丽乐章。

11 歌剧大师——威尔第

整理：刘梅　刘晓涛

威尔第出生于意大利帕尔马一个清贫的农民家庭，年幼时跟乡村乐师学习管风琴，并在镇上管弦乐团工作。激起威尔第早年音乐雄心的是一位布赛托商人巴霍·兹，他为威尔第提供了全城最佳的音乐教育。当威尔第被镇民送往米兰音乐学院学习时，却遭到拒绝，被拒原因是他的年龄太大（超过了14岁），并且从未受过训练，缺乏音乐才能。威尔第回到布塞托，随斯卡拉歌剧院的乐师拉威那学习对位法。

1838年威尔第开始创作第一部歌剧《奥贝尔托·博尼法乔伯爵》，该剧于1839年他26岁时在斯卡拉歌剧院上演，这部歌剧取得了成功。他的成名之作是他在1842年创作的第三部歌剧《那布科》，剧中的一首合唱曲《飞呀，思想，乘着金色的翅膀》，经众口传唱，成为当时象征反抗奥地利统治和压迫的一支战歌，使他一跃成为意大利一流的作曲家。当时的意大利正处于摆脱奥地利统治的

姓　　名：居塞比·威尔第
生卒日：1813.10.10~1901.1.27
国　　籍：意大利
身　　份：歌剧作曲家
重大成就：19世纪意大利歌剧复兴时期最具代表性的歌剧作曲家，被誉为"歌剧之王"

革命浪潮之中，威尔第以自己的歌剧作品，如《伦巴底人》、《厄尔南尼》、《阿尔济拉》、《列尼亚诺战役》，以及一些革命歌曲鼓励人民起来斗争，因此有"意大利革命的音乐大师"之称。

19世纪50年代是威尔第创作的高峰时期，他勤奋不懈地创作，先后写出了《弄臣》、《游吟诗人》、《茶花女》、《假面舞会》等七部歌剧，奠定了歌剧大师的地位。据说《弄臣》首演排练的时候，扮演曼图亚公爵的演员发现他的乐谱上有一段空白，就去找威尔第。威尔第答应在彩排时把它补上，并且规定在公演之前任何人都不准把它泄露出去，这段咏叹调就是至今仍非常有名的《女人善变》。《茶花女》是一部举世闻名的音乐巨作，它以深刻的主题和动人的旋律，打动了后世无数人的心灵。但在当时，《茶花女》的公演却遭到冷遇，因为剧中女主人公是一位被侮辱、被伤害的形象。在那个时代，威尔第是第一个敢于把这种题材写成歌剧的作曲家。这部歌剧后来一直被列为世界名作之一。威尔第晚年又根据莎士比亚的剧本创作了最后两部歌剧——悲剧《奥塞罗》和喜剧《福斯塔夫》。

威尔第是19世纪意大利歌剧复兴时期最具代表性的歌剧作曲家。他创作的三大歌剧《弄臣》、《游吟诗人》与《茶花女》，让他成为意大利歌剧界的霸主。他一生创作了27部歌剧，其中一些已被列入世界著名歌剧之列，在世界各国上演，而他也因此被誉为"歌剧之王"。

直击成功　威尔第一生创作了27部歌剧，他的作品善于运用意大利民间音调进行创作。晚年创作达到了登峰造极、出神入化的境地。创作的管弦乐效果也很丰富，尤其是能绘声绘色地刻画剧中人的欲望、性格、内心世界，因此具有强烈的情感色彩。威尔第正是通过他自己的不懈努力，使自己成为世界上最受欢迎的歌剧作曲家之一。

12 浪漫主义歌剧的先行者——韦伯

整理：刘梅 黄

韦伯出生于音乐世家，父亲是一位业余音乐家，也是一个城镇乐队和旅行剧团的领班。母亲是一位歌唱演员。韦伯自幼受环境的熏陶，对他后来走上歌剧创作道路有一定影响。

韦伯曾在海顿的弟弟门下学习作曲，到1800年他14岁时，已写了不少作品。他早期创作的歌剧作品，如《森林少女》、《彼得·施莫尔和他的邻居》和《西尔瓦纳》等，在风格上接近歌剧，虽不成熟，但可以看出他的歌剧创作已有了浪漫主义倾向。

1803年韦伯在维也纳师从福格勒学习作曲。福格勒对民歌的爱好带动了韦伯对民间音乐的兴趣。1804年在福格勒的帮助下，韦伯谋得在布雷斯劳歌剧指挥的职位，后因在上演剧目、乐队组织以及指挥方面的改革想法不被理解，被迫辞职。1807年他在斯图加特任该地符腾堡公爵路德维希的秘书，除进行创作和给公爵的孩子们上课外，主要工作是管理账目，直到1810年才又重新投入音乐活动。这时期他写了他仅有的两部交响曲和歌剧《西尔瓦纳》。1820年以前他在欧洲许多国家旅行演奏和指挥演出。

人物档案

姓　　名：卡尔·马利亚·冯·韦伯
生卒日：1786.11.18 ～ 1826.6.5
国　　籍：德国
身　　份：作曲家、钢琴家、指挥家、
　　　　　音乐评论家
重大成就：浪漫主义歌剧的先行者

1813年至1816年曾在布拉格歌剧院工作，并再一次在上演的剧目和指挥中贯彻他改革的设想，但仍遭到保守势力的反对。韦伯作为钢琴演奏家，他的演奏风格亲切而富于技巧。由于他有一双大手，可以毫无困难地弹奏十度内的四部和声，他在小协奏曲等作品中那些惊人的大跳和八度滑奏等，就是为适应他的演奏技巧而写的。他还曾轻松自如地把他的原《C大调第一钢琴奏鸣曲》在#C大调上演奏，受到同辈音乐家们的赞扬。

19世纪20年代前后正是德国民族意识觉醒的年代，蒙受屈辱的梯尔齐特和约和拿破仑的侵略战争等，都曾激起广大德国人民的爱国情感。韦伯就曾为爱国诗人T•克尔纳的诗集《琴与剑》中的诗篇谱曲。1815年他还写了康塔塔《斗争与胜利》等，在群众中引起很大的反响。1817年韦伯由布雷斯劳迁到德累斯顿，同年和歌唱家卡罗琳•勃兰特结婚。在德累斯顿的10年是韦伯最后的时期，也是他创作的成熟时期。著名的钢琴曲《邀舞》和《钢琴小协奏曲》都是这一时期完成的。他创作的高峰是1821年完成的著名歌剧《魔弹射手》（又译为《自由射手》），是浪漫派歌剧的典范。韦伯花费了三年时间来完成它，在这部歌剧中运用的音乐独具特色，用圆号代表猎人，单簧管则代表黑猎人，而赋予森林、狼谷的音乐充分体现了民族色彩，被认为是具有浪漫主义特征的德国民族歌剧的诞生之作。《魔弹射手》的出现，使韦伯获得了巨大声誉，成为具有世界影响的音乐家。1823年他又写了歌剧《欧丽安特》，1826年他写了最后一部歌剧《奥伯龙》。但是这两部歌剧都没有达到《魔弹射手》的水平。1826年6月5日韦伯在伦敦病逝。

浪漫主义歌剧的先行者——韦伯

直击成功 韦伯是德国第一位浪漫主义作曲家，德国浪漫主义歌剧的奠基人，杰出钢琴家，首批最优秀的"独裁"指挥之一。他在创作、演出、指挥和音乐社会活动等方面都进行了积极的工作，并宣传了进步的美学思想。韦伯的作品深受欢迎，流传甚广，无论从题材上还是风格手法上都给后人留下了大量的优秀作品，具有重要的历史意义。韦伯用他一生的勤奋努力，为我们树立了一座浪漫派音乐的丰碑。

13 平民歌剧创作者——比捷

整理：刘梅　高淑坤

　　乔治·比捷生于巴黎的一个音乐世家，父亲是声乐老师，母亲是钢琴家，在这样的家庭环境下，比捷从小就受到音乐的熏陶。9岁起进入巴黎音乐学院学习作曲，之后又随音乐家古诺学习。17岁时创作了第一部交响曲，20岁时获罗马大奖，随后到意大利留学3年。此时的比捷一心一意想做一名优秀的歌剧作曲家。18岁的时候，比捷创作完成《C大调交响曲》，初步显示了这位年轻音乐家的创作才华。年轻的比捷音乐兴趣广泛，他高超的钢琴演奏技巧和总谱阅读能力曾使当时的著名钢琴家、作曲家李斯特感到震惊。比捷早期的音乐作品受意大利罗西尼等人的影响比较大，他在早期的音乐创作中倾心于意大利流畅的旋律风格。直到戏剧配乐《阿莱城的姑娘》的问世，他自身的音乐才华才真正显露出来，逐渐形成了自己的创作风格。

　　1872年，不满37岁的比捷，创作了著名的歌剧《卡门》。《卡门》的剧情取材于梅里美的同名小说。在这

人物档案

姓　名：乔治·比捷
生卒日：1838.10.25 ~ 1875.6.3
国　籍：法国
身　份：法国伟大的戏剧音乐大师
重大成就：创作了著名歌剧《卡门》，其作品反映了19世纪法国歌剧的最高成就

部作品中，比捷把社会底层人物烟草女工和士兵推上了歌剧舞台，音乐与剧情构成了一个不可分割的整体，丰富的旋律展现了五彩缤纷的生活画卷，刻画出栩栩如生的人物形象。特别是在音乐处理上，这部作品强调了剧情发展的对比和力度，生动而富有光彩，是比捷创作的顶峰。

这部歌剧获得了巨大成功，但是，它的首演却是失败的。也许是过分强烈的节奏让人难以接受，也许是作品不够高雅，演出中观众陆续退场，整个剧场吵吵闹闹，演出只好草草收场。但是在此后的3个月里，该剧却演出了37场。比捷羸弱的身体经不起这样的刺激，3个月后，他去世了，年仅37岁。

比捷去世以后，巴黎歌剧院停演了这部作品。但是，它却在维也纳、布鲁塞尔、伦敦和纽约等地不停地上演。5年之后，它重新登上巴黎的舞台，这一次，受到观众狂热的欢迎。正像柴可夫斯基在1880年所预言的："《卡门》10年以后将成为世界上最流行的歌剧。"

比捷对于法国歌剧是颇有贡献的，他使乐团气势宏伟、和声丰富，全剧结构统一，对于剧本背景与气氛的特别重视更是值得推崇的。比捷的改革，使法国歌剧更有力，更热烈，而且更戏剧化，在世界的舞台艺术中也占有重要席位。他能将人性的善恶与冲突，描写得真实贴切，对后辈写实派颇具影响力。今天，比捷的音乐作品在世界各地都被广泛地演奏着，他那鲜明的、脍炙人口的优秀作品越来越被人们所喜爱。

直击成功

乔治·比捷从小受到的家庭环境的熏陶，加上刻苦勤奋的学习，使他在年轻的时候就展现出了过人的音乐才华。他能够创作出《卡门》这样流传后世的杰出作品，最为关键的是他能够走出一味模仿的困境，形成自己独特的创作风格。令人惋惜的是，这位音乐天才在自己心爱的作品不被听众接受时便情绪消沉，抑郁而终。这提醒我们在任何时候都不要对自己失去信心。

14 舞剧音乐大师——柴可夫斯基

整理：刘梅　朱婧

柴可夫斯基是 19 世纪俄国伟大的作曲家、音乐教育家，被誉为伟大的俄罗斯音乐大师。1840 年 5 月 7 日他出生于乌拉尔的伏特金斯克城，父亲是冶金工厂的厂长兼工程师，母亲爱好音乐，很会唱歌，也会弹琴，因此他的家庭充满了音乐气息。他幼年时已显示出非凡的音乐才能，但是家人却从来没有想到他将来会成为一个伟大的音乐家。

柴可夫斯基 10 岁时进彼得堡法律学校学习，利用课余时间继续学习钢琴，并时常去看歌剧。毕业后曾在司法部任职，这段时间他并没有放弃对音乐的追求，时常参加社交性钢琴演奏和创作活动。1862 年进彼得堡音乐学院学习，终于踏上接受专业的音乐教育的道路。

毕业后任莫斯科音乐学院的教授，历时 11 年之久。其间创作出大量佳作，其中包括最初的三部交响曲、幻想序曲《罗密欧与朱丽叶》、舞剧《天鹅湖》及《第一钢琴协奏曲》等。

1877 年柴可夫斯基辞去

人物档案

姓　　名：彼得·伊里奇·柴可夫斯基
生卒日：1840.5.7 ～ 1893.11.6
国　　籍：俄国
身　　份：作曲家
重大成就：俄罗斯民族乐派的代表人物、浪漫乐派作曲家，被称为"舞剧音乐大师"

音乐学院的职务，主要住在瑞士或意大利。从 1877 年开始进入他创作的极盛时期，创作了两部天才的作品——歌剧《叶甫根尼·奥涅金》和他的成名作《第四交响曲》。

柴可夫斯基接受正规的音乐训练前还有一个小插曲。一天柴可夫斯基家里开了一个小型的音乐会，母亲演唱了一首阿尔雅布耶夫的浪漫曲《夜莺》。听着这婉转悠扬的歌声，小柴可夫斯基仿佛迎着晨风，来到一片原野上。忽然柴可夫斯基站起来，向自己的房间走去。这一夜，他辗转反侧，久久不能入睡。第二天，他坐在钢琴前，凭着记忆弹奏起《夜莺》。这次偶然使得父母注意到了柴可夫斯基的音乐天赋，于是，他们为儿子请来了专门的音乐教师开始了系统的音乐训练。

柴可夫斯基的晚年是他创作的顶峰时期。在这期间除了创作《叶甫根尼·奥涅金》、《第四交响曲》外，还创作了《第五交响曲》、《曼弗里德交响曲》，歌剧《黑桃皇后》、《约兰塔》，舞剧《睡美人》、《胡桃夹子》；还有《暴风雨》、《意大利随想曲》、《1812 序曲》、大提琴《洛可可主题变奏曲》以及各种器乐重奏、钢琴独奏、声乐浪漫曲等，几乎涉猎所有体裁。特别是《第六悲怆交响曲》是他的绝笔之作。

柴可夫斯基是欧洲浪漫主义时期的一位伟大的作曲家。他建立了自己宏大的交响音乐体系，以俄罗斯风格概括了贝多芬之后的交响音乐的发展，这使他成为交响音乐方面登峰造极的人物之一。

他的音乐力求用最直接的抒发个人感情的方式，来表达最有普遍意义的东西，他以大家都能理解的音乐语言创作出生活中的诗意和人类感情中迷人的成分，因而能触动人们的心灵。

舞剧音乐大师——柴可夫斯基

直击成功　　柴可夫斯基继承了格林卡以来俄国音乐发展的成就，又注意吸取西欧音乐文化发展的经验，重视向民间音乐学习，为俄国音乐文化和世界音乐文化作出了宝贵的贡献。他把对祖国的无限热爱化作音乐创作的动力，值得我们敬仰和学习。

15 不屈服于苦难的乐圣——贝多芬

整理：刘梅　魏长萍

贝多芬是德国最伟大的音乐家。他出生于波恩，祖父和父亲都是宫廷音乐家。贝多芬从小就具有十分卓越的音乐才能，他的父亲发现这一点后决心把他培养成第二个莫扎特式的音乐神童，但贝多芬不具备莫扎特那样的演奏天赋，他是在父亲的棍棒下学习音乐的。

当时年仅5岁的贝多芬经常被父亲锁在屋里，被迫从早到晚地弹钢琴和拉小提琴。小贝多芬经常强忍着痛苦和委屈一遍遍地练习着，如果不是贝多芬具有非凡的音乐才能的话，他可能会永远厌恶音乐了。8岁时贝多芬首次登台，获得巨大的成功，被人们称为第二个莫扎特。贝多芬10岁拜师于风琴师聂费，开始学习作曲，为他以后的艺术创作打下了深厚的基础。

1792年贝多芬到音乐之都维也纳深造，艺术上进步飞快。他先后拜海顿、萨利埃里等名师学习音乐，不断丰富和提高自己的艺术修养。1796年他患了耳聋症，且日益恶化，一度产生了自杀的念头。面对莫大的打击和经济上的困苦，贝多芬逐

人物档案

姓　　名：路德维希·凡·贝多芬
生卒日：1770.12.16 ～ 1827.3.26
国　　籍：德国
身　　份：作曲家、钢琴家、指挥家
重大成就：开辟了浪漫时期音乐的道路，被尊称为"乐圣"

渐产生了起一种对现实不满、对个人命运反抗的思想。1800年起逐渐在他的创作中反映出他在摆脱海顿、莫扎特的音乐风格，力求使自己的创作与崇高的理想紧密地联系起来。他在作品中形成一种新的倾向、新的音乐风格，在创作上逐渐走向成熟。可是一件可怕的事情不停地折磨着他——贝多芬发现自己的耳朵彻底变聋了。对于一个音乐家来说，没有比失聪更可怕的了。人们可以在他的早期钢琴奏鸣曲中感受到这种令人心碎的痛苦。

1826年12月他带着侄子去格内森道夫旅行，希望身体好转。可惜旅行结束后他却患上肺炎。后来加上慢性肝肠的疾病，又惊闻侄子试图自杀的消息，使得他的健康迅速恶化。虽然如此，他想自己还是能再写一些音乐的，他说："我只希望自己能给这个世界一些美好的音乐，然后就像一个老顽童一样，在各位体面的先生面前了结尘世上的事。"1827年3月26日贝多芬逝世。贝多芬信仰共和，崇尚英雄，创作了大量充满时代气息的优秀作品。如交响曲《英雄》、《命运》，序曲《戈格蒙特》，钢琴曲《悲怆》、《月光曲》、《暴风雨》、《热情》等。

贝多芬是世界音乐史上的伟大作曲家之一，他的创作集中体现了他那巨人般的性格，反映了那个时代的进步思想，集古典音乐之大成、开浪漫主义音乐之先河。贝多芬的革命英雄主义形象可以用"通过苦难——走向欢乐；通过斗争——获得胜利"加以概括。贝多芬在音乐艺术、内容及曲式结构上都有许多创新和发展，对世界音乐的发展有着举足轻重的作用，被后人尊称为"乐圣"。

直击成功

耳疾对于一个音乐家来说是多么可怕的事情，但病痛并没有使贝多芬沉沦，而是不屈服于命运并与疾病进行顽强的斗争，凭借自己坚忍不拔、不屈不挠的坚强意志，最终取得了惊人的成就。从贝多芬的故事当中，我们深刻体会到"世上无难事，只怕有心人"这个道理。

16 印象主义音乐的鼻祖——克洛德·德彪西

整理：刘梅　苗莹

德彪西生于法国的巴黎近郊的一个小资产阶级家庭，虽然他并非出身音乐世家，也没有良好的音乐学习环境，但他却十分热爱音乐，幼年时就显露出卓越的音乐才能。他7岁开始学习钢琴，11岁考入巴黎音乐学院。德彪西在音乐学院学习时，是一个富有创新精神的学生。他在学习音乐的过程中，始终有一种打破陈规、探索新领域的强烈愿望。为此常常遭到教师们的责备。

1880年，德彪西到俄国担任了柴可夫斯基的至交——梅克夫人的家庭钢琴教师。他由此接触到许多俄国音乐大师的作品，特别是穆索尔斯基的作品，对年轻的德彪西产生了深刻的影响，为其后来开创"印象主义"音乐奠定了基础。

1884年，他以极富戏剧性的大合唱《浪荡子》获得"罗马大奖"。从此以后，他的创作活动逐渐频繁起来。

1890年以后，德彪西与象征派诗人马拉美结识，他

人物档案

姓　　名：克洛德·德彪西
生卒日：1862.8.22~1918.3.25
国　　籍：法国
身　　份：作曲家、钢琴家
重大成就：印象派音乐的创始人

加入了以马拉美为首的巴黎文艺沙龙。在这里，德彪西结识了许多青年艺术家。经常参加他们的艺术讨论聚会，这些艺术家们的一些全新的艺术观点和思想深深地影响着德彪西。他开始欣赏他们的诗歌，并为这些诗歌谱曲。这时他的音乐已开始带有"印象主义"色彩，奠定德彪西"印象主义音乐家"地位的是他32岁时创作的管弦乐曲《牧神午后前奏曲》。此曲完成于1894年，是根据法国印象派诗人马拉美的同名诗《牧神午后》而创作的。同年12月在法国首演，当时就受到了热烈的欢迎，它被演奏了两次，观众才感到满足。如今，这部管弦乐前奏曲已成为德彪西所有作品中最常演奏的曲目。由于德彪西这部前奏曲中的音乐几乎达到可视的境地，许多舞蹈家被它吸引了，尼金斯基第一个把它编成舞蹈，并由俄罗斯芭蕾舞团于1912年首次公演。

德彪西的音乐和古典主义音乐相去甚远，在他的作品中已看不到古典主义音乐的严谨结构、深刻的思想性和逻辑性，也看不到浪漫主义音乐的丰富情感，取而代之的则是奇异的幻想因素，朦胧的感觉和神奇莫测的色彩。他的和声细腻、繁复，配器新奇而富有色彩，旋律略带冷漠飘忽的感觉，而这一切都是古典主义音乐和浪漫主义音乐所不具备的。

生前的最后十年，是德彪西艺术巅峰期，他的许多伟大的代表作陆续完成，因自成一派而闻名世界。他也经常在欧洲各国演奏并指挥自己的作品。德彪西50岁时，被癌症所困，身体日渐衰弱，于1918年去世，享年56岁。

直击成功　德彪西有一颗敏感悉细的心，有一种打破陈规探索新领域的强烈愿望，这使他在音乐的探索之路上大胆创新、不畏艰难，取得了令人瞩目的成就。这种敢于尝试和不言放弃的精神是值得每一个人学习和借鉴的。

17 捷克新音乐之父——斯美塔那

整理：刘梅　方芳

斯美塔那生于捷克的莱托米希尔，一生致力于复兴民族文化。19岁时去布拉格学习音乐，青年时期积极参加了1848年反对奥地利统治、争取自由独立的革命运动，创作了包括著名的合唱曲《自由之歌》在内的一批具有鲜明爱国主义思想的音乐作品。

1861年，国内政治形势好转，斯美塔那从瑞典的哥德堡回到捷克，将主要精力投到民族歌剧的创作中。斯美塔那一生共创作了10部歌剧。1863年，他创作完成了第一部歌剧《在波希米亚的勃兰登堡人》，既表现了斯美塔那的爱国主义思想，塑造了捷克人民英勇不屈的形象，也展现了斯美塔那擅长清新优美的民族旋律的创作技巧，特别是体现了把波尔卡舞曲引入音乐创作中的独有的风格特征。1866年，斯美塔那创作了第二部歌剧《被出卖的新娘》，这部喜歌剧是斯美塔那最重要、最受欢迎的歌剧。《被出卖的新娘》不仅标志着斯美塔那的创作进入了成熟期，而且成为捷克民族歌

人物档案

姓　　名：贝德里赫·斯美塔那
生卒日：1824.3.2 ～ 1884.5.12
国　　籍：捷克
身　　份：作曲家、钢琴家、指挥家
重大成就：捷克民族乐派的创始人

剧的象征，在欧洲歌剧史上达到了相当高的艺术水平。

　　1868年，为支持和推动民族歌剧事业的发展，斯美塔那与其他进步人士一起，克服重重困难，筹建布拉格民族剧院。在奠基仪式上，他充满自豪地宣布："捷克人的生活是在音乐中的。"1870~1872年，斯美塔那创作了一部英雄主义色彩的歌剧《里布舍》。剧中通过布拉格城的创建者里布舍对捷克民族的预言，激发了捷克人民对祖国光明未来的坚定信念，特别是结尾的合唱《光荣颂》，更把观众的情绪推向了高潮。此后，《里布舍》的演出形成了一个与普通歌剧不同的特殊的惯例：它只有在国家的重大节日才上演。

　　斯美塔那和贝多芬有着类似的经历——失聪。但他的耳聋比贝多芬的还要痛苦不堪。斯美塔那年过半百之时，开始感到有种刺耳的尖锐声音回荡在耳际，不久以后双耳完全失聪。与贝多芬不同，他的全聋并没有为自己带来安宁，而是为他带来日夜不休的噪音困扰。据他自己描述，就如同永远置身于一个喧嚣的大瀑布之下一般。这一病症后来终于引发了精神病，斯美塔那也因此住进了疯人院。可就在这样的状态下，他不但没有间断音乐创作，而且不断创作出精品。他一生中最精彩的作品，如交响诗套曲《我的祖国》、带有自传性质的弦乐四重奏《我的生活》以及后几部歌剧，都是在失聪以后创作的。

　　作为捷克作曲家、钢琴家和指挥家，他的作品无论是在思想主题上，还是在情感、旋律、色彩上，都是彻底捷克化的，被誉为"捷克民族乐派的奠基人"、"新音乐之父"、"捷克的格林卡"。

直击成功　斯美塔那最终所取得的重大成就，正是源于他对自己祖国和人民深深的爱。他的故事告诉我们，当你的情感与国家、与民族息息相关时，你就会有坚定不移的信念和意志，战胜困难，你的作品就会具有无限的生命力，永远被人民所喜爱。

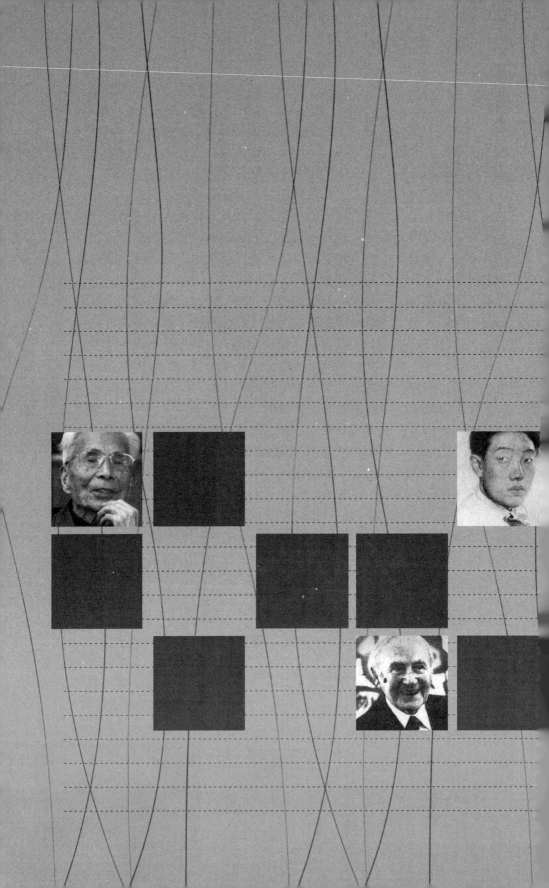

01 20世纪现代中国绘画的代表画家之一——吴冠中

整理：赵丽琴　王小博

吴冠中1919年出生于江苏省宜兴市，1942年毕业于国立艺术专科学校，曾任教于国立重庆大学建筑系，先后任教于中央美术学院、清华大学、北京艺术学院、中央工艺美术学院。

吴冠中是20世纪现代中国绘画的代表画家之一。他一生致力于油画民族化和中国画现代化的探索，形成了鲜明的艺术特色，多次在中国美术馆举办个人画展。2000年，吴冠中入选法兰西学院艺术院通讯院士，他不仅是首位获此殊荣的中国籍艺术家，也是首位获得这一职位的亚洲人。

吴冠中的作品具有很高的文化品位，他融通中西，是当代中国艺坛的奇观。在中国水墨画方面，他力求时代出新；在油画等艺术形式上他戮力创造民族特色。他在这些方面所表现出来的探索精神和优秀品质也是留给我们这个时代最重要的艺术遗产。

对于艺术，吴冠中觉得是要有殉道精神的。他说，"作品表达得不好，一定要

人物档案

姓　　名：吴冠中
生卒日：1919.2.12~2010.6.25
籍　　贯：江苏宜兴
身　　份：艺术家、教育家
重大成就：现代绘画艺术大师

毁，古有'毁画三千'的说法，我认为那都是少的！"这一方面源于吴冠中对自己画品质量的高要求，另一方面多半还是受了他在法国经历的影响。在法国留学的时候，吴冠中在学习和游览美术馆的间隙，总会走上法国的街头，观察那里的风光、建筑和民风民俗。有一次，他在巴黎的街头遇见了几个靠帮别人画肖像为生的画师。他们帮别人画出肖像后，只要顾客不满意，他们就把画作撕掉重新画，一点也不可惜。吴冠中那时还年轻，心中把绘画视为一门神圣的艺术，既不能想象靠这门艺术在街头糊口，也不能想象把自己的画作撕掉。经历了这件事之后，吴冠中才知道，其实画是可以撕的，只要能让下一幅的质量更好。

所以在其艺术生涯中也上演了无数的烧画事件。上世纪50年代吴冠中创作了一组井冈山风景画，后来他翻看手头原作，感到不满意，便烧毁了。此后1966年，"文革"初期，他把自己回国后画的几百张作品全部毁坏后烧掉。1991年9月，吴冠中整理家中藏画时，将不满意的几百幅作品也全部毁掉，此举是不要让自己不满意的作品流入到市场，此举被海外人士称为"烧豪华房子"的毁画行动。

同时，吴冠中的作品在艺术品拍卖市场上屡创新高。1974年创作的油画长卷《长江万里图》作为其生前最后一幅公开拍卖的作品，在翰海2010春季拍卖会上，以5712万元人民币成交。

直击成功 吴冠中时常选择一个题材反复画，反复推敲，反复创作，直到达到极致为止。如《双燕》、《鲁迅的故乡》、《水乡》、《黄土高原》、《小鸟天堂》等，画了多遍，每每不重复。这是一个艺术家永不满足的探索行为。正因为如此，他的很多绘画作品几经研究重画后，显得格外清新明净，如婴儿的面孔一般，莹洁、透明、光亮，柔嫩而充满生命力，令人感受到混沌之初天地合一的境界。

02 20世纪中国国画大师——张大千

整理：赵丽琴　王小博

　　张大千祖籍广东省番禺市，1899年5月10日，他出生在四川省内江县城郊安良里象鼻嘴堰塘湾的一个书香门第。

　　他是二十世纪中国画坛最具传奇色彩的国画大师，无论是绘画、书法、篆刻、诗词都无所不通。早期专心研习古人书画，特别是在山水画方面卓有成就。

　　其画风曾经数度改变。张大千历经探索，在57岁时自创泼彩画法，是在继承唐代王洽的泼墨画法的基础上，融入西欧绘画的色光关系，而发展出来的一种山水画笔墨技法。可贵之处是技法的变化始终能保持中国画的传统特色，创造出一种半抽象墨彩交辉的意境。

　　张大千为人风趣、幽默，有次吃饭时，一位朋友总以张大千的长胡子为话题，接连不断地开玩笑，甚至消遣他。可是，张大千却不烦恼，不慌不忙地说："我也奉献诸位一个有关胡子的故事。刘备在关羽、张飞二弟亡故后，特兴师伐吴为报仇。关

人物档案

姓　　名：张大千
生卒日：1899.5.12~1983.4.2
籍　　贯：四川内江
身　　份：画家、书法家、篆刻家
重大成就：《长江万里图》

羽之子关兴与张飞之子张苞复仇心切，都争做先锋。为公平起见，刘备说：'你们分别讲述父亲的战功，谁讲得多，谁就当先锋！'张苞抢先发话：'先父喝断长坂桥，夜战马超，智取瓦口，义释严颜。'关兴口吃，但也不甘落后，说：'先父须长数尺，献帝当面称为美髯公，所以先锋一职理当归我。'这时，关公立于云端，听完禁不住大骂道：'不肖子，为父当年斩颜良，诛文丑，过五关，斩六将，单刀赴会，这些光荣的战绩都不讲，光讲你老子的一口胡子又有何用？'"众人听完张大千讲的这个故事，都哑然无声，从此，再也不敢扯胡子的事了。

张大千同时也是一个用功甚苦、读书渊博的画家。他平时教导后辈："作画如欲脱俗气、洗浮气、除匠气，第一是读书，第二是多读书，第三是须有系统、有选择地读书。"画画和读书都是张大千的日常生活。在外出旅途的车中船上，张大千也都潜心阅读。张大千读书涉猎很广，经、史、子、集无所不包，并不只限于画谱、画论一类的书。一次，张大千从成都到重庆，友人托他带一本费密的《荒书》。到家后，张大千即把路上看完的《荒书》内容，作者的见解、生平以及这位明末清初的四川学者和石涛的关系，如数家珍地娓娓道来，实在令人惊讶，因为这是一本艺术之外的学术著作。读书的习惯一直伴随到张大千晚年，他常说，有些画家舍本逐末，只是追求技巧，不知道多读书才是根本的变化气质之道。

直击成功

在四川博物馆里，有一个专馆是张大千的敦煌壁画临摹作品展，张大千曾用三年时间在敦煌学习壁画。在远离热闹城市的僻远西部一待就是好几年，潜心钻研绘画，遇到生活穷困、遇到土匪等等众多危难也从未退缩。在敦煌的日子奠定了张大千先生日后的成就，而张大千先生身上的执著、刻苦、坚定的性格特点，正是成功必备的素质。

03 近现代中国书画史上的一代宗师——吴昌硕

整理：赵丽琴　李丽

　　吴昌硕是晚清著名画家，生于浙江省孝丰县鄣吴村一个读书人家。吴昌硕幼年时求知欲很旺盛，好学不辍。起初跟着他父亲念书，后来就读于邻村的一个私塾中学。每天翻山越岭，来往十多里路，虽遇风雨却从不间断。

　　吴昌硕17岁那年，由于战乱，他的弟妹先后死于饥荒。后来他又与家人失散，独自一人到处流浪，靠替人家做短工、打杂差过日子，时常以野生植物和树皮草根充饥。他在湖北、安徽等省流亡达五年之久，历尽千辛万苦，到21岁那年才回到家乡，与老父相依为命，躬耕度日。

　　吴昌硕于耕作之余酷爱读书。但家里藏书不多，为了满足日益增强的求知欲望，他常千方百计去找更多的书来读。有时为了借一部书，往往来回行数十里路，也不以为苦。他借到了书，就废寝忘食，读了又读。阅读中摘了许多笔记，有时甚至把整部整卷的书抄录下来，以便反复研读。遇到疑

　　姓　　名：吴昌硕
　　生卒日：1844.8.1～1927.11.29
　　籍　　贯：浙江安吉
　　身　　份：画家、书法家、篆刻家
　　重大成就：清晚期最有影响力的画家之一

难，必请教师友，绝不含糊过去。正由于书籍这样难得，他对之非常珍爱。直到晚年，他看到一些残编断简，必设法加以收集和补订，慎重地保存下来，这个习惯正是在早年的艰苦条件下养成的。

29岁那年，他离开家乡，到杭州、苏州、上海等地去寻师访友，刻苦学艺。起初他从俞曲园学辞章和文字训诂之学，为时约两年，为他后来的深造打下了扎实的基础。正由于他待人以诚，求知若渴，各地艺术界知名人士都很乐意与他交往，其中尤以任伯年、张子祥、胡公寿、蒲作英等人与他交情尤笃，相互切磋，几无虚日。

吴昌硕虽年过七十而鬓发不白，看去不过四五十岁的样子，这是他勤于劳作的结果。他每天早起，梳洗过后，就面对书桌，默坐静思约一刻钟，把当天的工作程序安排好，然后再吃早餐，有时兴致来了，不及时进餐即开始工作。他在作画之前，先要构思，有时端坐，有时闲步，往往要过很长时间。酝酿到一定程度，整幅画面的形象在心中涌现，灵感随即勃发，于是凝神静气举笔泼墨，一气呵成，看去似乎毫不费力。

1927年11月6日，吴昌硕突患中风，在沪寓谢世，享年84岁。一代宗师吴昌硕被后人称为中国近代杰出的艺术家，也是公认的上海画坛、印坛领袖，可谓名满天下。

直击成功 吴昌硕毕生从事艺术研究和创作，专心致志，数十年如一日。晚年，他虽取得了高深的艺术造诣，但他不仅不骄矜，反而比先前更加谦虚。大家提出意见，他就虚心听取，经过考虑之后，再着手修改，直到满意，才肯题款、钤印。万一画得不太满意，他就断然弃置，毫不顾惜，所以这位老画家才会有如此成就！

04 "扬州八怪"之一——郑燮

整理：赵丽琴 李丽

郑燮字克柔，号板桥，清代画家、书法家。出生在贫寒的知识分子家庭，幼年丧母，在后母的抚养下长大。长大后居住在扬州，以卖画为生。是"扬州八怪"中成就最杰出的，被后人称为诗、书、画"三绝"，擅画兰竹。

郑燮十分注重对自然的直接观察，以真切的感受来萌发画意，主张"胸无成竹"的创作方法，见解独到。

关于画竹还有一段竹影墙的故事。郑板桥才学极高，其画更是出名，许多人求其画而不可得。据说郑板桥的画非常传神，能够使画中之物成真。话说郑板桥有一个朋友，家里新砌了一道墙，他一直请求郑板桥在墙壁上画幅画，无奈郑板桥总是很忙。有一次，这位朋友请郑板桥及其他朋友到家里喝酒。酒喝到一半，主人当着大家的面，非请郑板桥在墙壁上作画不可。郑板桥见推不掉，就说："行，你磨墨吧！"主人连忙让儿子拿来一砚墨来。郑板桥一看，说道："不行，太少了，至少要磨小半盆的墨。"大

人物档案

姓　　名：郑燮
生卒日：1693.11.22~1765.1.22
籍　　贯：江苏兴化
身　　份：画家、书法家
重大成就：《兰竹图》、《墨竹图》

家一听，都很疑惑，可主人还是让儿子端来小半盆的墨。这时郑板桥已经醉得摇摇晃晃了，他走到墙壁前面，用手往盆子里一沾，就往墙上抹起来。抹了几把，又把整个盆子端起来，将里头的墨汁都泼到墙壁上，弄得黑压压一片。这时主人心里可不痛快了，又不好涂掉，只好留下。有一天下了一场大雨，雨过天晴时，这道墙壁前面竟然死了上百只麻雀。过了几天，来了一位老人，对着这道墙壁仔细地看。主人好奇地问："您在看啥？""这画，一定是名人画的吧？" 主人心中还有气，说道："哪是什么名人，只是一个朋友用手抹的。"老人问："这画成了之后，可出过什么奇怪之事？"主人答："奇事倒是有一件，有天下大雨，又打雷又闪电，之后就在墙前面发现死了上百只麻雀。"老人点头说道："这画，真是太好了！一般人看不出他画的是竹林，只有打雷下雨的时候，闪电一照，才看出是竹林，麻雀将它当成真的竹林，飞来避雨，所以就撞在墙上死了。"

郑板桥画竹独特，画石也是这样，自然界再无情的石头在他笔下也活了。他画兰竹五十余年，成就最为突出。郑板桥的一生，创作甚是丰富。他的文学成就是多方面的，包括诗、词、曲和各种书札散文等都很有特色，而且大多数作品能反映当时社会的现实生活，具有进步的思想性和优美的艺术魅力。

直击成功

郑板桥的作品突破了传统的花鸟画，不是自然景物的再现，不是前人艺术的翻版，也不是远离生活的笔墨游戏，而是有着独特个性、有创新精神的。他对艺术领域内很多重大问题作了大胆而踏实的探求，作出了重大贡献。他的作品，把深刻的思想内容和优美的艺术形式有机地结合起来，发展了中国文人画的传统。他的成就告诉我们：有所创新，才有无限的生命力。

05 野兽派创始人——马蒂斯

整理：赵丽琴　阁蕾

马蒂斯生于法国。父亲是个商人，母亲曾做过陶瓷厂的画工。中学毕业后他遵照父亲的意愿赴巴黎攻读法律，完成学业后在一家律师事务所当上了办事员。21岁那年，他患阑尾炎而住进医院，为了打发无聊时间，母亲送给他一盒颜料、一套画笔和一本绘画自学手册作为礼物。在画画当中，马蒂斯平生第一次感觉到自由、安宁和闲静。

1892年马蒂斯考入美术学院，在象征主义画家莫罗的画室学习。莫罗对绘画色彩的主观性论述，给马蒂斯很大的影响。莫罗认为："美的色调不可能从照抄自然中得到，绘画中的色彩必须依靠思索、想象和梦幻才能获得"。作品《豪华、宁静、欢乐》（1904）取材于波德莱尔的诗篇《西苔岛之游》："在那里，一切如此美丽而秩序井然，豪华、宁静、充满欢乐。"此画表现出作为色彩画家的马蒂斯那非凡的构思能力。粉红色、黄色和蓝色的色点的组合，充满幸福和欢乐的情调。这幅画使他赢得了许多

人物档案

姓　　名：亨利·马蒂斯
生卒日：1869.12.31~1954.11.3
国　　籍：法　国
身　　份：著名画家、雕塑家、版画家
重大成就：《弹吉他的少女》

青年画家的崇敬。

1906 年后，马蒂斯的艺术创作进入多产时期。他的个人画展在巴黎、纽约、莫斯科、伦敦、斯德哥尔摩、柏林等城市举办，他也借机旅行欧洲、北非，巡礼各地艺术寻求新的灵感源泉，成为当时国际画坛最活跃的画家之一。1914 年起，马蒂斯年年到南方的尼斯港过冬，在一间安静的画室里完成了许多作品，室内的女人及静物是他最喜欢画的题材。画家乐此不疲、孜孜不倦研究着各种色调之间的关系，寻找造型上的新技巧，色彩艳丽却不浮华，笔触大胆但不狂野，野兽派时代的强烈原色画面，逐渐变成静谧和谐的画面，既蕴含睿智与诗意，又赏心悦目。马蒂斯由此获得"颜色与线条游戏家"的美誉。

马蒂斯晚年一直受疾病折磨，但仍坚持剪纸艺术的创作，或卧在床上或坐在轮椅上，专心致志地从预先涂好颜色的纸张中剪出各种形象，作品依然充满大胆、完美和开朗乐观的精神，很容易让人联想起野兽派时代他对形式美的热恋与执著。1907 年野兽派经历了一场危机，面对伙伴们一个个背弃野兽派宗旨而去，马蒂斯反而坚定信念，尔后近半个世纪的艺术生涯中恪守不渝，成为唯一终生保持野兽派画风的人。

20 世纪 20 年代后，马蒂斯扩大了创作领域，他在雕塑、版画、壁画、插图方面的造诣同样展示出过人的天赋。20 世纪 30 年代，他的艺术达到巅峰，他被同行推为本世纪最负盛名的美术巨匠。

直击成功　马蒂斯的艺术是极其简练的、带有平面装饰性的艺术，然而他的伟大之处正在于能够超越令人乏味的、狭小的装饰天地，从而创造了"大装饰艺术"的概念。为人谦虚、儒雅的马蒂斯，对人生的荣华富贵和画坛的名利都毫无野心。二战期间，他参加了反对德国法西斯的抵抗运动，并加入法国共产党，在政治上参加过很多进步活动。马蒂斯高尚的品格以及对艺术创作的忘我追求都是值得我们学习与传承的。

06 "元四家"之一——倪瓒

整理：赵丽琴　于北宁

倪瓒字泰宇，后字元镇，号云林，人称"云林先生"。他的祖父是江苏无锡的大地主，家境富裕。4岁时，父亲去世，倪瓒由他的哥哥抚养长大，生活极为舒适，无忧无虑。家人又为他请来家庭教师。倪瓒受到这样的家庭影响和教育，养成了他不同寻常的生活态度，清高孤傲，洁身自好，不问政治，不愿管理生产，在30岁以前，过的是安静快乐的生活。倪瓒小时候很聪明，酷爱读书。家中藏书很多，这些藏书他全都读过，并加以校正和考订，他的博学，即源于此。

倪瓒擅长画山水、竹石、枯木等，是元四家之一，他的作品以纸本水墨画为主，他的山水画师法董源、荆浩、关仝、李成，加以发展，画法简约，格调天真幽雅。1345年4月8日他在无锡弓河的船上，挑灯为友人卢山甫画下著名的《六君子图》，上有黄公望题诗。画面上松、柏、樟、楠、槐、榆六种树木，疏密掩映，姿势挺拔，远山一抹，意趣横溢。此时，倪瓒的作品，已在继承传统的基础上，融会贯通，形成

姓　　名：倪瓒
生卒日：1301.3.15~1374.8.19
籍　　贯：江苏无锡
身　　份：元代画家、诗人
重大成就：《溪山图》、《六君子图》

了自己的独特风格。

从 1353 年到他去世的 20 年里，倪瓒漫游太湖四周，以诗画自娱。这时期，也是倪瓒绘画的鼎盛期。他对太湖清幽秀丽的山光水色细心观察，领会其特点，加以集中、提炼、概括，创造了新的构图形式，新的笔墨技法，因而逐步形成了新的艺术风格。作品个性鲜明，笔墨奇峭简拔，近景一脉土坡，傍植树木三五株，茅屋草亭一两座，中间上方空白以示森森的湖波、明朗的天宇，远处淡淡的山脉，画面静谧恬淡，境界旷远，此种格调，前所未有。

这时期，倪瓒交际广泛，友人多为和尚、道士或诗人、画家。一位他所推崇的著名画家黄公望亦是当时道教全真教派中的名人，道学深邃，比他年长 32 岁。黄公望曾花 10 年时间，替倪瓒画《江山胜揽图》卷。从此，倪瓒开始信仰道教，形成了孤僻的性格、超脱尘世逃避现实的思想，这样的道教思想也反映到他的画上，作品也呈现出苍凉古朴、静穆萧疏的感觉。倪瓒擅长书法，尤其擅长楷书，他的书法表现出简远萧疏、枯淡清逸的特有风格。

直击成功　　倪瓒一方面注意继承传统技法，博采各家所长，勤奋的学习，为他后来在绘画上的创新打下了坚实的基础。倪瓒的艺术成就使我们明白：要养成勤于观察、勤于思考、勤于实践的习惯，才能取得非凡的成就。

07 中国现代著名国画大师——李可染

整理：赵丽琴　李锦秀

李可染1907年出生在江苏徐州一个平民之家，取名永顺。父亲是贫农，逃荒到了徐州，先以捕鱼为生，后来又做了厨师；母亲是城市贫民。双亲均不识字。

13岁那年，小学放暑假，可染在城墙垣道玩耍。靠城墙有一片园林建筑，名曰"快哉亭"，后室有几位文人长者在作画。他顺城墙豁口滑下去，伏在窗外观看。从此一连数日，天不亮就在窗外候着，恋恋不舍。一位长者见他如此入迷，感叹道："后生可畏！"画师们招呼他进去看画，从此可染便成了老画师们的"研墨童子"。大清早，他就提着小桶到井边汲水，研好墨，等着看长者作画。回到家里，他竟能把所见全幅山水大意背下来，这使画师们大为惊讶，催促孩子拜山水画家钱食芝为师，原来这里是"集益书画社"活动的场所。

李可染正式拜师后，钱食芝为这个小学徒画了一大帧山水，并写了数十行跋文。附诗云："童年能弄墨，灵敏世应稀。汝自鹏捕上，余

人物
档案

姓　　名：李可染
生卒日：1907.3.26~1989.12.6
籍　　贯：江苏徐州
身　　份：中国现代著名国画大师
重大成就：锐意变革，提倡新国画

惭鹍退飞。"钱食芝预感这个弄墨的童子将会如同大鹏展翅,相较之下,自己则如同鹍鸟冉冉倒飞了。

"九一八"事变后,李可染创办了抗战宣传室,同时创办了抗战画报,在人们的心中撒下了拯救民族危亡的火种。这位后来饮誉中外的当代山水画大师,在青春年月里,激昂地投身于抗战宣传画创作活动中,大规模地、忘我地作画,持续10年之久。他先后完成的墙上壁画、布上宣传画、多种形式的宣传画,难以精确统计,少说也有200余幅。这在世界美术史中,也算得上是一种罕见的、特殊的文化现象。从中可以窥见,作为爱国艺术家,他胸中跳动着一颗热烈的中国心。

20世纪50年代,国画界变革的呼声日高,提倡新国画。于是1954年后,李可染以造化为师,屡下江南,探索"光"与"墨"的变幻,形成了独特的风格。可以以"黑"、"满"、"崛"、"涩"来概括其艺术内涵,为水墨世界开创出新的格局。李可染的山水画,不仅开拓了雄迈的精神境界,而且形成了新的艺术语言体系,新的表现技巧。

1984年,李可染题写"澄怀观道"四字,作为自己美学思想的总结和追求,概括了自己70年求艺悟道的真谛。他从现代视角,透析东方文化本源,展示中国画跨世纪的前景,升华了对山水画与自然天籁和现代生活相互关系的美学思考。

直击成功　　李可染的山水画以浓郁的生活气息和清新的笔墨意境独树一帜,在国内外产生了重要影响。他先后十次到祖国各地写生,实践着他"到生活中去、到祖国壮丽山河中去"的创作信条。所到之处,他必观察自然景物风雨阴晴朝夕变幻之奇,完成了数百幅山水写生画稿。正因为有着这样的刻苦和执著,才使得他的作品富有强大的感染力和生命力。

08 20世纪现代中国绘画的代表画家之一——潘天寿

整理：赵丽琴　颜廷娣

潘天寿出生在浙江宁海县北乡一个山清水秀的村庄。父亲被人尊为"达品公"，母亲周氏聪敏贤良。潘家薄有祖产，因世道不顺，家境渐趋困顿。7岁时父亲死了，自童年起，潘天寿就要帮家里砍柴放牛。读书期间，课余喜爱书法、绘画、刻印，尤其热心于临摹《三国演义》、《水浒传》等小说插图，画好后送给小伙伴。省吃俭用购买《芥子园画谱》及数本名人法帖，朝夕临摹，爱不释手。《芥子园画谱》在他面前展现了一个全新的天地，让他懂得了中国画原来有如此复杂的技法和玄奥的画理，画画原来并不是一件轻松简单的事！潘天寿从此立志毕生从事中国画。

他在当地小学毕业后考入浙江第一师范，由农村走进城市变成一个知识分子。潘天寿在上海期间主要求师于吴昌硕，他经常利用教书空余到吴昌硕处，听他指点。潘天寿学习很用功，二十几岁就开始写《中国绘画史》，作为上海美专的教材，同时研习石涛、八大山人、扬州八怪等画家的画作，希求让

姓　　名：潘天寿
生卒日：1897.3.14~1971.9.5
籍　　贯：浙江宁海
身　　份：现代著名画家、美术教育家
重大成就：形成一整套中国画教学体系

自己恣意狂放的画风有一个坚实的依托。在艺术创作上，他从不游戏笔墨，写诗时每个字都反复推敲。他有时一幅作品画很长时间，下笔考虑很久。他的画作视觉冲击力极强，不仅大画如此，幅不盈尺的小制作亦如此。小制作也蕴含着大格局、大气象。特别是他独特的图式，前无古人。潘天寿常对学生们讲："用墨要么枯一点，要么湿一点，不枯不湿最乏味。""构图也一样，要么满些，要么空些，千万不要一般化。"这是潘天寿不因人，不落套，反对一般化，崇尚艺术个性风格塑造的体现。

潘天寿还自刻印章，刚劲苍古，与画风相契无间。总之，潘天寿集诗、书、画、印于一炉，是现代中国画史上最富传统修养与独创性的艺术家之一。

1959年潘天寿任浙江美术学院院长，凭着对中国画继承和发展充满信心与执著，在他的领导下形成了一整套中国画教学体系，影响全国，培养了大批优秀人才。他常常挤出宝贵的时间，带着师生逐幅看作品，指出哪些作品值得肯定，哪些作品有毛病，毛病在何处，就这样日积月累来培养师生的眼力，这种献身教育事业的精神，深深感动了全系教师，浙江美术学院中国画系出现了欣欣向荣的局面。

直击成功　　潘天寿先生，不仅是位杰出的绘画大师，而且是卓有成就的书法家、诗人、绘画史论家和美术教育家。在二十世纪中西绘画交汇的特定时期，他始终站在民族绘画的基点上加以开拓、奋进，作出了划时代的贡献，这与他从小立志、酷爱绘画、勤奋好学、执著探究的精神是分不开的。

09 "明四家"之一 江南才子——唐寅

整理：赵丽琴　阮楠

唐寅字伯虎，号六如居士、桃花庵主等，与沈周、文徵明、仇英齐名，合称"明四家"。

唐寅出身商人家庭，少时读书发愤，青年时中应天府解元，后赴京会试，因舞弊案受牵连入狱，从此绝意仕途，潜心书画。他一生坎坷，最后潦倒而死，年仅54岁。他临终时写的绝笔诗就表露了他刻骨铭心的留恋人间而又愤恨厌世的复杂心情："生在阳间有散场，死归地府又何妨。阳间地府俱相似，只当漂流在异乡。"

人们只知道他少年时顽皮，青年时风流，中年老了，玩世不恭。所以世人将他的一些故事添枝加叶，编造了许多传奇小说，例如：唐寅三点秋香等。但关于传说中唐寅的故事，未必完全真实，但可以透露出，这位才子画家性格上的风流狂放，不拘礼法。当时唐寅已是明代有名的画家。所以许多有钱有势的人都想仗着自己的权势，向他要几幅画，但唐寅生性不畏权势，而好结交穷人。就因如此，他宁愿作画送给穷人，也不愿理会那些高官贵人。

唐寅的诗、书、画被称为"三绝"，在绘画上，唐

人物档案

姓　　名：唐寅
生卒日：1470.3.6~1524.1.7
籍　　贯：苏州
身　　份：明朝画家
重大成就：《山路松声图》

寅擅长山水，又工画人物，尤其精于仕女，画风既工整秀丽，又潇洒飘逸，被称为"唐画"，为后人所推崇。书法源自赵孟頫一体，俊逸秀挺，颇见功夫。此外，他还能作曲，多采民歌形式。如此多才，明代文人中是少见的。传世作品有《骑驴思归图》、《山路松声图》、《事茗图》、《王蜀宫妓图》、《李端端落籍图》、《秋风纨扇图》等。

沈周和周臣都是当时苏州著名画家，沈周以元人画为宗，周臣则以南宋院画为师，这是明代两大画派。唐寅兼其所长，在南宋风格中融入元人笔法，以至超越周臣，名声大振。唐寅拜师在大画家沈周门下，学习更加刻苦勤奋，深受沈周的称赞，不料这使一向谦虚的唐寅也渐渐地产生了自满的情绪，沈周看在眼中，记在心里，一次吃饭时，沈周让唐寅去开窗户，唐寅发现自己手下的窗户竟是老师沈周的一幅画，唐寅非常惭愧，从此潜心学画。唐寅画得最多也最有成就的是山水画。他的足迹遍布名山大川，胸中充满千山万壑，他的山水画大多表现雄伟险峻的重山复岭，楼阁溪桥，四时朝暮的江山胜景，有的描写亭榭园林，文人逸士悠闲的生活。山水人物画，大幅气势磅礴，小幅清俊潇洒，题材面貌丰富多样。

唐寅书画的贡献，还表现在其他方面，比如深化了文人画的题材内容，促进了山水、人物、仕女、花鸟的全面发展，加强文人画自我表现意识等，都给后世留下深远影响。

Part 9 美术

「明四家」之一江南才子——唐寅

直击成功 唐寅在一首诗中写道："不炼金丹不坐禅，不为商贾不耕田。闲来写幅丹青卖，不使人间造孽钱。"历史上的唐寅愤世嫉俗的狂傲性格不能融入当时的社会，尽管才华出众，有理想抱负，是位天才的画家，但仍郁郁不得志。但他对艺术的孜孜以求、淡泊名利、专事自由读书习画，使得唐寅在书画上的贡献给后世留下深远影响。

10 超现实主义绘画的伟大天才之一——米罗

整理：赵丽琴 阮楠

米罗出生于西班牙巴塞罗那附近的塔拉戈纳的蒙特罗伊格。那里是东西方文化交流的桥梁，是产生罗马风格的摇篮，深受意大利文艺复兴的影响，又是最先接受现代艺术的地方，是诞生毕加索和达利的国家。

米罗从小对绘画表现出极大的兴趣，但父亲逼他就读商业学校，米罗却又偷偷地进入毕加索曾就读的美术学校。17岁从商业学校毕业，父亲为他找了一份管理账目的工作，但米罗讨厌这项工作，甚至几个月后还得了忧郁症，加上原来体弱多病，米罗的父亲终于放弃要他从商的想法，但米罗的父亲依旧不相信儿子会成为一个成功的画家。米罗对父亲的反抗，使得父亲在他毕业后便终止了经济上的支援。米罗靠着姐姐和同学微薄的资助，租了一个小小的工作室，在贫苦的生活中继续追逐艺术梦想。在巴黎，他不仅和包括毕加索在内的艺术家和诗人们往来密切，而且还和以记者身份旅居巴黎的美国作家海明威相处甚欢。他和海明威经常去同一

人物档案

姓　名：杰昂·米罗
生卒日：1893.4.20~1983.12.15
国　籍：西班牙
身　份：画家
重大成就：超现实主义代表人物

个拳击馆练习拳击，结下了深厚的友谊。生活拮据的海明威，为了帮助贫困的米罗，曾经凑集了五千法郎买下了米罗的早期重要作品《农场》。这是一件高 132 厘米、宽 147 厘米的布面油画，现藏于美国华盛顿国立美术馆。米罗的早期作品往往都跟乡土有关，例如《蒙特洛伊的乡下风景》和《蒙特洛伊的教堂与村庄》等。

米罗的超现实主义绘画具有鲜明的个人风格：简略的形状、强调笔触的点法、精心安排的背景环境，奇思遐想、幽默趣味和清新的感觉。在米罗的画中，使观众不可抗拒的魔力到底是什么呢？在他的画中没有什么形，而只有一些成分，一些类似小孩子在墙上乱涂乱画的原始形状，类似原始人在山崖上刻下的标记。米罗的颜色简单到只有几种基本色：蓝、红、黄、绿，他精打细算地使用它们。米罗作画用笔画在画布上自由弯曲伸展游动，毫不考虑它们之间的相互关系以及空间深度的要求，血红色或古蓝色的各式形状，散布在深浅不同的背景上，这些假装漫不经心乱涂出来的稚拙形状，它们共同构成一个反复无常的滑稽世界，一个多彩多姿的梦幻世界。当我们看厌了画室作品、美学示范之后，在米罗的画中找到了清新的水源，它平静地清洗我们的一切陈规俗套。

米罗是位不想承前，也不想超越任何人，更不想启迪后人的画家，他只是以史前人类或儿童的方式去发明；他不讲我们时代使用的任何语言，而是创造我们时代人梦想和思念的伊甸园；他简单至极、天真至极，他在现代艺术中占有一席，不是最高的，然而却是无人争夺的地位，这就是他全部的人格和艺术的魅力所在。

超现实主义绘画的伟大天才之一——米罗

直击成功　　米罗的作品比我们周遭的世界更幸福、更神秘，更多无忧无虑、天真无邪的欢乐。更多永恒而普遍存在的吸引力……穿过成人的功利主义，找回孩提时代的天真……归于自然而然的原始生命。米罗使我们懂得，要找到清新的水源，就要平静地清洗我们的一切陈规俗套。

11 抽象主义的鼻祖——康定斯基

■整理：赵丽琴　颜廷娣

康定斯基被称为"抽象派"群体的创始人和最有影响力的成员。1911年，一群新崛起的德国画家向社会公众展示了他们的作品，这些冠以"青骑士"标志的作品，显示了对自由性和独创性的崇拜，这个群体被称为"抽象派"群体。

康定斯基1866年生于莫斯科一个知识分子家庭，在良好的家庭环境中受到完美的教育；中学时代，康定斯基不仅喜爱绘画，而且是优秀的业余大提琴手。后来，在莫斯科大学学法律和经济，仍保持着对绘画的兴趣。30岁的时候，为了学画，他抛掉了令人羡慕的法律教授职位，到慕尼黑开始了他的职业艺术生涯。

在他以前，绘画总是与具体的物象相关，不管画家怎样构图、润色、用笔，我们总可以很容易就辨认出其中的客观物象。康定斯基则彻底地突破了这一点，开始让绘画真正脱离现实对象而独立存在，让色彩和形状本身来构成绘画的全部。这种大胆的艺术探索和尝试，据说源于他的两次亲身经历的

人物档案

姓　　名：瓦西里·康定斯基
生卒日：1866.12.16~1944.12.13
国　　籍：俄国
身　　份：画家、艺术理论家
重大成就：抽象主义的代表人物

启示：一次他去参观印象派画展，当看到莫奈的《干草垛》时，一下子被其中的色彩所吸引，而干草垛作为客观事物的本身已经变得一点也不重要了；还有一次，他从外面写生回来，走进画室时，看到屋里斜靠在墙边的一幅画，形式和色彩无比美丽，光彩夺目，让他大为迷惑。可是，当他走近看时，发现还是他自己的一幅油画作品。而以后再看，却再也没有那种效果，康定斯基认为是客观的物象损害了画作本身的美丽。通过这两件事，他开始探索客观物象是否有必要一定要成为绘画中必不可少的因素，并且从此一发而不可收。

在探究中，康定斯基一直把色彩、线条和音乐交融起来，让色彩和线条能像音乐一样，虽然无形无状，却能在他的精心安排下，传达出自己深沉的精神世界。他曾说过："在音乐上淡蓝相当于长笛；深蓝相当于大提琴；如果更深的蓝色，则是低音提琴了……"可以说在画家的心里，色彩就是活的语言和跳动的音符，正如有人评价的那样："康定斯基是画音乐。也就是说，他打破了音乐和绘画之间的障碍……"这种艺术风格的形成，与他早期学习音乐有直接的关系。

欣赏康定斯基的抽象绘画，给人的视觉冲击是非常强烈的，但你可以不必去理解画的是什么。如果你觉得色彩和线条构成的图形使你感到可爱，感到美，这就行了，如果用幻想的方式去欣赏，也不错。

康定斯基的艺术活动是频繁的。建立"新美术家协会"、"青骑士"团体；发表的《点、线、面》、《论艺术的精神》等论文，都是抽象艺术的经典著作，是现代抽象艺术的启示录。创作作品有《即兴曲》、《构图2号》、《白色的线》等。

直击成功

　　康定斯基是一位毕生都在追求新的作品表现形式的人，他大胆的抽象主义探索，富于想象、饱含感情的艺术语言，对现代艺术产生了巨大而深刻的影响，表现了艺术家这种不断追寻、执著、永恒的艺术信念。

12 非具象绘画的创始者之一——蒙德里安

整理：赵丽琴　范晓焕

　　蒙德里安生于荷兰中部的阿麦斯福特，父亲是一位清教徒和热衷美术的小学校长，环境条件使蒙德里安从小就能接触美术，而宗教对蒙德里安来说更是启发他转变风格的关键。

　　8 岁时蒙德里安立志要当画家，但是家人认为搞艺术是一项不稳定的工作。蒙德里安与父母多次商量之后，他承诺要取得美术教师资格养家糊口，这才让蒙德里安的父母答应让他学习绘画。

　　他早期大量作品风格介于印象主义和后印象主义之间。20 年代初开始从事纯几何形的抽象创作，在平面上把横线和竖线加以结合，形成直角或长方形，并在其中安排原色红、蓝、黄及灰色。他认为艺术是一种净化，只有用抽象的形式，才能获得人类共同的精神表现。

　　《百老汇爵士乐》是蒙德里安在纽约时期的重要作品，也是其一生中最后一件作品，它明显地反映出现代都市的新气息。依然是直线，

人物档案

姓　名：	彼埃·蒙德里安
生卒日：	1872.3.7~1944.2.1
国　籍：	荷兰
身　份：	画家
重大成就：	《百老汇爵士乐》

但不是冷峻严肃的黑色界线，而是活泼跳动的彩色界线，它们由小小的长短不一的彩色矩形组成，分割和控制着画面。依然是原色，但不再受到黑线的约束，它们以明亮的黄色为主，并与红、蓝间杂在一起形成缤纷彩线，彩线间又散布着红、黄、蓝色块，营造出节奏变换和频率震动。看上去，这幅画比以往任何一件作品更为明快和亮丽。它既是充满节奏感的爵士乐，又仿佛夜幕下办公楼及街道上不灭灯光的纵横闪烁。这是蒙德里安艺术生涯的最后一个新发展。1944 年 2 月，他因患严重肺炎而去世。

蒙德里安一生的作品，清楚地展示了他从写实主义到几何抽象进程中的一次次努力和一个个成就。这是一个目标明确、永远精进的漫长历程。他如此坚持不懈地运用他的新造型主义原则，以至于他的名字已与新造型主义融为一体了。

现代人对蒙德里安理解或许更多的是用在了我们的日常生活中。对简单、纯粹、回归自然并统一和谐精神的追求促成人们更加需要有这样一种感情上的诉求，于是当代很多杰出的艺术大师和设计师们将蒙德里安的元素融入到他们的创作中。

直击
成功

蒙德里安一生都对绘画艺术怀着一种虔诚宗教般的信念。他对新造型艺术主题进行长期思考，在直至去世的 25 年中，这一工作从未停止。他很少展出作品，只卖给极少的收藏家。谦逊地生活在一间以新造型主义原则布置和油漆的画室里。他极少去宣传自己，然而却驰名世界。

13 中国现代美术的奠基者——徐悲鸿

整理：赵丽琴　范晓焕

徐悲鸿出身贫寒，自幼随父亲徐达章学习诗文书画。

父亲去世后，徐悲鸿来到上海，但找不到工作。当时著名岭南派画家高剑父、高奇峰兄弟在上海开设审美书馆，徐悲鸿便画了一幅马寄去，大受赞赏。回信说："虽古之韩干，无以过也！"并请徐悲鸿再画四幅仕女图。这时，徐悲鸿身上只剩下五个铜版，而四幅仕女图要一星期才能画完。徐悲鸿仅能每天以一个铜板买一团糙饭充饥。第六天和第七天便整日不食。当他终于挟着四幅仕女图送往审美书馆时，街上正下着大雪，而高氏兄弟不在，徐悲鸿只好将画交给看门人收下，因饥饿难忍，不得不脱下身上单薄的衣服去当掉。

1919年徐悲鸿赴法国留学，考入巴黎国立美术学校学习油画、素描，并游历西欧诸国，观摩研究西方美术。他刚刚去法国留学的时候，开始有一位外国同学瞧不起中国，徐悲鸿义正词严地对那个学生说："既然你瞧不起我的国家，那么好，从现

人物
档案

姓　名：徐悲鸿
生卒日：1895.7.19~1953.9.26
籍　贯：江苏宜兴
身　份：画家、美术教育家
重大成就：中国现代美术的奠基者

在开始，我代表我的国家，你代表你的国家，我们等到毕业的时候再看。"此后，徐悲鸿发愤图强努力练习，钻研绘画，后来一画惊人，震惊了巴黎艺术界。

徐悲鸿的作品熔古今中外技法于一炉，显示了极高的艺术技巧和广博的艺术修养，是古为今用、洋为中用的典范，在我国美术史上起到了承前启后、继往开来的巨大作用。他把西方艺术手法融入到中国画中，创造了新颖而独特的风格。他的素描和油画则渗入了中国画的笔墨韵味。他的创作题材广泛，山水、花鸟、走兽、人物、历史、神话，无不落笔有神，栩栩如生。他的代表作油画《田横五百士》、《徯我后》，中国画《九方皋》、《愚公移山》等巨幅作品，充满了爱国主义情怀和对人民群众威武不屈精神的赞美。他常画的奔马、雄狮、晨鸡等，给人以生机和力量，表现了令人振奋的积极精神。

徐悲鸿凭着他的天才智慧、坚毅的精神和毕生的努力，成为近现代中国画坛上少有的能够全面掌握东西方绘画技法的艺术大师。

直击成功

"少小也曾锥刺股"，生活的艰难压不住徐悲鸿上进的决心。无论身处什么样的环境，他都以勤学苦练为己任。对年轻有为、肯用功吃苦的人，他都尽一切可能去帮助和鼓励他们。他培养的学生中人才辈出，许多已成为著名艺术家，成为中国美术界的中坚力量。他对中国美术队伍的建设和中国美术事业的发展做出了卓越贡献。